Autorenteam
Redaktion: Walter Bucher

1001 Spiel- und Übungsformen im Schwimmen

Bibliografische Information Der Deutschen Bibliothek
Die Deutsche Bibilothek verzeichnet diese Publikation in der Deutschen Nationalbibliografie;
detaillierte bibliografische Daten sind im Internet über http://dnb.ddb.de abrufbar.

Bestellnummer 2301

© 1980 by Verlag Hofmann, Schorndorf

Letzte überarbeitete Auflage: 10., völlig neu überarbeitete Auflage 2006

11. Auflage 2010

Alle Rechte vorbehalten. Ohne ausdrückliche Genehmigung des Verlags ist es nicht gestattet, die Schrift oder Teile daraus auf fototechnischem Wege zu vervielfältigen. Dieses Verbot – ausgenommen die in §§ 53, 54 URG genannten Sonderfälle – erstreckt sich auch auf die Vervielfältigung für Zwecke der Unterrichtsgestaltung. Dies gilt insbesondere für Übersetzungen, Vervielfältigungen, Mikroverfilmungen und die Einspeicherung und Verarbeitung in elektronischen Systemen.

Zeichnungen: Toni Trottmann, Cham
Zeichnungen im Kap. Schnorcheln: Admar van Schalen
Fotos: Arthur Maag, Daniel Lienhard, Walter Bucher
Titelseite: Daniel Lienhard

Gesamtherstellung: Druckerei Djurcic, Schorndorf
Printed in Germany · ISBN 3-7780-2301-3

Inhaltsverzeichnis

	Vorwort	4
	VIA 1000 – die individuelle Didaktik-Software	5
1	Nach Leistungsstand und Gruppengröße geordnet	7
2	Nach organisatorischen Gesichtspunkten geordnet	61
3	Tauchspiele und Übungsformen unter Wasser	97
4	Spiel- und Übungsformen für das Wasserspringen	109
5	Wettbewerbe und Stafetten	121
6	Nach Voraussetzungen und Trainingszielen geordnet	133
7	(Zwingende) Lernhilfen	159
8	Kombinationsmöglichkeiten	201
9	Anlässe und Feste	215
10	Schnorcheln	223
11	Verwendete und weiterführende Literatur	257
12	Lernziele – Lernverfahren – Lernkontrollen (Tests)	261

Vorwort

Die Übungssammlung „1001 im Schwimmen" hat eine lange Geschichte: Im Studienjahr 1977 absolvierten an den damaligen „Kursen für Turnen und Sport" der Eidgenössischen Technischen Hochschule ETH Zürich 100 Sportstudentinnen und -studenten die Ausbildung im Schwimmen. In Form einer Semesterarbeit wurden die Studierenden aufgefordert, nach einem vorgegebenen Inhaltskonzept je 10 Spiel- und Übungsformen zu sammeln, bzw. zu beschreiben. Christoph Messmer und Frank Salzmann, zwei Studierende dieses Jahrganges, haben die Vorschläge ihrer Kolleginnen und Kollegen überarbeitet. Gemeinsam haben wir sie dann in mühsamer Kleinarbeit redigiert, skizziert und an der Schreibmaschine getippt. So entstand im Eigenverlag die Übungssammlung „1001 Spielformen im Wasser". Ein Jahr später erschien im Hofmann-Verlag das Buch unter dem Titel „1001 Spiel- und Übungsformen im Schwimmen".

Bei jeder Neuauflage wurden seither immer wieder kleine Korrekturen vorgenommen und neue Ideen eingebaut. Autoren waren u. a.: Arnet Ephrem (Wasserball), Bébié Fritz (ABC-Tauchen), Frank Gunther (Schwimmen), Maag Arthur (Fotos) van Schalen Jo (Schnorcheln), Stocker René (ABC-Tauchen), Trottmann Toni (Synchronschwimmen und Skizzen). Die vorliegende Auflage mit insgesamt 1174 Spiel- und Übungsformen wurde gründlich überarbeitet und mit Lehrunterlagen, insbesondere mit sehr guten Lernkontrollen von swimsports.ch ergänzt.

Wer aus diesem Buch und aus den anderen 26 Bänden der 1000er-Bücher nach dem Zufallsprinzip eine Serie von Übungen herauspickt und diese in seinem Unterricht durchführt, wird zwar damit viele Schülerinnen und Schüler begeistern können. Doch auf lange Sicht genügt das für einen guten Unterricht nicht. Die vorgestellten Spiel- und Übungsformen sollten gezielt und richtig dosiert eingesetzt werden. Dies setzt eine seriöse Planung, Durchführung und Auswertung voraus. Speziell unter diesem Aspekt wurde eine CD „VIA 1000" zum vorliegenden Buch 1001 (mit 9 weiteren Titeln aus der 1000er-Reihe) in langjähriger Aufbauarbeit entwickelt und herausgegeben.

Um die Übungserklärungen zu vereinfachen, werden in diesem Buch die Teilnehmenden, egal ob männlich oder weiblich, als „Schüler" bzw. „Schwimmer", die Lehrpersonen als „Lehrer" genannt.

Ich freue mich, das Buch „1001 Spiel- und Übungsformen im Schwimmen" im „neuen Gewand" präsentieren zu dürfen und wünsche allen viel Erfolg beim spielerischen und dennoch gezielten Schwimmunterricht. Und dies nun bereits in der 11. Auflage!

Walter Bucher
bupro@bluewin.ch

VIA 1000 – die individuelle Didaktik-Software

VIA – der Weg
„VIA 1000" besteht aus Spiel- und Übungsformen, die nach bestimmten Kriterien gesucht (Suchkriterien siehe Seite 6), geordnet, zu einer Lektion zusammengestellt und schließlich ausgedruckt werden können. Dieses System erleichtert Ihnen die mühsame Suche nach Spiel- und Übungsformen.
Walter Bucher hat diese Idee zusammen mit dem Hofmann-Verlag in Schorndorf realisiert. Auf der VIA 1000-CD wurden 10 Bände der 1000er-Buchreihe erfasst (Aufwärmen, Schwimmen, Volleyball, Gerätturnen, Behinderte, Leichtathletik, Golf und 3 Fußball-Bände).

Suchkriterien anklicken
In allen Bänden gelten als Basis dieselben drei Suchkriterien:
V – I – A (= Suchweg).

V Voraussetzungen:
Situation, Material, Zielgruppe, Organisation ...
z. B. Halle, im Freien, mit Partner ...
plus sportfachspezifische Voraussetzungen
z. B. für Volleyball, Schwimmen ...

I Inhalte / Idee: Allgemeine Tätigkeiten wie
Laufen, Hüpfen, Dehnen ...
oder sportfachspezifische Tätigkeiten
im Schwimmen (z. B. Kraul),
im Volleyball (z. B. Oberes Zuspiel),
im Gerätturnen (z. B. Klettern) ...

A Akzent: Mögliche Aktzentuierungen aus:
- 6 Sinnrichtungen wie z. B. „erfahren und entdecken" oder „üben und leisten"
- 3 koordinative Anforderungen (gering – mittel – hoch)
- 3 konditionelle Belastungen (gering – mittel – hoch)
- 3 Lehr-Lernformen (fremd-, mit- oder selbstbestimmt)

Entscheiden – ausdrucken – anwenden
Nach Eingabe dieser Suchkriterien durch Anklicken präsentiert Ihnen der PC eine ganze Palette passender Spiel- und Übungsformen, exakt zugeschnitten auf Ihre individuellen Wünsche. Es können eine oder mehrere Freischaltungen der Bücher gewünscht und mittels der entsprechenden Seriennummer geöffnet werden. Auch sind zusätzliche Freischaltungen zu einem späteren Zeitpunkt möglich.

Bezugsquellen
Schweiz: bucher projekte
Seeblickstraße 15
CH-9306 Freidorf/TG
E-Mail: bupro@bluewin.ch

Deutschland: Hofmann-Verlag
Postfach 1360
D-73603 Schorndorf
Telefon: 0 71 81/402-125
Telefax: 0 71 81/402-111
E-Mail: bestellung@hofmann-verlag.de

Voraussetzungen klären, Inhalte wählen, Akzente setzen

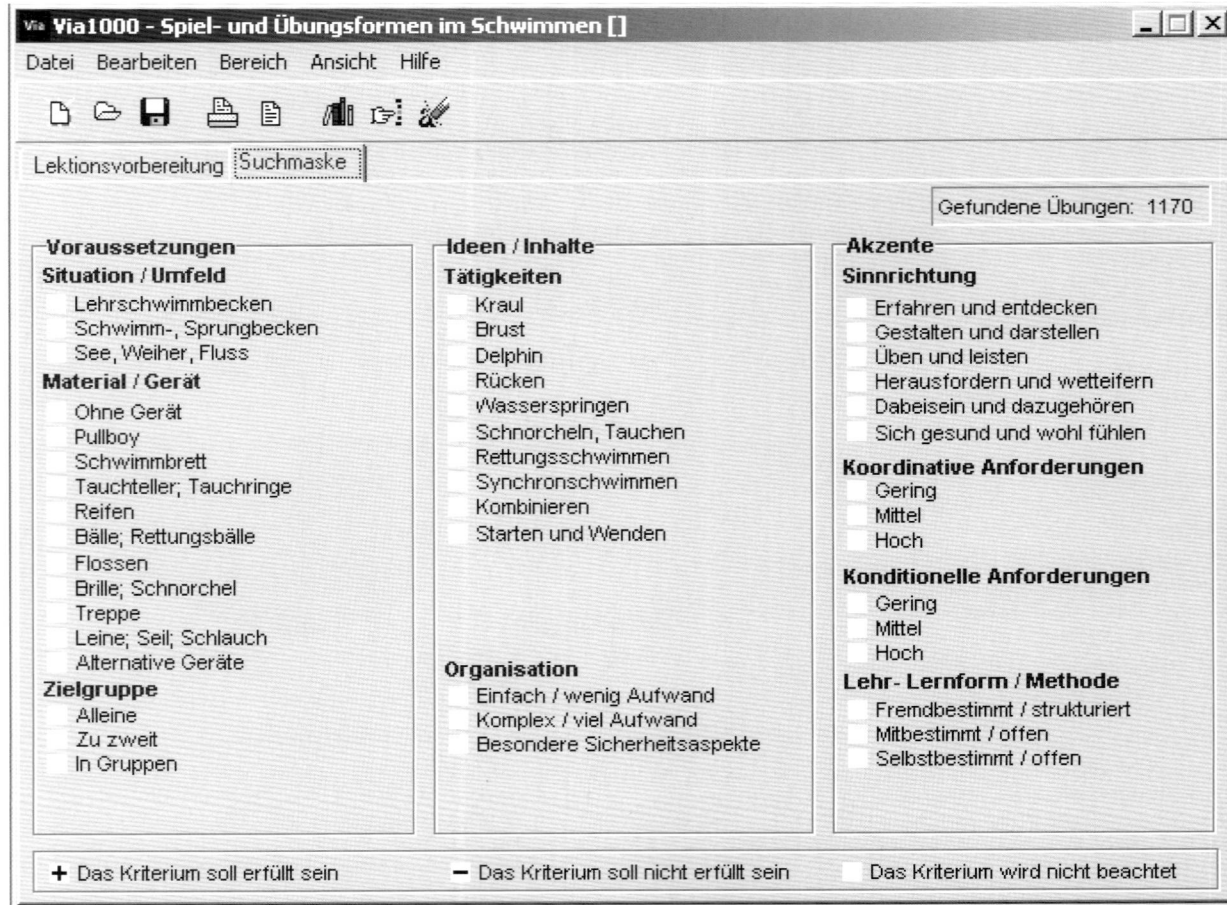

1 Nach Leistungsstand und / oder Gruppengröße geordnet

1.1 Mit Schwimmhilfsmitteln für schwache Schwimmer

1.1.1 Mit dem Pullboy 8
1.1.2 Mit dem Schwimmbrett 9
1.1.3 Mit Tauchringen und Tauchtellern 10
1.1.4 Mit dem Reifen 11
1.1.5 Mit dem Ball 12
1.1.4 Mit dem Stab 13
1.1.4 Mit Tischtennisbällen 14
1.1.4 Mit dem Gummischlauch 15
1.1.4 Mit Armringen 16
1.1.4 Mit Flossen 17

1.1.1 Mit dem Pullboy

Nr.	Idee / Beschreibung	Hinweise / Organisation

1 Die Schüler versuchen den Pullboy auf verschiedene Arten zu transportieren:
Weitere Anregungen: Pullboy immer über Wasser – Pullboy immer unter Wasser – verschiedene Gangarten.

2 Jeder Schüler erhält einen Pullboy. Er versucht, sich so aufs Wasser zu legen, dass der Pullboy, welcher auf seinem Bauch liegt, nicht nass wird.
Weitere Anregungen: Pullboy liegt auf dem Rücken – Pullboy liegt auf dem Kopf – Pullboy liegt...

3 Die Schüler stehen mit gegrätschten Beinen hintereinander.
Ein Pullboy wird unter den Beinen hindurch- und nachher über den Köpfen zurückgereicht. Auch umgekehrt.

Als Stafette
Wt.: Hüfttief

4 Brennpullboy: Ein Spieler von B wirft den Pullboy ins Wasser und läuft auf die andere Bassinseite. Alle Spieler von A müssen den Pullboy berühren, bevor er ins Mal gelegt wird. Auch Schwimmen an Stelle von Laufen (Unfallgefahr!).
Hinweis: Als Brennmal Eimer oder Reifen.

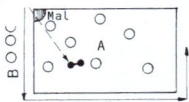

Mannschaft A im Wasser. Mannschaft B am Rand in einer Reihe.

5 Materialschlacht: Alle Pullboys liegen im Wasser. Zwei Mannschaften stehen sich an der Breitseite des Bassins gegenüber. Auf Pfiff springen sie ins Wasser, holen sich einen Pullboy, schwimmen an den Rand zurück, deponieren ihn dort und holen den nächsten.

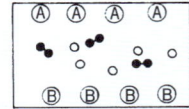

Pro Pullboy 1 Punkt, nur Fußsprünge erlaubt.

6 Fangis: Der Fänger hat einen Pullboy zwischen den Beinen. Der Gefangene übernimmt ihn und wird zum Fänger. Weitere Anregungen: Mehrere Fänger,
– Mit Pullboy berühren = gefangen.

7 Drei Schüler versuchen einen Pullboy über eine Bassinlänge zu transportieren, ohne ihn zu berühren. Welche Gruppe ist am schnellsten?
Weitere Anregungen: Originellste Gruppe? – Pullboy immer unter Wasser, ohne ihn mit den Händen zu halten.

1.1.2 Mit dem Schwimmbrett

Nr.	Idee / Beschreibung	Hinweise / Organisation
8	Versuche, auf dem Brett zu sitzen, zu stehen oder zu liegen. Weitere Anregung: Wer kann auf dem Brett reitend das Bassin überqueren?	
9	Der Schüler hält sich am Brett fest und versucht sich um die Längsachse zu drehen (Eskimorolle). Danach versucht er, sich um die Querachse zu drehen.	
10	Versuche, mit dem Brett unter den gegrätschten Beinen der Kameraden hindurchzutauchen, ohne es loszulassen.	Gruppe à 3–4 Schüler.
11	Beinschlagstafette mit Brettübergabe. Weitere Anregungen: Verschiedene Beinschläge – Brett zwischen den Beinen eingeklemmt, verschiedene Armzugvarianten anwenden.	
12	Wasserball mit einem kleinen Ball oder mit einem Ballon und den Brettern als Schläger. Regel: Der Ball darf nicht mit den Händen gespielt werden.	
13	Versuche, unter das Brett zu tauchen und es beim Auftauchen möglichst hoch wegzustoßen. Weitere Anregungen: Mit dem Kopf – Mit beiden Füßen – Mit dem Rücken	
14	Jeder versucht, mit dem Brett originell zu schwimmen. Die guten Ideen werden von allen kopiert.	

1.1.3 Mit Tauchringen und Tauchtellern

Nr.	Idee / Beschreibung	Hinweise / Organisation

15 Versuche, mit Hilfe des Abstoßes (Hechtschießen) die am Boden liegenden Tauchteller zu erreichen. Kannst Du mit ihnen bis an den Rand zurücktauchen?
Weitere Anregung: Die Abstände zwischen den Tauchtellern vergrößern.

16 Zwei Schüler stehen sich gegenüber. Dazwischen liegt ein Tauchring. Auf Kommando tauchen beide nach dem Ring. Derjenige, welcher ihn zuerst hat, gibt ihn seinem Partner. Dieser deponiert ihn wieder, usw.

17 Tauchen nach mehreren hintereinander liegenden Ringen: Beim ersten Ring etwas Luft ausblasen, Beinbewegung bis zum zweiten Ring, dort wieder etwas Luft ausblasen, beim dritten Ring vollständig ausatmen und beim vierten Ring auftauchen.

18 Hechtschießen: Kräftiger Abstoß vom Bassinrand, mit gestreckten Armen einen Tauchring halten. Am Ende der Gleitphase deponiert der Schüler den Ring. Wer setzt die Rekordmarke?

19 Zwei Schüler übergeben sich unter Wasser Tauchringe.
Welches Paar tauscht am meisten während drei Tauchgängen aus?

Partnerübung, Schwarm, Kontrolle verschiedene Farben oder Formen der Tauchgegenstände.

20 Jeder Schüler versucht, möglichst schnell seinen Ring auf den Boden zu legen und einbeinig auf der Fußspitze in den Ring zu stehen.

Wt.: Schultertief

21 Jede Gruppe versucht, mit den ihr zur Verfügung stehenden Ringen eine Figur zu legen (am Bassinboden).
Weitere Anregung: Welche Gruppe legt eine vorgeschriebene Figur am schnellsten?

Pro Tauchgang darf nur ein Ring gelegt werden.

1.1.4 Mit dem Reifen

| Nr. | Idee / Beschreibung | Hinweise / Organisation |

22 Purzelbaum vorwärts durch den Reifen.
Weitere Anregung: Ohne den Reifen zu halten – Ohne den Reifen zu berühren.

2 Schüler halten den Reifen, der dritte „purzelt".
Wt.: Schultertief

23 Delphinspringen durch den auf dem Wasser liegenden Reifen.
Weitere Anregung: Delphinsprung vor dem Reifen und durch den Reifen auftauchen.

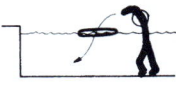
Die Reifen schwimmen frei auf dem Wasser.

24 Pro Gruppe liegen vier Reifen in einer Schwimmbahn. Die Gruppe schwimmt eine Länge unter der Bedingung, dass sie einen Reifen von oben, den nächsten von unten durchschwimmt.

Pendelstafette
Reifen mit Gummibändern längs der Schwimmleine festmachen.

25 Versuche, in einen auf dem Wasser liegenden Reifen zu springen und untendurch wegzutauchen. Weitere Anregungen: Distanz vom Rand wird gesteigert – Verschiedene Grund- und Tummelsprünge in den Reifen, wie Schrauben, Päckli, etc.).

Ein Schüler hält den Reifen, der andere springt.
Wt.: mind. 2 m

26 Tauchen durch den Reifentunnel.
Weitere Anregungen: Nach dem Hechtschießen – Nach einem Startsprung

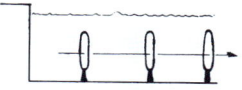

27 Wer kann durch einen Reifentunnel tauchen ohne Berührung?
Weitere Anregungen: Nach dem 1., 2., 3. Reifen seitlich wegtauchen
– Beim 1., 3., 5. nach links, beim 2., 4. nach rechts

28 Nach jedem Tauch-Durchgang wird der Tunnel anders gebaut.
Wer kann sogar nur mit Beinschlag, bzw. Armzug durch die Reifen tauchen?

1.1.5 Mit dem Ball

Nr.	Idee / Beschreibung	Hinweise / Organisation

29 Reiterball: Ein Schüler sitzt auf den Schultern des anderen. Die Reiter spielen sich den Ball in einer festgelegten Reihenfolge zu. Verfehlt ein Reiter den Ball, gibt es Wechsel zwischen Reiter und Pferd. Die Reiter zählen die Fänge.

Wt.: Brusttief

30 Wanderball: A wirft den Ball zu B und schließt bei seiner Kolonne hinten an.
B wirft zu C und verfährt ebenso, usw.
Weitere Anregung: A schließt nach dem Wurf hinter F an, usw.

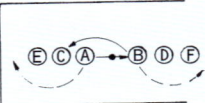

31 Wasserkorbball: Zwei Mannschaften versuchen, den Ball in den gegnerischen Korb zu werfen.
Weitere Anregung: Mit zwei Bällen gleichzeitig spielen.

Eimer als Korb.

32 Eine Mannschaft verteilt sich rund um das Bassin. Die andere bewegt sich in Delphinsprüngen von einem Bassinrand zum anderen. Die Mannschaft, welche sich ums Bassin bewegt, versucht, während zwei Minuten, die Delphine abzuschießen. Nachher wird gewechselt.

33 Die Mannschaften A und B verteilen sich an beiden Bassinrändern und werden dort nummeriert. Der Lehrer ruft eine Nummer auf. Die aufgerufenen Schüler laufen (schwimmen) in die Mitte, wo ein Ball liegt. Wer ihn zuerst erreicht, erhält einen Punkt für seine Mannschaft.

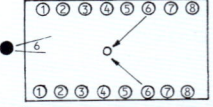

34 Ball über die Schnur mit einem leichten Ball (Ballon; aufblasbarer Ball).
Der Ball darf das Wasser nicht berühren.

35 Welche Zweiergruppe kann sich in einer bestimmten Zeit am meisten Bälle ohne Fehler zuspielen: – beidhändig – mit der linken/rechten Hand, usw.
– A wirft, B spielt mit dem Kopf zurück

1.1.6 Mit dem Stab

Nr.	Idee / Beschreibung	Hinweise / Organisation
36	Delphinsprünge über den Stab: Wer kann über den Stab springen, ohne ihn zu berühren?	Stäbe frei schwimmend. Wt.: 80–120 cm.
37	Purzelbaum vorwärts und rückwärts um den Stab, welcher von zwei Schülern gehalten wird. Weitere Anregung: Wer kann andere Kunststücke am Stab im Wasser turnen?	Drei Schüler pro Gruppe.
38	Der Stab wird mit beiden Händen gefasst. Durchschub der Beine unter Wasser vorwärts und rückwärts.	
39	Abschleppen: Zwei Schüler halten den Stab und ziehen einen oder mehrere Kameraden, die sich daran festhalten, durchs Wasser.	Die gezogenen Kameraden dürfen mit den Beinen Widerstand leisten. Wie kann man am besten bremsen?
40	Der Stab wird mit beiden Händen gefasst. Hechtschießen vom Rand und durch Drehen des Stabes soll der Schüler versuchen, sich um die Längsachse zu drehen.	
41	Sechserstern: Zwei Schüler sind durch den Stab miteinander verbunden. Mit den Beinen strampeln. Weitere Anregungen: Einwärts, auswärts, Bauchlage, Rückenlage. – Eigene Bewegungsfolgen entwickeln lassen.	
42	Zwei Schüler halten sich am gleichen Stab, stehen bzw. liegen einander gegenüber. Sie versuchen sich mit Hilfe des Beinschlags über eine gegebene Markierung zu stoßen. Weitere Anregungen: Verschiedene Beinschlagarten. – Schüler bestimmen die Regel selbst.	

1.1.7 Mit Tischtennisbällen

Nr.	Idee / Beschreibung	Hinweise / Organisation
43	Die Schüler kauern nieder, bis ihnen das Wasser an den Mund reicht und blasen einen Tischtennisball vor sich her. Weitere Anregung: Als Wettrennen, eine Bassinbreite lang; die Hände müssen immer auf dem Rücken verschränkt bleiben.	Schwarm Wt..: Hüfttief bis schultertief.
44	Die Schüler stehen um einen Reifen herum und versuchen den Tischtennisball im Reifen möglichst von sich wegzublasen. Wenn der Ball den Reifen berührt, bekommt der Schüler, der dort steht, einen Strafpunkt oder dieser muss eine Bewegungsaufgabe ausführen, bevor er wieder mitspielen darf.	Pro Gruppe 3-7 Schüler.
45	Jeder Schüler bekommt einen Suppenlöffel. Darauf legt er einen Tischtennisball. Er versucht, mit dem Löffel im Mund, eine Breite zu schwimmen. Weitere Anregung: Als Gruppenwettkampf.	Wem gelingt es, mittels Wassertreten in beiden Händen je einen Tischtennisball mit je einem Löffel zu halten?
46	Die Schüler bilden im Liegestütz rücklings einen Kreis. Die Beine zeigen zum Zentrum. Dort schwimmt ein Tischtennisball. Sie versuchen, ihn mit kräftigem Beinschlag von sich fern zu halten. Pro Berührung bekommen sie einen Minuspunkt.	Wt.: 30–40 cm. Aufstellung im Kreis
47	Der Schüler taucht mit dem Tischtennisball in der Hand ab, lässt ihn am Boden los und versucht, gleichzeitig mit ihm aufzutauchen.	Schwarm Wt.: 1 m bis 3 m
48	Die Schüler sitzen am Bassinrand oder auf der Treppe. Jeder hat einen Tischtennisball. Mit Beinschlag versuchen sie, ihn gegen die Bassinmitte zu treiben. Welcher Ball kommt am weitesten?	Liegestütz rücklings auf der Treppe.
49	Zwei Schüler tauchen gleichzeitig von zwei Bassinseiten gegeneinander und übergeben sich unter Wasser einen Tischtennisball. Nach der Übergabe tauchen sie auf und schwimmen an den Rand zurück.	Als Begegnungsstafette.

1.1.8 Mit dem Gummischlauch

Nr.	Idee / Beschreibung	Hinweise / Organisation

50 Die Schüler liegen auf dem Rücken und halten den Schlauch oder den Stafettenstab. Wer kann mit Rückenkraulbeinschlag den Partner in seine Richtung ziehen?

2 Stäbe mit 2 aneinander geknüpften Gummischläuchen verwenden.

51 Gummischläuche zusammenknüpfen und an einem Ende am Bassinrand befestigen. Der Schüler hängt sich mit den Füßen am anderen Ende in der Fußschlinge ein und versucht, Kraul- oder Brustarmzug zu schwimmen.

52 Kreisziehen: Die Schläuche werden zu einem Kreis zusammengehalten. Die Mitte wird mit einem Malstab markiert. Die Schüler halten sich, auf dem Rücken liegend, links und rechts am Gummiband fest und versuchen, die anderen mit Beinschlag gegen das Zentrum zu ziehen.

Wt.: 80–120 cm.

53 Rösslein Hü: Ein Gummischlauch wird um die Beine eines Schülers gebunden. Dieser schwimmt Kraularmzug, während sich sein Partner am anderen Ende Schlauches hält und sich mitziehen lässt.

54 Schatzraub: Der Wächter wird mit Gummischläuchen in seiner Bewegungsfreiheit eingeschränkt (z. B. Beine zusammengebunden). Hinter ihm liegt der Schatz (Pullboy). Die Räuber versuchen, einen Pullboy, ohne vom Wächter berührt zu werden, zu schnappen und diesen in ihre Burg zu bringen.

Weitere Anregung: 2 Mannschaften mit Burg und Wächter.

55 Vier Gummischläuche werden zusammengebunden und in ein Viereck, welches durch Reifen gebildet wird, gelegt. Vier Schüler halten sich an den Knoten und versuchen, ihren Reifen zu erreichen. Wer kann seinen Reifen zuerst erreichen. Wer kann seinen Reifen zuerst berühren?

Wt.: Hüfttief

56 Die Beine zweier Schüler werden mit je einem Ende des Gummischlauchs zusammengebunden. Welches Paar kann am schnellsten oder originellsten eine bestimmte Strecke zurücklegen?
Weitere Anregung: Auch als Wettkampf gegeneinander.

Defekte Autoschläuche in Streifen von ca. 4 cm zerschneiden. Diese können auch als Lernhilfe zur Verbesserung des Brustbeinschlages verwendet werden.

1.1.9 Mit Armringen oder Schwimmflügeln

Nr.	Idee / Beschreibung	Hinweise / Organisation
57	Alle Ringe liegen auf dem Wasser im Bassin verteilt. Die Schüler versuchen, im Bassin herumzuschwimmen, ohne dass sie einen Ring berühren. **Weitere Anregung:** Wer kann eine Länge ohne Berührung zurücklegen?	Wt.: Schwimmtief oder nur hüfttief. Raum begrenzen, z. B. nur Schwimmbahn.
58	Wasserballett: Mit Hilfe von Armringen Figuren aus dem Wasserballett ausführen, z. B. Zuber, Ballettbein, Paddeln, usw.	Schwarm
59	Mit den Füßen in die Armringe schlüpfen. Wer kann auf die andere Seite schwimmen? **Weitere Anregung:** Verschiedene Armzug-Techniken ausprobieren.	Die gleichen Übungen sind auch mit Pullboys möglich.
60	Wer kann mit dem Armring auf dem Kopf auf die andere Bassinbreite schwimmen? **Weitere Anregung:** Wer kann eine Strecke tauchen, ohne den Ring mit den Händen zu halten?	
61	Zwei Schüler tragen einen Armring auf dem Kopf. Wer kann den Ring des Partners herunterschlagen, ohne den eigenen zu verlieren? **Weitere Anregung:** Als Gruppenspiel.	Wt.: Hüfttief
62	Der Schüler legt den Armring auf den Kopf und taucht unter. Er versucht so aufzutauchen, dass der Ring wieder auf dem Kopf liegt.	Schwarm Wt.: Schultertief
63	Die Schüler werfen den Ring ins Wasser und versuchen, möglichst nahe beim Ring hinein- oder ganz genau auf ihn zu springen. **Weitere Anregungen:** Wer kann hineinspringen und darauf sitzen? – Ring werfen, springen und in der Luft den Ring fangen.	Wer kann seinen Partner, der wie ein Ertrinkender um Hilfe ruft, den (Rettungs-)Ring genau zuwerfen?

1.1.10 Mit Flossen

Nr.	Idee / Beschreibung	Hinweise / Organisation
64	An einer Leine hängen Ballone auf verschiedenen Höhen über dem Wasser. Der Schüler taucht ab und versucht durch kräftigen Beinschlag emporzuschnellen und die Ballone zu berühren. Wer erreicht den Ball? Weitere Anregungen: Nur mit dem Kopf berühren – Nur mit der Schulter berühren.	
65	Die Schüler schwimmen mit Brett und Beinschlag und übergeben jeweils Brett und Flossen (Schüler mit gleicher Schuhnummer in einer Gruppe!).	Als Pendelstafette oder als Ausdauertraining.
66	Menschenslalom: Die Schüler stehen in einer Reihe mit Abstand von ca. 2 m. Der hinterste Schüler schwimmt im Slalom um die anderen Schüler und stellt sich zuvorderst wieder hin.	
67	Hindernisschwimmen: Die Hälfte der Klasse stellt sich als Hindernisbarriere auf verschiedene Arten auf. Die anderen Schüler tauchen mit Flossen hindurch, darum herum, springen darüber, etc.	
68	Fangis: Der Fänger hat Flossen. Wenn er einen Schüler gefangen hat, übergibt er diesem die Flossen.	Gruppen bilden mit gleicher Schuhnummer.
69	Versuche, in allen Schwimmarten mit den Flossen zu schwimmen. Welche zwei Schüler können zusammengehängt so schwimmen, dass sie nur 2 Flossen brauchen?	
70	Versuche, auf der Wasseroberfläche oder unter Wasser eine Figur zu schwimmen, z. B. eine Zahl, eine geometrische Figur, usw. Der Partner versucht, die Figur zu erraten, bzw. nachzuschwimmen.	Merke dir: Beim Tauchen soll man sich immer beobachten lassen. TAUCHE NIE ALLEINE!

1.2 Mit Schwimmhilfsmitteln für bessere Schwimmer

1.2.1	Mit dem Schwimmbrett	20
1.2.2	Mit dem Pullboy	21
1.2.3	Mit Paddels	22
1.2.4	Mit dem Ball	23
1.2.5	Mit Flossen	24
1.2.6	Mit Luftmatratzen und Matten	25
1.2.7	Mit Matten	26
1.2.8	Mit Widerstand	27
1.2.9	Mit Rettungsgeräten	28
1.2.10	Mit dem Tau	29

1.2.1 Mit dem Schwimmbrett

Nr.	Idee / Beschreibung	Hinweise / Organisation

71 Schiebekampf: Zwei Schüler fassen zusammen je auf einer Seite ein Schwimmbrett und versuchen, mit Kraul- oder Brustbeinschlag den Partner bis zur Marke zurückzudrängen.

Anfangspunkt und zwei Begrenzungspunkte angeben.

72 Die Schüler klemmen sich das Brett zwischen die Beine und schwimmen mit der „Haifischflosse" Armzug.
Weitere Anregungen: Wer kann in Bauch- oder Rückenlage mit dem Brett tauchen? – Auf Pfiff müssen sich alle auf das Brett setzen.

73 Reiterkampf: Die Schüler klemmen sich in Sitzposition 2–3 Schwimmbretter zwischen die Oberschenkel. Wer kann den Gegner so zum Sturz bringen, dass er die Bretter verliert? Wer kann auf dem Brett knien oder sogar stehen, sich auf dem Brett stehend drehen?

74 Die Schüler werfen ihr Brett soweit ins Wasser, dass sie nach dem Abstoß (Hechtschießen) noch unter dem Brett durchtauchen können.
Weitere Anregung: Mit Tauchzug, mit Delphinbeinschlag, usw.

75 Rückenkraulbeinschlag mit dem Schwimmbrett im Nacken. Der Partner dirigiert nun so vom Beckenrand aus, dass sein Partner mit niemandem zusammenstößt.
Weitere Anregung: Brett in verschiedenen Positionen halten.

Schwimmfläche stark eingrenzen, z. B. eine Schwimmbahn.

76 Reitturnier: Start auf einer Längsseite des Bassins. Die Schüler versuchen auf dem Brett sitzend, kniend oder sogar stehend auf die andere Seite zu paddeln.
Wer ist am schnellsten?
Weitere Anregung: Auch rückwärts!

77 Im Bassin schwimmen gleich viele blaue und rote Schwimmbretter. Auf Pfiff muss Mannschaft A die roten, Mannschaft B die blauen Bretter einsammeln.
Weitere Anregung: Die Schüler dürfen dabei die Bretter nur mit den Füßen berühren.

Wt.: Schwimmtief

1.2.2 Mit dem Pullboy

Nr.	Idee / Beschreibung	Hinweise / Organisation
78	Pullboys stehlen: 2 Mannschaften sind je an einem Bassinende versammelt und haben ein Lager an Pullboys bereitgestellt. Sie schwimmen nun so lange auf die andere Seite und wieder zurück und holen immer einen Pullboy, bis eine Mannschaft ihr Lager auf eine bestimmte Anzahl von Pullboys erhöht hat. Die Gegner dürfen nicht gehalten werden!	Pullboys in einer Kiste am Bassinrand. Wt.: Schwimmtief.
79	Zwei Schüler schleppen einen Kameraden, welcher mit den Händen je einen Pullboy hält, an den Beinen rückwärts durchs Wasser.	Pro Gruppe 3 Schüler.
80	Wer kann den Pullboy unter Wasser transportieren, ohne ihn mit den Händen zu halten und ohne ihn zwischen die Beine zu klemmen?	
81	Wer kann einen (gespannten) Startsprung ausführen, ohne dabei den zwischen den Beinen eingeklemmten Pullboy zu verlieren?	
82	Die Schüler müssen den Pullboy möglichst schnell mit den Füßen im Kreis herumgeben. Welche Gruppe hat zuerst 10 Runden?	Pro Gruppe 5–8 Schüler im Kreis.
83	Der Pullboy darf nur mit den Füßen transportiert werden. Weitere Anregung: Den Pullboy mit dem Kopf vorwärts schieben.	Pendelstafette
84	Wer kann am meisten Pullboys unter Wasser drücken? Weitere Anregung: Zu dritt. A legt sich aufs Wasser. B und C legen Pullboys unter A. Wie viele sind möglich?	Wt.: Mind. 2 m

1.2.3 Mit Paddels

Nr.	Idee / Beschreibung	Hinweise / Organisation

85 Ausscheidungsschwimmen: Die Schüler schwimmen möglichst schnell quer durchs Bassin. Die beiden letzten scheiden aus. Wer bleibt am längsten im Rennen? Weitere Anregungen: Die beiden ersten können ausscheiden – Wer bleibt übrig am Schluss?

Pro Schüler 1 Paar Paddels.

86 Américaine: Sechs Schwimmer sind im Wasser startbereit. A schwimmt mit B zwei Breiten, wird dann von C abgelöst. B schwimmt noch zwei Breiten mit C und wird von D abgelöst, usw. A schwimmt mit dem letzten der Gruppe noch zwei Breiten. Jeder Schüler macht also 4 Breiten.

Pro Gruppe 3 Paar Paddels.

87 Jede Mannschaft wird in zwei Hälften aufgeteilt. Diese stellen sich gegenüber auf. Auf Kommando schwimmen die ersten beiden Schüler aufeinander zu, treffen sich irgendwo unterwegs und schwimmen wieder an ihren Platz zurück. Ablösung beim Anschlagen.

Begegnungsstafette.
Pro Mannschaft 4 Paddels.

88 Unterwasserkraul: Die Schüler versuchen, unter Wasser mit Paddels Kraul zu schwimmen. Wer kommt trotzdem schnell vorwärts? So erlebst du ein wichtiges biomechanisches Gesetz.

Tipp: Bewegungen gegen die Schwimmrichtung sind langsam, Bewegungen in der Schwimmrichtung schnell ausführen!

89 Handicap-Schwimmen: Ein Schüler mit Paddels schleppt einen Kameraden. Nach zwei bis vier Sekunden werden die beiden verfolgt. Den Abstand selbst so wählen, dass Verfolgte und Verfolger eine Chance haben.

Pro Gruppe 3 Schüler.

90 Tandemschwimmen: Versuche, mit Paddels und einem Kameraden, welcher sich an deinen Füßen hält, zu schwimmen.
Weitere Anregung: Wieviele Kameraden kannst du maximal über eine vorgeschriebene Strecke ziehen?

91 Erfinde möglichst originelle Fortbewegungsarten mit den Paddels. Gib acht, dass du keinen Kameraden gefährdest!

Genügend Platz geben. Alle schwimmen in die gleiche Richtung.

1.2.4 Mit dem Ball

Nr.	Idee / Beschreibung	Hinweise / Organisation

92 Schnappball: Welche Partei erreicht in zwei Minuten mehr Zuspiele? (Eigene Spielregeln entwickeln oder festlegen).
Weitere Anregung. Anzahl Werfer, Fänger, sowie Platz selbst wählen.

Es können auch gleichzeitig mehrere Mannschaften spielen.

93 Handicap-Wasserball: Je zwei Gegner sind mit einem Gummischlauch zusammengebunden. Um einen Punkt zu erzielen, muss der Ball die gegnerische Bassinbreite berühren. Weitere Anregung: Je zwei Spieler der gleichen Mannschaft sind zusammengebunden.

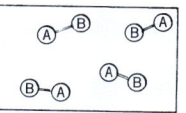

94 Je zwei Spieler haben einen Ball. Sie versuchen, möglichst viele Kopfballspiele zu erreichen.
Weitere Anregung: A spielt mit den Händen, B mit dem Kopf. Wechsel.

Im Nichtschwimmerbecken.
Wt.: Nicht tiefer als schultertief.
Aufblasbare Bälle verwenden!

95 Wer kann sich den Ball mit einem Fuß auf die Hand spielen?
Wer kann den Ball von der einen Hand auf die andere jonglieren?
Wer findet eine eigene Folge?

 Freie Aufstellung.

96 Alle gegen alle mit zwei bis drei Bällen. Wer getroffen wird, schwimmt drei Breiten, oder führt eine vorgängig bestimmte Bewegungsaufgabe aus.
Weitere Anregung: Alle haben 10 Leben, wer getroffen wird, verliert 1 Leben; wer jemanden abschießt, gewinnt eines.

Spielfeld abgrenzen im Schwimmer- oder Nichtschwimmerbecken.
Rücksicht auf andere Personen im Schwimmbad.

97 Ballfangis: Wer taucht kann nicht abgeschossen werden.
Weitere Anregung: Mit mehreren Bällen.

98 Versuche, mit dem Ball möglichst schnell Kraul zu schwimmen, ohne den Ball mit den Armen und Händen zu berühren.
Hinweis: Mit hohem Ellbogen Kraul schwimmen!

1.2.5 Mit Flossen

Nr.	Idee / Beschreibung	Hinweise / Organisation

99 Wettschwimmen mit Flossen: Kraul, Delphin, Rückenkraul.
Eigene Techniken entwickeln.

Wenn Taucherbrillen vorhanden sind, dann sollten diese möglichst immer zusätzlich getragen werden (als Vorbereitung für's Tauchen).

100 Ein Schüler mit Flossen darf nur Beinschlag schwimmen. Der andere ohne Flossen schwimmt mit Armzug und Beinschlag.
Welcher ist schneller? Alle Schwimmarten außer Brustgleichschlag ausprobieren.

Gleichstarke Schwimmer zusammen.

101 Tandemschwimmen: Zwei Schüler halten sich an den Händen in Hochhalte und schwimmen synchron Delphinbeinschlag.
Weitere Anregungen: Beinschlag und Handfassung ändern.
– A unten in Rückenlage; B oben in Bauchlage; dann Wechsel.

102 Der Schüler versucht, einen halb gefüllten Wasserkessel über Wasser zu halten, indem er kräftigen Beinschlag (mit Flossen) ausführt. Wie lange gelingt dies?
Weitere Anregung: Mal hoch, dann wieder tiefer, usw.

103 Wasserkübelziehen: Der Schüler liegt auf dem Rücken und hält einen Plastikeimer am Henkel fest. Er zieht ihn mit Beinschlag durchs Wasser.
Weitere Anregung: Diverse andere Gegenstände ziehen oder stoßen.

104 Ein Schüler versucht, seinen Partner hinunterzudrücken, während sich dieser dagegen wehrt (nur mit kräftigem Beinschlag).
Weitere Anregung: Wettkampfform: Wer kann seinen Partner zuerst hinunterdrücken?

105 Welche Gruppe kann ein Mitglied für zwei bis drei Sekunden ganz aus dem Wasser heben?
Weitere Anregung: Wer kann wie ein Wal am höchsten aus dem Wasser springen?

1.2.6 Mit Luftmatratzen und Matten

| Nr. | Idee / Beschreibung | Hinweise / Organisation |

106 Vier Schüler transportieren eine Matratze eine Bassinlänge, ohne dass sie nass wird.
Weitere Anregungen: Auch mit Gummimatten möglich.
– Mit einem Badetauch.

107 Ein Schüler sitzt auf der Matratze. Zwei ziehen ihn schwimmend (ziehen und stossen) durchs Wasser.
Weitere Anregungen: Als Pendelstafette – Materialtransport-Stafette.

108 Versuche, auf die Matratze zu stehen oder zu knien. Wie lange kannst du die Arme hochheben, ohne wieder ins Wasser zu fallen?

109 Die Matratze ist stark aufgeblasen. Sie dient als Rutschbahn. Wer kann am originellsten ins Wasser rutschen?

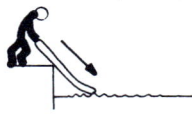

Hinweis: Evtl. Schwimmbadkante zusätzlich polstern. Verletzungsgefahr.

110 Ein Schüler kniet auf der Matratze. Zwei Schüler steuern das „Schiff". Welches Dreiergespann kann den Knieenden eines anderen Schiffes von der Matratze stossen?

Pro Gruppe 3 Schüler.

111 Jede Gruppe hat eine Matratze. Alle Gruppenmitglieder müssen sitzend oder liegend ans andere Ufer gelangen, ohne dass einer von der Matratze steigt.

Pro Gruppe 4 Schüler.

112 Übers Wasser wandern: Zwischen zwei Leinen liegen so viele Matratzen, dass es möglich ist, über diese „Brücke" zu gehen, ohne nass zu werden.
Weitere Anregung: Einige Schüler halten die Matratzen.

Erlaubnis des Bademeisters einholen. Schüler auffordern, Luftmatratzen von zu Hause mitbringen.

1.2.7 Mit Matten

Nr.	Idee / Beschreibung	Hinweise / Organisation

113

Drei Matten müssen zur anderen Bassinseite transportiert werden.
Das Spiel ist beendet, wenn alle drei Matten aufeinander liegen
und die Schüler auf den Matten sitzen.

Stafette:
Pro Gruppe 4–6 Schüler.

114

Suche verschiedene Formen, um die auf dem Wasser liegende Matte zu überqueren (übersteigen, überschwimmen, überspringen).

115

Welche Gruppe transportiert die Matte am schnellsten über eine Bassinlänge.
Anfang und Ende des Wettkampfes: Die Gruppe sitzt auf der Matte.

116

Wasserburg: Drei Spieler verteidigen eine Matte, ohne auf sie zu sitzen.
Die Angreifer versuchen, so viele Bälle wie möglich in die Burg zu werfen.

Wt.: nach Leistungsniveau variieren.

117

Der Schüler schwimmt auf die andere Seite und muss dabei 3 Matten überqueren
und unter 3 Matten durchtauchen.
Welcher Schwimmer ist am schnellsten?

Falls der Bademeister bewilligt, dass Surfbretter verwendet werden dürfen, lassen sich mit diesem Gerät viele ähnliche Übungen und Spielformen durchführen. (Vorübungen zum Surfen!).

118

Hindernisparcours: Alle Gruppenmitglieder müssen beim Durchschwimmen des
Parcours immer mit der Matte in Berührung sein.

Pro Gruppe 4 Schüler.

119

Wer springt am lustigsten auf die im Wasser schwimmende Matte?

Keine Kopfsprünge auf die Matte!

1.2.8 „Mit Widerstand"

Nr.	Idee / Beschreibung	Hinweise / Organisation

120 Zwei Schüler sind je an einem Ende des Gummischlauches aneinander angebunden. Welches Paar kann den Gummischlauch durch Schwimmen in entgegengesetzte Richtungen am meisten drehen?
Weitere Anregung: Wer kann seinen Gegenüber auf seine Seite ziehen!

121 Brettrennen: Zwischen den Beinen hat der Schüler einen Pullboy. Er muss versuchen, sich mit Hilfe eines Schwimmbretts vorwärts zu bewegen (Schaufelwirkung).

Massenrennen
Zweikampf
Stafette

122 Partner im Schlepptau: Ein Schüler versucht, den Partner, der ihn an den Beinen festhält, durchs Wasser zu ziehen.

Wer kann durch entsprechende Stellungen und/oder Bewegungen im Schlepptau soviel Widerstand leisten, dass der Partner nur noch am Ort schwimmt?

123 Krankenwagenschwimmen: In der Mitte des Bassins sind in einem großen Reifen Verwundete. Die Retter müssen die Verwundeten holen und an Land ziehen (Rettungsgriffe anwenden!).

2 Mannschaften:
1 Gruppe Verwundete,
1 Gruppe Retter.

124 Tonnenfüllen: Am Rand des Bassins steht ein großer Eimer, der mit Wasser gefüllt werden soll. Das Bassin ist in der Mitte durch eine Leine getrennt. Das Wasser muss immer auf der anderen Seite der Leine geholt werden. Wer hat zuerst den Eimer bis zur Marke voll?

Pro Mannschaft 3–4 Schüler.
Einer der Gruppe ist immer unterwegs. Jeder Schüler erhält einen Plastikbecher.

125 Partnerschieben: Ein Schüler schiebt seinen Partner, der ruhig auf dem Wasser liegt, ans andere Ufer. Verschiedene Varianten suchen lassen.

126 Verschiedene Materialien, wie Bretter, Pullboys, Bälle usw., müssen unter Wasser auf die andere Seite transportiert werden.
Welche Gruppe löst die Aufgabe am schnellsten?

1.2.9 Mit Rettungsgeräten

Nr.	Idee / Beschreibung	Hinweise / Organisation

127 Ein Schüler sitzt im Rettungsring. Der Partner stößt ihn mit kräftigem Beinschlag vor sich hin.
Weitere Anregung: Es soll versucht werden, den Schüler im Rettungsring zum „Aussteigen" zu zwingen.

 Auch als Pendelstafette.

128 Jedes Gruppenmitglied darf den Rettungsball einmal werfen. Der erste wirft, der zweite von dem Punkt aus, wo der Ball gelandet ist, usw. Der Wurf muss immer im Wasser erfolgen. Welche Gruppe braucht am wenigsten Würfe für eine bestimmte Länge.

Pro Gruppe 3 Schüler (je nach Bassinlänge vergrößern). Rücksicht auf andere Badegäste!

129 Zielwurf: Wer kann den Rettungsring oder Rettungsball am nächsten zu einer Markierung oder zu einem Partner ins Wasser werfen?
Weitere Anregungen: Luftmatratze als Ziel – Ein Schüler steht auf der Luftmatratze. Kann er den zugeworfenen Ball fangen?

130 Welche Gruppe transportiert die Rettungsstange am schnellsten über eine Bassinlänge?
Welcher Gruppe gelingt es sogar, ein Gruppenmitglied auf der Rettungsstange zu „tragen"?

131 Der angeseilte Schüler schwimmt zum Balldepot, nimmt sich einen Ball und wird von seinen Kameraden zurückgezogen. Bei einem Gruppenwettkampf muss nach jedem Durchgang der Schwimmer gewechselt werden.
Hinweis: Gurt auf Brusthöhe tragen; Seil ist an diesem Gurt befestigt.

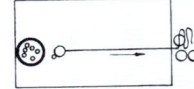 Balldepot auf einer Seite. Pro Gruppe 3 Schüler.

132 Wer kann einen Rettungsball auf Anhieb unter Wasser drücken?
Weitere Anregung: Nur mit den Füßen!
– Zu zweit.

133 Zwei Schüler halten je einen Rettungsball. Ein dritter versucht auf dem Ball zu stehen. Weitere Schüler helfen dem dritten hinaufzusteigen.

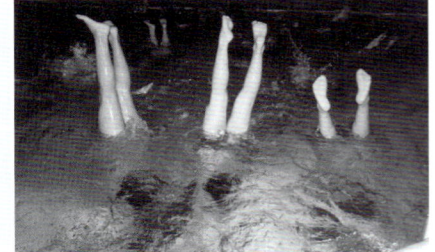

1.2.10 Mit dem Tau

Nr.	Idee / Beschreibung	Hinweise / Organisation
134	Seilziehen: Einer von jeder Mannschaft hält das Tau. Die anderen springen auf Pfiff ins Wasser und beginnen auf der Seite ihrer Mannschaft zu ziehen. Weitere Anregung: Alle halten das Tau am Bassinrand, springen auf Pfiff ins Wasser und beginnen sofort zu ziehen.	2 Mannschaften
135	Am Ende des Taus sind ein, zwei oder mehrere Wasserkessel befestigt. Welchen zwei Schülern gelingt es, diese hinaufzuziehen, ohne dass sie abstehen?	Wt.: Mind. 3 m
136	Das Tau wird ans 1 m-Brett gebunden. Am anderen Ende wird ein Gewicht befestigt. Versuche, zum Ende des Taus zu tauchen und an ihm hinaufzuklettern. Weitere Anregung: Umgekehrt.	
137	Das Seil liegt, durch zwei Gewichte beschwert, am Bassinboden. Der Schüler versucht, Spielabzeichen an das Tau zu binden und wieder zu lösen. Weitere Anregung: Als Gruppenwettkampf.	
138	Das Tau wird an einem Ende am Sprungturm befestigt. Am anderen Ende zieht eine Gruppe so stark, bis der Schüler, welcher sich an einer bestimmten Marke am Tau festklammert, vollständig aus dem Wasser „gehoben" wird. Welche Gruppe schafft es am längsten?	
139	Die Enden werden von zwei Schülern gehalten. Sie versuchen so zu schwimmen, dass ein Knoten im Seil entsteht.	
140	Eine Gruppe muss versuchen, das Tau über eine gewisse Länge so zu transportieren, dass es nie das Wasser berührt.	Für solche und ähnliche Spielformen können auch Schwimmleinen benützt werden (Bademeister fragen!).

1.3 Anregungen zu zweit

- 1.3.1 In der Schwimmbahn 32
- 1.3.2 Im Lehrschwimmbecken 33
- 1.3.3 Im Sprungbecken 34
- 1.3.4 Einer gegen einen 35
- 1.3.5 Zwei gegen zwei 36
- 1.3.6 Zu zweit am Ort 37
- 1.3.7 Im Wechsel einmal unten einmal oben 38
- 1.3.8 Abschlepp-, Zieh- und Schiebeformen 39
- 1.3.9 Reaktionsspiele 40
- 1.3.10 Partner als Spiegel 41

1.3.1 In der Schwimmbahn

Nr.	Idee / Beschreibung	Hinweise / Organisation

141 A ist im Wasser und zeigt mit der Hand eine Zahl, wenn B einen Startsprung ausführt. B muss während des Startsprunges den Blick nach vorne richten und versuchen, die Zahl zu erkennen.

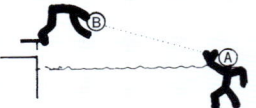

142 A schwimmt Brust-Armzug. B hält ihn an den Beinen und führt nur Beinschlag aus. Weitere Anregung: Rückenkraul, Brustkraul, Delphin oder Schwimmarten mischen.

B sollte versuchen, nicht zuviel auf die Beine von A zu drücken, denn sonst wird für A diese Aufgabe sehr schwierig!

143 Beide Schüler sprinten von entgegengesetzten Bassinbreiten zur Mitte, die mit einer Zauberschnur markiert ist. Dann schwimmen sie die restliche Bassinhälfte locker aus. Wer ist zuerst in der Mitte? Die Mitte wird laufend verschoben. Sieger auf die A-Seite, Verlierer auf die B-Seite.

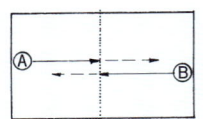

144 B schwimmt langsam Brust. A taucht unter ihm durch, dann taucht B unter A durch, usw., bis eine bestimmte Strecke zurückgelegt ist.

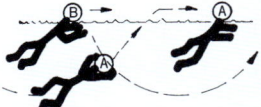

145 Zwei Schüler tauchen auf beiden Bassinseiten los, versuchen, sich in der Mitte zu treffen und tauchen gemeinsam auf.

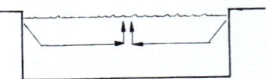

146 Ein Schüler stellt sich auf die Schultern des anderen. Welches Paar kann so am weitesten gehen?

Genügend Abstand vom Bassinrand. Wt.: Schulter- bis Kopfhoch.

147 Die Schüler versuchen, eine Bewegungsfolge zu erarbeiten, die sie auf einer Länge synchron ausführen. Beispiel: Alle Schwimmarten, Rollen um die Querachse, Längsachse, alle Paddelarten, etc.

Selbstverständlich gehört auch ein synchroner Start dazu!

1.3.2 Im Lehrschwimmbecken

Nr.	Idee / Beschreibung	Hinweise / Organisation
148	Waage: Ein Kind steht aufrecht, das andere in Hockstellung gegenüber. Wechselseitiges „auf und ab" zum Ausatmen unter Wasser.	 Schwarm
149	Stierkampf: Die Partner fassen sich an den Schultern, jeder versucht, den anderen zurückzudrängen.	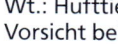 Schwarm. Wt.: Hüfttief. Vorsicht bei schwächlichen Schülern (große Belastung der Wirbelsäule!).
150	Rakete: Die Partner liegen rücklings mit Fußsohlen gegeneinander im Wasser. Auf Kommando stoßen sie sich gegenseitig weg. Welches Paar hat die größte Distanz zwischen sich?	 Schwarm
151	Gigampfi: Die Partner stehen Rücken an Rücken, mit den Armen eingehakt. Gegenseitiges Hochziehen und mit kräftigem Ruck zieht ein Partner den anderen über den Kopf hinweg. (Für jüngere Kinder nicht geeignet!).	 Schwarm. Wt.: Brusttief.
152	Spritzschlacht: Die Partner spritzen sich gegenseitig an. Wer sich zuerst umdreht, hat verloren.	
153	Hahnenkampf: Die Partner haben die Arme auf dem Rücken verschränkt und stehen nur auf einem Bein. Sie müssen versuchen, sich so gegenseitig aus dem Gleichgewicht zu bringen.	
154	Ritterkampf: Ein Schüler steht, der Partner sitzt ihm auf den Schultern. Die Paare versuchen sich so gegenseitig umzustoßen. Weiter Anregung: In Turnierform.	 Wt.: Mindestens brusttief.

1.3.3 Im Sprungbecken

Nr.	Idee / Beschreibung	Hinweise / Organisation

155 Schiebewettkampf: In Rückenlage (Ohr neben Ohr, Arme seitlich verschränkt). Mit Beinschlag versuchen die beiden, einander wegzustoßen.
Weitere Anregung: Auf dem Bauch.

156 Welcher Schüler kann so kräftig Wasserstampfen, dass es dem Partner nicht gelingt, ihn ins Wasser zu tauchen.

Wasserstampfen: Siehe Kapitel Lernhilfen Wasserball

157 Ein Pullboy wird von einem Schüler unter Wasser mit beiden Füßen fixiert, während der andere Schüler an den unteren Bassinrand schwimmt. Dann wird der Pullboy übergeben (nur mit den Füßen) und der Partner schwimmt zum unteren Bassinrand.

Eventuell als Stafette.
Die Hände dürfen nicht benützt werden!

158 Scheibe/Stoßwettkampf: Rückenlage, mit Fußflächen gegeneinander. Die zwei Schüler versuchen, sich gegenseitig mit Armbewegungen (= Paddeltechnik des Synchronschwimmens) rückwärts zu stoßen, bzw. sich mit Armzug gegenseitig vorwärts zu bewegen.

159 Zwei Schüler schwimmen 4 Längen: Die erste Länge jeder für sich, die zweite Länge halten sie sich an der Hand, die dritte Länge an beiden Händen und die vierte Länge einer mit den Händen an den Füßen des anderen.
Eventuell als Stafette in Zweiergruppen!

160 Herr und Hund: Der Herr darf das ganze Sprungbecken ausnutzen. Er muss sich einen Weg suchen und der Hund muss ihm immer folgen.
Weitere Anregung: Beide schwimmen in der Wasserballkraul-Technik (Kopf aus dem Wasser).

161 Ein Eimer mit 5 Tennisbällen ist am Boden des Beckens befestigt, und einer am Beckenrand. Jeder Kübel ist einem Schüler zugeordnet. Jeder muss versuchen, möglichst viele Bälle in den gegnerischen Kübel zu bringen. Sie dürfen dabei nur immer einen Tennisball transportieren.

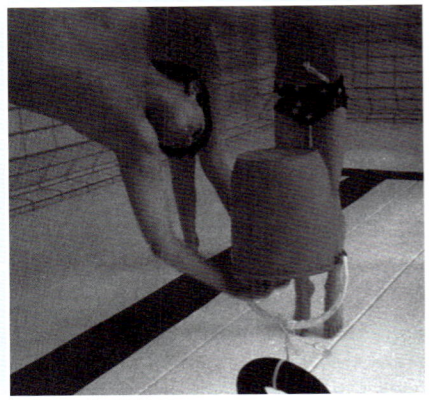

1.3.4 Einer gegen einen

Nr.	Idee / Beschreibung	Hinweise / Organisation
162	**Frosch und Fisch:** Die Paare stehen sich in der Mitte des Bassins im Abstand von ca. 2 m gegenüber. Der Lehrer ruft den Schülern eine einfache Rechnung zu. Bei geradem Resultat müssen die Frösche die Fische fangen und umgekehrt. Viele Varianten von „Tag und Nacht" möglich!	
163	**Haifischfang:** A startet auf dem Startblock, B im Wasser. Sobald A gestartet ist, versucht B ihn einzuholen. Der Schwimmer A sollte immer eine weniger schnellere Schwimmart als der Schwimmer B ausführen.	
164	A spielt den toten Mann, B muss ihn auf die andere Seite transportieren. Hilfsmittel sind erlaubt. Welcher von beiden schafft es in kürzerer Zeit?	Möglichkeit zur Instruktion des Rettungsschwimmens oder Transportschwimmens.
165	**Beinziehkampf:** Die beiden Schüler versuchen, sich gegenseitig an den Beinen zu ziehen und sich so umzuwerfen.	 Im Nichtschwimmerbecken.
166	**Lauf-(Schwimm-)Wettkampf im Cup-System:** Zwei Schüler „laufen" (schwimmen) gegeneinander, dann die Sieger aller Paarungen, usw. Weitere Anregungen: Hände auf dem Rücken – Hände in der Hochhalte – rückwärts, vorwärts mit Händen.	Im Nichtschwimmerbecken laufen; im Schwimmerbecken schwimmen.
167	Im Wasser liegen Bälle. Zwei Schüler versuchen, sich gegenseitig an einen der Bälle heranzuziehen oder zu stoßen, dass der Partner den Ball berührt. Pro Berührung 1 Minuspunkt.	Obwohl es ein Raufspiel ist, gegenseitig Rücksicht nehmen!
168	**Torhüterspringen:** Die Partner werfen sich gegenseitig einen Ball zu und versuchen, nach dem Ball zu „hechten".	Im Nichtschwimmerbecken.

1.3.5 Zwei gegen zwei

Nr.	Idee / Beschreibung	Hinweise / Organisation

169 Reiterkampf mit Ball: Welche Gruppe kann den Ball auf die gegnerische Bassinseite legen, ohne dass er vom Gegner weggenommen wird. Der Ball darf nur vom Reiter gehalten werden.

Im Nichtschwimmerbecken.
Wt.: Mindestens Hüfttief.

170 Tandemschwimmen: Zwei Gruppen gegeneinander, alle Schwimmarten.

Zuerst kann in Gruppenarbeit eine originelle Tandem-Schwimm-Technik von den Schülern erarbeitet werden. Diese gilt dann für alle!

171 Parteiziehkampf: Der hintere Schüler hält seinen Partner um den Bauch. Der vordere hält den vorderen der anderen Gruppe. Welche Partei kann die andere Gruppe über eine Marke ziehen?

Im Nichtschwimmerbecken.

172 Die Gruppe muss 5 Längen über Wasser und 2 Längen unter Wasser schwimmen. Atempause frei! Der Gegner zählt und stoppt die Zeit.

Genügend Zeit geben, damit die Mannschaft ihre Taktik besprechen und ausprobieren kann.

173 Tennisbälle zuspielen: Welches Team fängt die meisten Bälle in einer bestimmten Zeit? Weitere Anregungen: A ist im Wasser, B auf dem Land – Beide im Wasser – Fangen nur mit der schwächeren Hand.

Auch als Spiel über die Leine!

174 Zu zweit versuchen die Schüler ein Schwimmprogramm zusammenzustellen (z. B. 3 Züge Kraul, 1 Rolle vorwärts, usw.). Welche Zweiermannschaft findet das originellste und welche schwimmt es am besten?

175 Ein Team stellt mit Material einen schwierigen Parcours auf, den der Gegner durchschwimmen muss. Mehrmals wechseln. Welchem Team gelingt es, den schwierigsten Parcours zu bauen?

1.3.6 Zu zweit am Ort

Nr.	Idee / Beschreibung	Hinweise / Organisation
176	Zwei Schüler liegen auf dem Bauch und halten sich an einem Stab. Wer kann den Partner auf den Rücken drehen? Weitere Anregung: Gemeinsam versuchen, möglichst schnell in die gleiche Richtung zu drehen.	
177	Ein Schüler hält einen Eimer und füllt ihn so stark mit Wasser, dass er ihn 10 Sekunden über Wasser halten kann. Wer kann den Eimer mit mehr Wasser füllen? Weitere Anregungen: Wer kann ihn am längsten halten? – Welcher Eimer welcher Gruppe ist länger oben?	
178	Ein Schüler hält den Ball mit 3 Fingern in der Luft. Der Partner versucht, in festgelegtem Abstand (Schnur, Reifen) durch starkes Wasserspritzen, den Ball ins Wasser zu schlagen.	
179	Ein Schüler taucht mit einem Ball unter Wasser. Er darf ihn loslassen, wann er will. Der Partner versucht, ihn möglichst schnell zu fangen.	Kann der Ball über Wasser gefangen werden, bevor er aufs Wasser fällt = 1 Punkt. Das Spiel ist auch mit sich selbst möglich!
180	Pyramidenbau: Versucht, zu zweit oder zu dritt aufeinander zu stehen.	Wt.: Entsprechend anpassen!
181	Wettbewerb der Beine gegen die Arme: Die Beine stoßen vorwärts, die Arme drücken rückwärts. Wer gewinnt?	
182	Wer kann Kraul (oder Delphin) am Ort schwimmen? Wer kann sogar Kraul fußwärts schwimmen? Weitere Anregung: Wer kann Kraul unter Wasser schwimmen?	Gelingt es auch mit geschlossenen Augen? (Bademütze über die Augen ziehen!)

1.3.7 Im Wechsel einmal unten einmal oben

Nr.	Idee / Beschreibung	Hinweise / Organisation

183 Reiterderby: Ein Schüler sitzt auf den Schultern des Partners. So laufen sie bis zur Mitte, dort wird gewechselt. Welches Paar ist am schnellsten? Weitere Anregungen: Rundstreckenrennen – Hindernisparcours.

184 Beide Schüler starten gleichzeitig von entgegengesetzter Bassinseite. A schwimmt, B rennt. Beim Treffpunkt muss A die Füße von B berühren und B den Kopf von A. Rollenwechsel und weiterschwimmen bzw. laufen.

185 Fußkampf: Fuß-Sohle gegen Fuß-Sohle. So müssen die Partner versuchen, einander umzustoßen.

Wt.: Hüfttief

186 Tauchen im Wechsel: A taucht, B schwimmt an der Oberfläche. Wenn A auftaucht, taucht B unter, usw.

187 A macht ein „Böckli", B springt (schwimmt) darüber, wechseln, usw.

188 A und B schwimmen gleichzeitig über und unter einer Schnur durch.

189 2 Reifen stehen im Wasser. A und B starten gleichzeitig von gegenüberliegenden Seiten. A schwimmt an der Wasseroberfläche über die Reifen, B von der anderen Seite durch die Reifen.

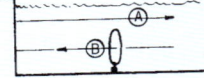

1.3.8 Abschlepp-, Zieh- und Schiebeformen

Nr.	Idee / Beschreibung	Hinweise / Organsiation

190 A liegt im Wasser, B hält ihn an den Fußgelenken und schiebt ihn kreuz und quer durchs Schwimmbecken. A soll dabei nicht untergetaucht werden. Weitere Anregungen: Ziehen im Achselgriff usw. – Gute Schwimmer ziehen bzw. stoßen sich ohne abzustehen.

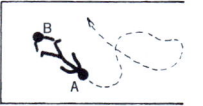 Wt.: Hüfttief

191 Delphintandem: Beide Schüler sind in Bauchlage. Der Vordere hält den Hinteren, indem er von unten her mit den Beinen den Oberkörper des Partners umklammert. Nun schwimmen beide Delphin.

192 Ein Schüler hält den anderen im Achselgriff und versucht, ihn mit Delphinbeinschlag durchs Wasser zu ziehen.

193 Schüler A liegt auf dem Rücken, hängt bei Schüler B unter den Achseln ein und schwimmt Rückenkraul-Armzug. B unterstützt durch kräftigen Beinschlag.

194 A versucht, b unter Wasser eine große Strecke zu ziehen bzw. zu schieben. Es sollte kein Körperteil von B unter Wasser gesehen werden!

195 Zwei Schüler schieben und ziehen einen dritten durchs Wasser.

196 Es müssen 2 x 25 m geschwommen werden. Auf den ersten 25 m darf nur A schwimmen, auf den zweiten nur B. Trotzdem müssen beide bei der Wende und im Ziel die Wand berühren. Wer findet die schnellste Schlepp- oder Schiebeform heraus?

1.3.9 Reaktionsspiele

Nr.	Idee / Beschreibung	Hinweise / Organisation

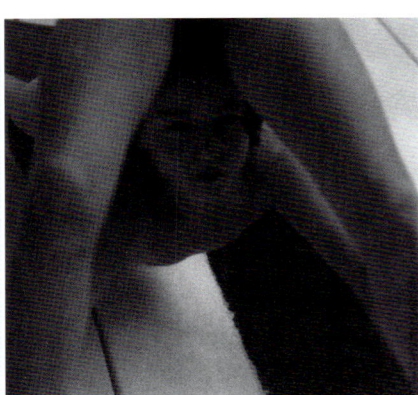

197 Fischer und Fisch: Der Fischer hat einen Ball und muss versuchen, seinen Fisch abzuschießen. Dieser versucht, geschickt zu entweichen.

198 A und B tauchen abwechslungsweise zwischen den Beinen des anderen durch. Auf Pfiff müssen sich alle so schnell wie möglich auf den Rücken legen. Welches Paar ist am schnellsten?

199 Die Paare schwimmen nebeneinander. Bei einem Pfiff schwimmen alle an den linken Rand, bei zwei Pfiffen schwimmen alle die rechte Seite. Welches Paar ist am schnellsten?

200 A hält B um die Hüften. Der Vordere schwimmt Armzug, der Hintere Beinschlag. Auf Pfiff müssen sie sofort abtauchen. Das Paar, das zuletzt abtaucht, erhält einen Minuspunkt.

201 Die Schüler bewegen sich frei im Wasser. Auf Pfiff müssen zwei Schüler zusammen einen Ring vom Boden holen den Ring haltend an einen Bassinrand transportieren. Jedesmal Partnerwechsel!

Die Siegergruppe darf jeweils die nächst folgende Schwimmart bestimmen.

202 Platzwechsel: Die Schüler stehen sich auf den Längsseiten gegenüber. Auf Kommando wechselt jedes Paar die Plätze. Welches Paar ist am schnellsten?

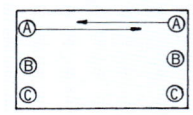

Genügend Platz! Rechtsverkehr!

203 Ringeraub: Die Schüler stehen sich auf zwei Gliedern gegenüber. Im Zwischenraum von ca. 2 m liegt pro Paar je ein Ring. Auf Pfiff macht jeder Schüler eine Rolle rückwärts taucht nach dem Ring und versucht, sich diesen als Krone aufzusetzen. Weitere Anregung: Die Bewegungsaufgabe vor dem Fang von den Teilnehmenden bestimmen lassen.

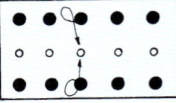

1.3.10 Partner als Spiegel

Nr.	Idee / Beschreibung	Hinweise / Organisation

204 A schwimmt eine selbst erfundene Schwimmart. B beobachtet und versucht, diese zu kopieren. Weitere Anregung: A schwimmt verschiedene Schwimmarten hintereinander, B kopiert.

Schwimmrichtung festlegen.

205 A und B liegen nebeneinander im Wasser. Nun versuchen sie, eine zuvor bestimmte Figur spiegelbildlich zu schwimmen. Weitere Anregungen: Unter Wasser, im Raum – Als Idee für das Aufwärmen außerhalb oder im Wasser.

206 Fangspiel: Der Fänger muss jede Bewegung des Gejagten nachahmen, bevor er ihn fangen darf. Wechsel. Weitere Anregung: Die Bewegung, die als „Befreiung" gilt, wird gemeinsam vereinbart.

207 A taucht unter Wasser. B schwimmt über A und versucht, alle Richtungsänderungen von A mitzuschwimmen.

208 A und B halten sich mit einer Hand. Beide versuchen, so miteinander Kraul oder Brust zu schwimmen.

209 A führt einen Sprung aus. B versucht, diesen genau nachzuahmen. Weitere Anregung: Mit der Zeit springen sie zusammen den gleichen Sprung (Synchron-Wasserspringen).

!!! Aus solchen Spielformen entstanden Sportarten, so auch Synchron-Wasserspringen (eine olympische Disziplin!).

1.4 Beispiele in der Gruppe
1.4.1 Fangisformen 44
1.4.2 Gruppenstafetten 45
1.4.3 Circuitformen 46
1.4.4 Handicap-Formen 53
1.4.5 Ballspiele 54
1.4.6 Raufspiele 55
1.4.7 Kettenformen 56
1.4.8 Gruppensprünge 57
1.4.9 Tauchen in der Gruppe 58
1.4.10 Hindernisschwimmen mit und in der Gruppe 59

1.4.1 Fangisformen

Nr.	Idee / Beschreibung	Hinweise / Organisation
210	Wasserfangis: Der Wechsel des Fängers wird entweder laut bekannt gegeben oder er kann auch geheim bleiben (Überraschungsmoment). Der Fänger kann auch durch einen Ring am Arm o. Ä. markiert werden. Die Spieler dürfen das Wasser nicht verlassen.	Abgegrenzter Raum im Nichtschwimmerbecken; eventuell für gute Schwimmer im Schwimmerbecken.
211	Tauchfangis (wie Wasserfangis): Ein Spieler kann jedoch nicht gefangen werden, wenn der Kopf unter Wasser ist – der Spieler auf dem Boden sitzt – der Spieler im Handstand steht.	
212	Paarfangis: Zwei Spieler halten sich an den Händen und versuchen, die anderen Schüler zu fangen. Wird ein Mitspieler gefangen, so wird derjenige Fänger, der ihn gefangen hat, wieder frei. Weitere Anregung: Gefangene bilden neue Paare.	Abgegrenzter Raum im Nichtschwimmerbecken; eventuell für gute Schwimmer im Schwimmerbecken.
213	Delphinfangis: Alle Spieler dürfen sich nur mit Delphinsprüngen vorwärts bewegen.	Wt.: Hüft- bis schultertief.
214	Fangis mit Erlösen: Zwei bis drei Fänger. Die Gefangenen müssen in Grätschstellung stehen. Sie können durch einen Kameraden befreit werden, wenn dieser untendurchtaucht.	Abgegrenzter Raum im Nichtschwimmerbecken.
215	Verfolgungsfangis: Ein Fänger verfolgt einen Kameraden von einem Bassinrand zum anderen. Dabei muss sich der Verfolger genauso vorwärts bewegen wie der Fliehende.	Hinweis: Fairness!
216	Spitalfangis: Sowie ein Spieler gefangen wird, muss er auf der Stelle erstarren und sich mit einer Hand dort halten, wo er getroffen/berührt wurde. Er kann durch einen Lebenden mit Handschlag wieder befreit werden. Mindestens 2–3 Fänger!	Wt.: Höchstens hüfttief.

1.4.2 Gruppenstafetten

Nr.	Idee / Beschreibung	Hinweise / Organisation

217 Beinschlagstafette: Delphin-, Rücken-, Kraul- und Brustbeinschlag.
Weitere Anregung: Rollen vorwärts, rückwärts, Schrauben, etc. einbauen.

Pendelstafette mit Brett übergeben.

218 3–4 Schüler werden mit einer Zauberschnur angeseilt. Sie müssen so versuchen, zusammen einen Parcours zu durchschwimmen. Beispiele für Pfosten: Ringe, Wendemarken, Slalomstangen, Tauchringe holen, usw.

219 Transportstafette: Jede Gruppe besitzt eine gewisse Anzahl Ringe, Pullboys, Bälle, etc. Die Schüler müssen einen Gegenstand nach dem anderen von einer Seite des Bassins auf die andere transportieren, zurückschwimmen und den nächsten Gegenstand holen. Welche Gruppe kann während einer bestimmten Zeit am meisten Gegenstände transportieren?

220 Abschleppen: Auf einer Bassinbreite stehen je 4–6 Schüler, auf der anderen Seite je 2–3 Schlepper. Die Schlepper müssen auf Pfiff einen nach dem anderen laufend oder schwimmend auf der Gegenseite abholen und ihn in den eigenen Hafen bringen. Welche Gruppe ist zuerst im Hafen? Weitere Anregungen: Huckepack, nur 1 Fuß, Strecklage vorwärts, rückwärts, etc.

Wt.: Je nach Aufgabe.

221 Tauchstafette: Auf jeder Bassinbreitseite stehen sich gleich viele Schüler gegenüber. Auf Pfiff starten die beiden ersten und tauchen, bis sie sich im Wasser begegnen bzw. berühren. Jeder führt eine Rolle aus, taucht auf und schwimmt auf seine Seite zurück.

Begegnungsstafette

222 Die Gruppe durchschwimmt einen einfachen Parcours, wobei sich die Gruppenmitglieder immer berühren müssen, d. h. mit einem anderen Gruppenmitglied in Kontakt sein müssen.

Pro Gruppe 2–4 Mitglieder.

223 Anhängestafette: Der erste Schwimmer schwimmt zu seiner Wendemarke und wieder zurück, dann nimmt er den zweiten Schüler mit und beide schwimmen die Strecke, dann zu dritt, zu viert. Nun wird der erste Schüler wieder abgehängt, dann der zweite, usw.

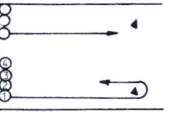

Distanz zur Wendemarke je nach Können variieren.

1.4.3 Circuitformen

Nr.	Idee / Beschreibung	Hinweise / Organisation

224

Allgemeines Schwimmtraining
(Kann dem entsprechenden Trainingszustand angepasst werden).

1. Starttraining:
Alle 4 Schwimmarten (gegenseitige Schülerkorrekturen).

2. Wendentraining:
Alle 4 Schwimmarten (gegenseitige Schülerkorrekturen).

3. Beinschlagtraining:
2 x 100 m, eventuell auf Zeit (mit Schwimmbrett)

4. Armzugtraining:
2 x 100 m, eventuell auf Zeit (mit Pullboy).

5. Techniktraining:
Lehrer oder Trainer korrigiert.

6. 4-Lagen-Training:
Strecken je nach Trainingszustand und Können festlegen.

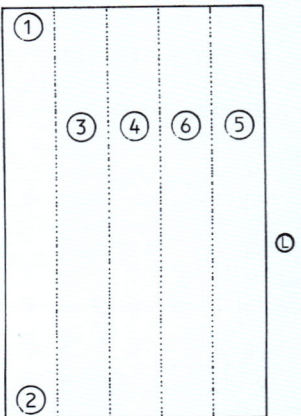

Zeitnahme durch Schüler selbst.

Material:
Reihenbilder für Korrekturen
Schwimmbretter und Pullboys
Stoppuhren.

1.4.3 Circuitformen

| Nr. | Idee / Beschreibung | Hinweise / Organisation |

225

Wasserballtraining

1. Spiel auf ein Tor:
Wenn die Angreifer ein Tor erzielen, dürfen sie nochmals angreifen.
Nach erfolglosem Abschluss oder Ballverlust werden die Rollen vertauscht.

2. Schnappball:
Mit Wasserballregeln. Die Schüler zählen selbst. Laut zählen lassen!

3. Volleyball:
Mit großem, aufblasbarem Gummiball. Regeln selbst festlegen lassen.

4. Unterwasser-Rugby:
Eigene Regeln durch die Schüler selbst aufstellen lassen.
Als Ball kann ein Tauchring verwendet werden.

5. Korbball:
Nur einhändiges Fangen gestattet!

Anregung:
Den Schülern wird lediglich das Material und der entsprechende Übungsraum zugeteilt. Sie bestimmen nun ihre Spiel- oder Übungsformen selbst (... denn wie sollen unsere Schüler selbstständig werden, wenn sie dies nie oder nur selten üben können?)

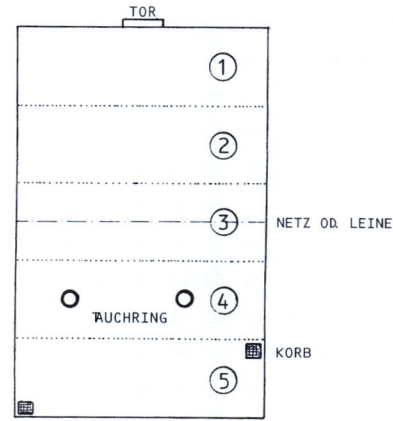

Dauer je nach Zeit
und Gruppengrößen.
Pro Gruppe 4-6 Schüler.

Material:
Wasserbälle (wenn möglich)
Zauberschnur oder Leine
Tauchring oder dergleichen
Körbe
Aufblasbarer Ball (ganz leicht).

1.4.3 Circuitformen

Nr.	Idee / Beschreibung	Hinweise / Organisation

226

Synchronschwimmen

1. Synchronschwimmen:
In Rückenlage, nur Beinschlag spritzerlos. Brustschwimmen im Dreivierteltakt.
Mit einer Partnerin, mit mehreren.

2. Figuren:
Üben einiger bekannter oder vorgeschriebener Figuren wie Zuber, Ballettbein, Flamingo, Salti oder Schrauben, usw.

3. Verbindungen:
Unter Anleitung der Lehrperson sollen einfache Elemente in Verbindung mit anderen Elementen geübt werden.

4. Gruppenarbeit:
Die Gruppe hat, je nach Dauer des Stationsbetriebes, x-Minuten Zeit, eine einfache Folge von Figuren zusammenzustellen, welche am Schluss der Lektion vorgezeigt wird.

5. Tauchen:
Die Gruppe erfindet eigene Tauchspiele mit und ohne Material.

Anregung:
Häufig die Tauchbrille als Lernhilfe einsetzen (... auch als Vorbereitung für das Tauchen, aber vor allem wegen der besseren Orientierung unter Wasser. Zudem kommt so kein Wasser in die Nase!)

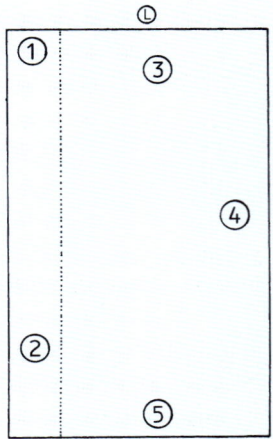

Am Schluss:
Vorführung der bei Posten 4 vorbereiteten Übungsfolge.

Material:
Tauchgegenstände
Stoppuhr.

1.4.3 Circuitformen

Nr.	Idee / Beschreibung	Hinweise / Organisation

227 Konditionstraining:
In einer Schwimmbahn mit einer großen Klasse (24–32 Schüler). Bei 16 Schülern, z. B. 1 Minute Arbeit/1 Minute Pause. Bei 32 Schülern z. B. Gruppe A 1 Minute Arbeit, anschließend arbeitet Gruppe B während der Pause von Gruppe B während der Pause von Gruppe A. Gruppe wechselt zum nächsten Posten, usw.

Hinweis:
Es arbeiten immer zwei gleichzeitig am gleichen Posten. Höchstens 2 Minuten pro Station!

1. Armzug:
Die Füße sind an einem Gummischlauch angehängt, Gummischlauch am Bassinrand (Startpflock) befestigt.

2. Ball werfen und Ball gegenseitig zuspielen. Nur einhändig wieder fangen:
Beide Hände wechselseitig gebrauchen. Weitere Anregung: Nach jedem Pass sich um die eigene Achse drehen.

3. Hochstemmen:
Stütz am Bassinrand, einen Ball in einer Hand: Abtauchen, ausatmen, hochstemmen, in der Luft den Ball in die andere Hand werfen, fangen, wieder abtauchen, usw.

4. Wassertreten:
Der leere oder halb gefüllte Kessel muss mit Hilfe abwechselnder Brustbeinschläge (Wassertreten) über der Wasseroberfläche gehalten werden.

5. Beinschlag:
A und B halten sich gegenseitig an einem Gummischlauch und schwimmen in Rückenlage mit Rückenkraulbeinschlag. Wenn möglich immer am Ort bleiben!

6. Fußsprünge:
Hineinspringen, herausklettern. Wer von den beiden macht mehr Sprünge?

7. Gymnastik:
Außerhalb des Schwimmbeckens muss eine genau vorgeschriebene Übung (eventuell Krafttraining) ausgeführt werden.

8. Tauchen:
Mit der ABC-Ausrüstung über und neben den anderen den ganzen Parcours durchqueren, ohne die anderen zu stören!

Anregung:
Die Posten mit großen Zahlen markieren. Im Sinne eines reibungslosen Ablaufes von den Schülern gegenseitige Rücksicht verlangen!

Alles in einer Schwimmbahn!

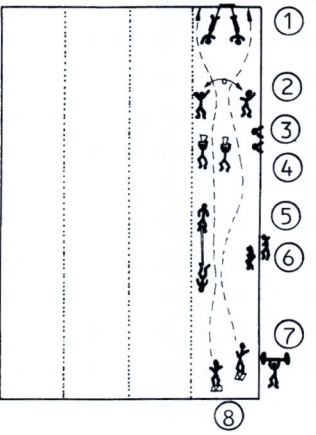

Material:
4 Gummischläuche
1 großer und 2 kleine Bälle
2 Eimer
ca. 4 ABC-Ausrüstungen
(Flossen, Brille, Schnorchel)
Stoppuhr und Pfeife

1.4.3 Circuitformen

Nr.	Idee / Beschreibung	Hinweise / Organisation

228 **Konditionscircuit im Schwimmbecken**
(als Gruppenwettkampf möglich).

1. Eimer füllen:
Auf dem Startblock steht ein Eimer. Die Gruppe versucht, mit Joghurtbechern in einer gewissen Zeit möglichst viel Wasser in den Eimer zu schöpfen. Jeweils immer eine gewisse Distanz um eine Marke schwimmen, Eimer bleibt stehen!
Pro cm = 1 Punkt.

2. Gewichttransport:
2 Gewichte (Tauchringe) müssen in der Bassinbreite hin und her transportiert werden. Nur ein Schüler pro Gewicht und Strecke. Marke mit Reifen oder Tauchring festlegen. Pro Länge = 1 Punkt.

3. Gefangenenschwimmen:
Die Gruppe ist an den Füßen mit einer Zauberschnur zusammengebunden und muss so versuchen, möglichst viele Breiten zu schwimmen. Pro Breite = 2 Punkte.

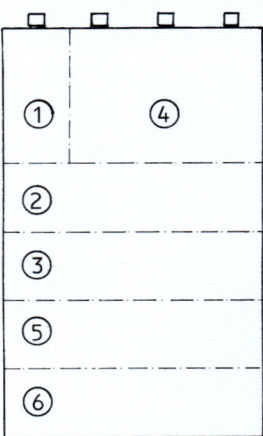

4. Wasserball:
Ein Ball muss immer hin und her transportiert werden (Wasserballkraul, ohne Hilfe der Hände den Ball vor sich herschieben!). Pro Breite = 1 Punkt.

Ganzes Bassin, damit in der Breite gearbeitet werden kann.

5. Tauchglocke
Eimer, an einem Tauchring befestigt, liegt auf dem Bassinboden. Abtauchen, Luft hineinblasen... bis der Eimer zur Wasseroberfläche steigt. Oben muss der Eimer wieder ganz mit Wasser gefüllt und wieder versenkt werden.

Material:
Stoppuhr
1 Eimer/2 Tauchringe/
1 kleiner Tauchring
1 Wasserball
einige Joghurtbecher
1 Zauberschnur

6. Sklaven-Transport:
Ein kleiner Tauchring muss auf dem Kopf hin und her transportiert werden (Die Hände dürfen nicht halten!). Pro Breite = 1 Punkt.

1.4.3 Circuitformen

Nr.	Idee / Beschreibung	Hinweise / Organisation

229

ABC-Tauchen (Flossen/Brille/Schnorchel).

1. Taucher-Übung:
Brille, Schnorchel und Flossen unter Wasser anziehen und wieder ausziehen, sobald die Brille deutlich entleert ist.

2. Flossenschwimmen:
– Kraul ohne und mit Armzug
– Delphinbewegung, ohne Arme (Arme seitlich am Körper; auch unter Wasser)
– Rückenkraulbeinschlag
– alle Formen auch unter Wasser

3. Figurentauchen:
Vorgeschriebene Formen wie Achterschlaufe, Salti, usw. tauchen. Sauber auftauchen, d. h. Blick nach oben und schrauben. Eigene Formen gegenseitig vor- und nachmachen.

4. Tauchersprünge:
Verschiedene vorgeschriebene oder bereits bekannte Sprünge ins Wasser. Immer mit der ABC-Ausrüstung, jedoch ohne die Brille zu verlieren.

5. Unterwasserbau:
Gerüst unter Wasser zusammenschrauben oder mit improvisierten Hilfsmitteln etwas zusammenstellen (Teamarbeit!).

6. Unterwasserlaufen:
Mit zwei Gewichten an den Händen, mit Brille ausgerüstet, versuchen, auf dem Boden zu gehen, bis wieder aufgetaucht werden muss.

Pro Posten 5–10 Minuten
Arbeit gut überwachen!
Auf gute Zusammenarbeit achten!

Material:
Persönliche ABC-Ausrüstung oder ca. 20% mehr Flossen als Schüler (Fußgrößen!)
Material für Unterwasserbau
Tauchringe.

1.4.3 Circuitformen

Nr.	Idee / Beschreibung	Hinweise / Organisation

230

Wasserspringen
(Dies ist nur ein Beispiel. Je nach Anlage lassen sich beliebig viele Formen von Circuits erstellen. Wichtig: GENAU ORGANISIEREN! UNFALLGEFAHR! Allenfalls Felder mit Leinen abgrenzen (Schwimmleinen).

1. Kopfsprung vorwärts:
Von der Stirnseite her Kopfsprung vorwärts in der für die Schüler bekannten und gelernten Form. Für schwächere Schüler ist auch das Eintauchen aus der Neigehaltung möglich.

2. Salto vorwärts:
Mit Minitramp (wenn vorhanden und den Schülern bekannt); sonst aus dem Stand. Für mutige Schüler vielleicht 1 1/2 Salto vorwärts ohne Öffnung. Für schwächere Schüler: Rolle vorwärts, eventuell mit leichtem Absprung.

3. Küsprünge:
Die Schüler dürfen unter Aufsicht des Lehrers frei gewählte Sprünge vorzeigen. Für schwächere Schüler kann dies vielleicht nur ein Fußsprung sein!

4. Turmsprünge:
Von einer Plattform (wenn vorhanden) 1 m, 3 m, 5 m, je nach Können der Schüler. Grundschulformen, die dem Können angepasst sein müssen. Keine Mutsprünge aus großer Höhe! UNFALLGEFAHR!

5. Rollen und Tauchen!
Rolle vorwärts vom Bassinrand oder vom Brett und anschließend kopfwärts eintauchen. Eventuell auch Eintauchen rückwärts aus dem Sitz gehockt.

WASSERSPRINGEN IST TOLL, ABER NICHT UNGEFÄHRLICH!

SPRUNGBECKEN
Wichtig:
Das zur Verfügung stehende Feld genau abgrenzen. Wegschwimmrichtung exakt angeben.

Material:
Matten für Rollen
Leinen zur Feldabgrenzung
Minitrampolin

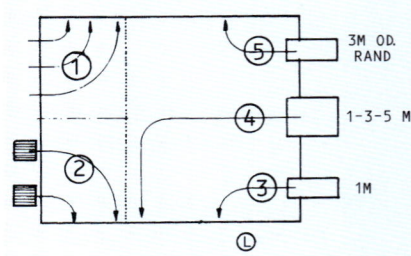

1.4.4 Handicap-Formen

Nr.	Idee / Beschreibung	Hinweise / Organisation
231	Eine Streichholzschachtel wird transportiert. Wenn alle Schüler durch sind, darf die Mannschaft die Kerze am Bassinrand anzünden. Welche Kerze brennt zuerst?	Pendelstafette Tropffreie Kerzen verwenden!
232	Kostümschwimmen: Als Gruppenstafette. Die schnellste (originellste) Gruppe wird prämiert. Anwendung: Rettungsversuch: Wer kann einen ebenfalls bekleideten Partner über eine bestimmte Strecke ziehen?	Pendelstafette Vorherige Absprache mit dem Bademeister!
233	Hindernisschwimmen: Die Leinen müssen einmal überschwommen werden, dann unten durch tauchen, usw. Wer findet weitere Varianten?	Pendelstafette
234	Im Bassin schwimmen Gegenstände. Wer kann in einer bestimmten Zeit am weitesten schwimmen, ohne einen Gegenstand bzw. einen Partner zu berühren. Bei Berührung muss die angefangene Länge neu begonnen werden.	In einer Schwimmbahn.
235	Der Schüler muss ein Gewicht, das an einer Schnur befestigt ist, durchs Wasser schleppen und übergeben. Beispiel: Kübel, schwere Ringe, etc.	Pendelstafette Wt.: mind. 2 m.
236	Wer kann sich noch vorwärts bewegen, wenn Arme und Beine zusammengebunden sind?	Gummibänder verwenden! (Alten Autoschlauch in Streifen schneiden)
237	Wer kann nur mit einem Arm und 1 Bein schwimmen? Wer findet andere „Schwimmregeln"?	Als Gruppe ein Boot bauen. Antriebsmittel (Motor und/oder Ruder) sind die Arme und Beine. Welches Boot mit 6 Schülern ist am schnellsten?

1.4.5 Ballspiele

Nr.	Idee / Beschreibung	Hinweise / Organisation

238 Schnappball: Gruppe A ist im Bassin verteilt und spielt sich den Ball zu. Gruppe B versucht, den Ball wegzuschnappen. Gruppe A erhält für jeden Pass 1 Punkt, Gruppe B für jeden geschnappten Ball einen Punkt. Mit Wechsel!

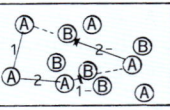

Mannschaften mit gleichen Badekappen kennzeichnen.

239 Wasserkorbball:
Spielfeld ist das ganze Bassin, Körbe sind am Bassinrand aufgestellt. Weitere Anregung: Spiel auf Körbe im Wasser oder Ball treffen, der auf einem Ring liegt.

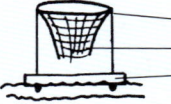

Gestell
Korb
Auftriebskörper

240 Linienball: Der Ball muss hinter die gegnerische Linie (Leine) oder Bassinrand gelegt werden.

Im Laufe des Spiels werden durch die Spielenden die Regeln weiterentwickelt.

241 Spießrutenschwimmen: Mannschaft A schwimmt zwei Bassinlängen. Mannschaft B verteilt sich auf den Breitseiten und versucht, die Schwimmenden zu treffen. B zählt die Anzahl der erzielten Treffer. Viele Bälle verwenden (eventuell aufblasbare Bälle).

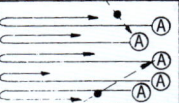

Mutige Schwimmer
Schüchterne Schw.
Mutige Schwimmer

242 Wasservolleyball: Der Ball sollte nicht auf das Wasser fallen.
Regeln selber entwickeln!

243 Mannschaft A versucht, mit Delphinsprüngen Luft zu schnappen. Mannschaft B macht einen Kreis um A und versucht, die Spieler von A abzuschießen. Hinweis: Wt.: Hüfttief.

244 2 Kreise: Einen großen, äußeren, einen kleinen, inneren, 1 Mittelspieler. Die äußeren Spieler müssen versuchen, sich so lange zuzuspielen, bis sie eine Lücke finden, um ihren Mittelspieler im inneren Kreis anzuspielen.

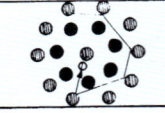

1.4.6 Raufspiele

Nr.	Idee / Beschreibung	Hinweise / Organisation
245	Seeschlangenkampf: 2 Gruppen von 4–6 Schülern versuchen, sich gegenseitig kampfunfähig zu machen. Die Schüler schwimmen in Einerkolonne und müssen ihrem Vordermann mindestens 1 Hand auf die Schulter legen. Kampfunfähig ist eine Schlange, wenn sie nur noch aus 2 Schülern besteht.	2 Gruppen à 4–6 Schüler.
246	Im Bassin schwimmen Armringe. Auf Pfiff versuchen die beiden Mannschaften möglichst viele Ringe zu erobern. Es darf immer nur ein Ring geholt werden. Die Ringe sind erst in den Mannschaftskörben in Sicherheit.	2 Mannschaften. Fairnessregeln, wo nötig, selbst bestimmen.
247	Schatzwächter und Räuber: Gruppe A ist um die Tauchringe, die in der Mitte des Bassins liegen, verteilt und versucht, die Räuber (Gruppe B) abzuschlagen. Wenn ein Räuber über Wasser abgeschlagen wird, muss er neu beginnen.	2 Mannschaften
248	2 Mannschaften sitzen sich auf Schwimmbrettern an den Längsseiten gegenüber. Sie müssen versuchen, möglichst schnell ans andere Ufer zu gelangen. Unterwegs können sie versuchen, den Gegner vom Brett zu stoßen. Welche Mannschaft ist zuerst am Ziel? Wer kentert, muss erneut am Rand beginnen.	2 Mannschaften
249	Hechte brechen aus: in einem Innenfrontkreis sind Hechte eingesperrt, die über und unter Wasser versuchen zu entweichen. Weitere Anregung: Hechte müssen versuchen, in den Kreis zu kommen.	Wt.: Schultertief
250	Reiterkampf: Die Ross-Reitergespanne versuchen, sich gegenseitig umzuwerfen. Als Mannschaftskampf oder Turnier organisieren.	Wt.: Brusttief. Distanz zum Bassinrand beachten.
251	Jeder gegen jeden (Versüferlis): Versuche, den anderen hinunterzudrücken. Regeln: Hat derjenige, welchen du drückst den Kopf unter Wasser, so musst du ihn sofort loslassen – du darfst denselben nicht zweimal hintereinander hinunterdrücken.	Man kann sich retten, wenn man vor der Berührung des Gegners abtaucht. Wer überlebt so am längsten?

1.4.7 Kettenformen

Nr.	Idee / Beschreibung	Hinweise / Organisation
252	Die Schüler halten sich an den Händen. Eine Kette hat 2 m Vorsprung und versucht, sich so schnell vorwärts zu bewegen, dass die zweite Kette sie nicht einholt.	Pro Gruppe 4–5 Schüler.
253	Der vorderste Schüler der Gruppe hält ein Schwimmbrett, der zweite hält ihn an einem Bein, der dritte den zweiten ebenfalls an einem Bein. Welche Gruppe hat so zuerst eine Länge zurückgelegt?	Pro Gruppe 3 Schüler.
254	Eine Gruppe versucht, nebeneinander auf gleicher Höhe synchron zu schwimmen. Weitere Anregung: Verschiedene Schwimmarten.	
255	3 Ketten schwimmen hintereinander in ca. 2 m Abstand. Die hinterste Kette überschwimmt die erste und unterschwimmt die nächste, dann wieder die hinterste etc.	Gegenseitig Rücksicht nehmen!
256	Kettenfangis im Schwimmerbecken: A fängt B; A + B fangen C; A + B + C fangen gemeinsam D usw.	Kleines Spielfeld oder kleine Gruppen.
257	Die Schüler fassen sich an den Händen. Die Kette bekommt einen Ball. Diesen muss sie nun mit den Füssen vom Anfang bis zum Ende transportieren. Die Händefassung darf nicht gelöst werden.	Pro Gruppe 5–10 Schüler.
258	Welche Gruppe kann im Sprungbecken einen Turm bauen, so dass der oberste Schüler den Kopf zum Wasser hinausstrecken kann?	Pro Gruppe 3–5 Schüler.

1.4.8 Gruppensprünge

Nr.	Idee / Beschreibung	Hinweise / Organisation

259 Die Schüler halten sich an den Händen, gehen gemeinsam in die Neigehaltung im Zehenstand und tauchen kopfwärts ein. Erst im Wasser Hände lösen.

Sprungbecken.

260 Bombe. Die Schüler stehen nebeneinander am Bassinrand (rücklings) und umfassen die Fußgelenke der Partner neben sich. Auf Kommando lassen sie sich rückwärts ins Wasser fallen. Weitere Anregung: Kettenbombe: Der erste Schüler lässt sich fallen und zieht die anderen mit.

Wt.: mindestens 2 m.

261 Paarsprünge: Reitersprünge bzw. Kängurusprünge aus dem Stand. Ein Partner hat seinen Kollegen vorne oder hinten aufgeladen und so springen sie zusammen.

Nur vom Bassinrand! Vorsicht!

262 Rollende Kette: Die Schüler knien seitwärts hintereinander am Bassinrand und halten den Vordermann an den Fußgelenken. Der vorderste Schüler taucht ins Wasser und zieht die anderen mit sich.

263 Neigezug: Die Schüler sitzen seitwärts hintereinander am Bassinrand und halten den Vordermann um den Bauch. Dem hintersten Schüler gibt der Lehrer einen „Schubs".

264 Alle Schüler hängen in einer Reihe mit den Armen ein und machen miteinander einen Purzelbaum ins Wasser. Weitere Anregung: aus der Kauerstellung.

265 Welche Gruppe kann am höchsten spritzen?

1.4.9 Tauchen in der Gruppe

Nr.	Idee / Beschreibung	Hinweise / Organisation
266	Schlangentauchen: Die Schüler einer Gruppe versuchen, unter Wasser möglichst schnell eine Schlange zu bilden, indem sie mit den Händen die Füße des Vordermanns fassen. So versuchen sie, die ganze Schlange vorwärts zu bewegen.	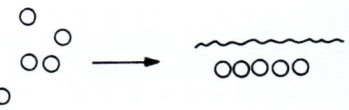
267	Tauchglocke: Ein Eimer, der an einem 5 kg Ring hängt, wird auf den Grund gestellt. Nun tauchen die Gruppenmitglieder abwechslungsweise nach unten und lassen Luft in den Eimer, bis dieser sich hebt.	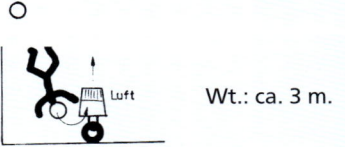 Wt.: ca. 3 m.
268	Streckentauchen: Die Starttaucher sind auf die 4 Ecken verteilt. Sie tauchen am Rand so weit sie können. Dann übergeben sie den Ring und das nächste Gruppenmitglied taucht von dort aus weiter, usw. bis das Bassin 1 x oder 2 x umrundet ist. Wer gewinnt?	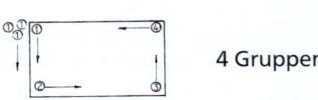 4 Gruppen
269	Ringtauchen: Verschiedenfarbige Ringe liegen auf dem Bassinboden (gleichviel von jeder Farbe). Mannschaft rot muss die roten Ringe holen, Mannschaft gelb die gelben, usw. Welche Gruppe hat zuerst ihre Ringe geholt?	
270	Mehrere Schüler tauchen übereinander dieselben Strecken und Figuren wie der unterste Schwimmer. Weitere Anregungen: Doppeldecker: 2 Schüler übereinander tauchen dieselben Figuren symmetrisch – Originelles Gruppenbild zusammenstellen (und fotografieren).	
271	Jassen, Mühlespiel, Lego-Spiel, usw. unter Wasser. Taucherbrillen und Schnorchel zur Verfügung stellen.	Karten und Spiel mit Folien überziehen.
272	Eine Dreier-Gruppe muss Tauchringe von einer Längsseite zur anderen verschieben: Regeln: A darf alle bis zur 1. Bahnmarkierung bringen – B darf alle von der 1. zur 2. bringen – C darf alle von der 2. Zur 3. bringen (A wieder von der 3. Zur 4.)	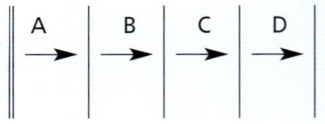

1.4.10 Hindernisschwimmen mit und in der Gruppe

Nr.	Idee / Beschreibung	Hinweise / Organisation
273	Seeschlange: Arme gestreckt auf den Schultern des vorderen Schülers. Eine Länge als geschlossene Gruppe schwimmen. Hinweis: Beinschlag im gleichen Rhythmus ausführen und laut begleiten: Hop, hop, hop… !	 Pro Gruppe 4–6 Schüler.
274	Leiternstoßen (eventuell auch Brett oder Luftmatratze): Die Gruppe stößt den Gegenstand, der immer von allen berührt werden muss, zum vorgeschriebenen Ziel.	Pro Gruppe 4–6 Schüler.
275	Behindertenschwimmen: Ein Gruppenmitglied hält sich mit beiden Händen die Füße. Die anderen Gruppenmitglieder müssen den Behinderten auf die andere Seite transportieren.	
276	Gruppe muss sich im geschlossenen Kreis fortbewegen. Weitere Anregungen: Unter Wasser – übereinander – miteinander aus dem Wasser steigen.	
277	Eine Luftmatratze liegt in der Bassinmitte. Die Gruppe muss auf die Luftmatratze klettern. Die Gruppe darf erst weiterschwimmen, wenn sich alle Gruppenmitglieder auf der Luftmatratze befinden.	Pro Gruppe 5 Schüler.
278	Drei Plastikreifen sind auf einer Bassinlänge verteilt. Alle Gruppenmitglieder müssen den Reifen liegend mit den Füßen voraus durchqueren. Gegenseitige Hilfe ist gestattet.	Pro Gruppe 4 Schüler.
279	Drei Reifen sind auf einer Bassinlänge verteilt. Ein Wasserball muss auf die andere Seite gebracht werden, dabei muss dieser die Reifen immer von unten nach oben durchqueren.	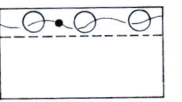 Pro Gruppe 4–6 Schüler.

2 Nach organisatorischen Gesichtspunkten geordnet

2.1 Einstiegsmöglichkeiten (Stundenbeginn)
2.1.1 In der Sprungbucht 62
2.1.2 In der Schwimmbahn mit vielen Schülern 63
2.1.3 An der Treppe oder am Bassinrand 64
2.1.4 Im Lehrschwimmbecken 65
2.1.5 In Leistungsgruppen/1 Bahn pro Gruppe ... 66
2.1.6 Mit Bewegungsaufgaben 67
2.1.7 Mit Gruppenaufgaben 68
2.1.8 Mit einem Hilfsgerät 69
2.1.9 Anregung zur Selbstständigkeit
      bei gegebener Strecke 70
2.1.10 Kleine Wettbewerbe 71

2.1.1 In der Sprungbucht

Nr.	Idee / Beschreibung	Hinweise / Organisation

280 Kettenfangis: Zwei Schüler beginnen mit dem Fangen. Die Gefangenen schließen sich zu Paaren zusammen. Wer ist als letzter noch frei? Weitere Anregung: Die Gefangenen schließen sich zu einer Kette zusammen.

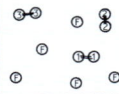

281 Herr und Hund: Ein Schüler schwimmt (taucht). Sein Partner muss versuchen, immer an der rechten Seite zu bleiben.

282 Spinne und Fliege: Ein Schüler liegt in der Bassinmitte auf dem Rücken, die anderen schwimmen möglichst nahe an ihn heran und necken ihn. Durch plötzliches Umdrehen werden die „Fliegen" verjagt. Weitere Anregung: Spinne verfolgt Fliege – Die gefangene Fliege wird zur Spinne usw.

283 Schwarzer Mann: Die Art des Schwimmers wird durch den Schwarzen Mann bestimmt. A beginnt auf der einen Seite des Beckens und fragt: „Fürchtet Ihr den Schwarzen Mann?" Alle sagen: „Nein!" A fragt: „Und wenn ich komme?" Alle: „Dann schwimmen wir davon!" Wer von A gefangen wird ist Fänger, bis alle gefangen sind.

284 Fangspiel zu zweit: Gefangen werden kann nur durch Berührung eines zu Beginn des Spiels abgemachten Körperteils.

285 1/3 der Klasse macht auf dem Rand (Matte) eine Rolle vorwärts, schwimmt an die andere Bassinseite, steigt dort aus und läuft zurück.

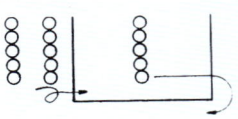

286 Reifenfangis: Wer in einem Reifen ist, kann nicht gefangen werden.

2.1.2 In der Schwimmbahn mit vielen Schülern

Nr.	Idee / Beschreibung		Hinweise / Organisation
287	Dreiergruppen stehen am Bassinrand. Die Schüler müssen einen Sprung ins Wasser machen, den Boden und die Leine berühren, wieder aussteigen, dann darf der nächste starten. Weitere Anregung: Jede Gruppe bestimmt eine Sprungart, die dann von allen ausgeführt werden muss.	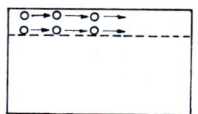	Ablösestafette
288	Die Schüler bilden zwei Kolonnen. Jede Kolonne hat einen Ball. Dieser muss von Schüler zu Schüler weitergegeben werden. Welche Reihe ist zuerst fertig? Weitere Anregungen: Art der Übergabe bestimmt – Am Ort bleiben durch Wassertreten!		
289	In der Schwimmbahn sind Hinternisse aufgestellt. Diese sollen frei oder gemäß Anweisung des Lehrers über- bzw. unterschwommen werden.	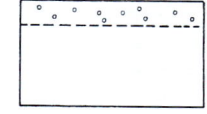	Zuerst frei üben; dann als Stafette durchführen.
290	Auf der ganzen Länge sind Tauchringe verteilt. Pro Länge muss ein Ring (2 Ringe) heraufgeholt und wieder ins Wasser geworfen werden.		
291	Ein schwacher (guter) Schwimmer darf bestimmen, wie die erste Länge von allen geschwommen werden muss. Aussteigen und wieder zum Start. Der erste Schüler darf einen anderen auswählen. Dieser neue Schüler bestimmt wieder die Schwimmart und alle anderen müssen so schwimmen, usw.	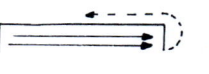	Ca. 10 Minuten, je nach Trainingszustand.
292	Drei Schüler einigen sich auf eine Schwimmart und schwimmen so gemeinsam eine Länge.		Rolle des Trainers wechseln.
293	Zweiergruppen. Die Schüler müssen sich während des Schwimmens ständig berühren. Weitere Anregung: Zu dritt.		Pro Gruppe 2 Schüler.

2.1.3 An der Treppe oder am Bassinrand

Nr.	Idee / Beschreibung	Hinweise / Organisation
294	Auf den Händen die Treppe hinunterlaufen. Wer versucht es bis zum Boden?	
295	Stafette: Die Schüler sitzen nebeneinander auf dem Bassinrand. Ein Ball oder Tauchteller wird mit den Füßen weitergegeben. Der letzte der Gruppe nimmt den Ball und setzt sich an den Anfang der Gruppe, usw. Weitere Anregung: Der Letzte schwimmt jedoch mit dem Ball an den Anfang der Gruppe, setzt sich auf den Bassinrand usw.	Pro Gruppe ca. 6 Schüler
296	Platzwechselspiel: Die Hälfte der Gruppe sitzt auf der einen Seite auf dem Bassinrand, die andere gegenüber. Es starten alle gleichzeitig und versuchen, möglichst schnell aneinander vorbei auf die andere Seite zu wechseln. Fortbewegungsart durch Schüler (oder Lehrer) bestimmt!	2–4 Gruppen. Gegenseitig Rücksicht nehmen!
297	Zwei Gruppen beginnen je an einem Rand der obersten Treppenstufe. Sie müssen nun, mit den Händen sich fortbewegend, zum anderen Ende gehen, dort auf die nächsttiefere Stufe wechseln, usw.	
298	Die Schüler halten sich alle an den Händen. Der Lehrer in der Mitte. Sie laufen miteinander über die Treppe und lassen sich ins Wasser fallen.	
299	Vier Schüler stehen nebeneinander (Abstand 1 m). Die anderen klettern nacheinander am ersten Schüler hinunter, wechseln unter Wasser zum zweiten und ziehen sich dort wieder hoch. Vorne an der Reihe anschließen.	Wt.: Halstief
300	Zweiergruppen: Ein Schüler erfindet einen lustigen Sprung, z. B. Tiere nachahmen. Der Zweite versucht, diesen Sprung nachzumachen, wobei er den Sprung irgendwie verändert. Beide versuchen, abwechslungsweise den Sprung abzuändern.	Achten auf Sprungreihenfolge!

2.1.4 Im Lehrschwimmbecken

Nr.	Idee / Beschreibung	Hinweise / Organisation

301 Kettenfangnis: Ein Schüler beginnt mit dem Fangen. Die Gefangenen schließen sich zu Paaren zusammen. Wer ist als Letzter noch frei? Weitere Anregung: Alle Gefangenen bilden eine Kette.

Die Fortbewegungsart wird durch die Schüler selbst bestimmt. Sind nur noch wenig freie Schüler, dürfen diese die Regel festlegen.

302 Sechs Schüler bilden eine Kolonne, indem sie die Arme auf die Schultern des Vorderen legen. Der vorderste Schüler ist der Wächter. Ein Fänger versucht nun, aus der Reihe einen Schüler zu berühren, wobei er den Vordersten nicht berühren darf.

Der Wächter darf die Arme nicht ausbreiten.

303 X-Schüler bilden einen Stirnkreis, Hände gefasst. Die Anderen stehen im Kreis und versuchen, aus dem Kreis zu entweichen.

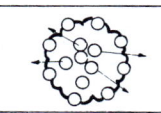

304 Alle gegen Alle: Wer mit dem Ball getroffen wird, schwimmt auf einer abgesperrten Bahn eine gewisse Anzahl Längen.

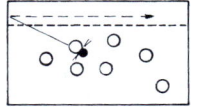

Nachdem die Länge geschwommen wurde, darf wieder mitgespielt werden.

305 Fangspiel: Zwei bis fünf Fänger. Die Gefangenen müssen stillstehen und die Arme seitwärts ausstrecken. Sie können von noch freien durch Berührung erlöst werden. Welchen Fängern gelingt es, alle zu fangen?

Auch im Schwimmbecken.

306 Huckepackrennen: Ein Schüler sitzt seinem Partner auf dem Rücken. Welches Paar hat zuerst eine Länge zurückgelegt? Weitere Anregung: Als Reiterkampf. Versucht gegenseitig die Reiter aus dem Sattel zu stoßen. Fairness!

307 Wer kann den Ball aufwerfen, den Boden berühren und den Ball wieder fangen? Wer kann den Ball ganz auf den Boden drücken und darauf einen Handstand machen. Wer hat noch eine Idee?

2.1.5 In Leistungsgruppen / 1 Bahn pro Gruppe

Nr.	Idee / Beschreibung	Hinweise / Organisation

308 Eine Markierungslinie wird quer über die Bahn gelegt, sodass die schlechten Schwimmer weniger Distanz zurücklegen müssen. Drei aus verschiedenen Gruppen schwimmen gegeneinander. Weitere Anregung: Der Sieger der Serie bestimmt die Schwimmart für die nächste Serie, usw.

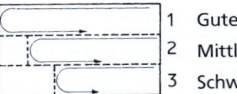
1 Gute Schwimmer
2 Mittlere Schwimmer
3 Schwache Schwimmer

309 Drei Bahnen Kraul-Stafetten. Die guten Schwimmer schwimmen ohne, die mittleren teilweise, die schwachen Schwimmer mit Flossen.

310 3 Bahnen. Die Schüler schwimmen in kurzen Abständen hintereinander im Einbahnverkehr. Einschwimmen: Gruppe A Kraul, Gruppe B übt mit dem Pullboy den Armzug, Gruppe C übt mit dem Brett Beinschlag. Gruppe B und C wechseln ab.

311 Eine Markierungslinie wird bei ... m über die Bahn gespannt. Der Lehrer pfeift in Abständen von ca. 5 Sekunden zweimal. Der Schüler soll sich so platzieren, dass er beim zweiten Pfiff die Leine erreicht.

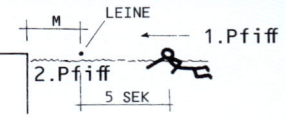

312 Bandschwimmen in 3 Leistungsgruppen. Die Schüler starten hintereinander im Abstand von 5 Sekunden. Wenn der letzte im Ziel ist (Distanzen 50 m, 100 m), wird 1 1/2 Minuten Pause gemacht. Start zur nächsten Runde. Weitere Anregung: Änderung der Schwimmart, Bsp.: 1 Runde Kraul, 1 Runde Rückenkraul, 1 Runde Brust.

Die Schüler dürfen die Schwimmart selber bestimmen.

313 Stafette: Auf einer Seite liegen Ringe bereit, die von dort auf die andere transportiert werden müssen. Die guten Schwimmer haben mehr Ringe zu transportieren, Beispiel: 20, 15, 10. Weitere Anregung: Gute Schwimmer müssen schwere/größere Gegenstände transportieren.

Selbsteinschätzung vor der Stafette: Wer ist ein guter Schwimmer?

!!! Einteilung in Leistungsgruppen: Durch Leistungstests oder Selbstbestimmung.

Leistungstest mit den Schülern entwickeln und ausprobieren.

2.1.6 Mit Bewegungsaufgaben

Nr.	Idee / Beschreibung	Hinweise / Organisation

314 Wer kann mit einer Hand ein Bein fassen und so schwimmen?

 Pendelstafette

315 Wer kann mit Kraul-Beinschlag rückwärts schwimmen?

316 Schraubenschwimmen: Pro Breite sich mindestens dreimal um die Längsachse drehen, ohne die gestreckte Schwimmlage aufzugeben.

317 Gefangenenschwimmen: Wer versucht, mit gebundenen Händen oder Füßen zu schwimmen.

Wer kann diese Aufgabe erfüllen, auch ohne die Hände, bzw. Füße zusammenzubinden (z. B. Kraul schwimmen mit ganz ruhig gehaltenen Füßen)?

318 Partnertauchen: Nebeneinander schwimmen. Der erste taucht unter dem zweiten durch und wieder zurück. Dann macht der zweite dasselbe gegengleich usw.

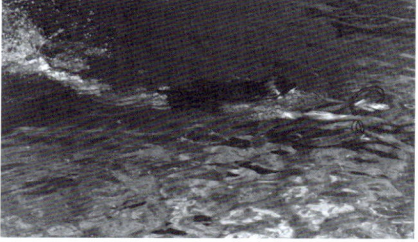

319 Delphinbewegung mit den Beinen ohne Armeinsatz.
Weitere Anregungen: In Seitenlage – In Seitenlage zu zweit mit gegenseitiger Handfassung – In Rückenlage – A oben in Bauchlage; B unten in Rückenlage

320 Wer kann auf dem Bassinboden sitzen, liegen, kriechen?

 Tipp: Alle Luft kräftig aus den Lungen pressen!

2.1.7 Mit Gruppenaufgaben

Nr.	Idee / Beschreibung	Hinweise / Organisation

321 Begegnungsstafette (Brustkraul): Zwei Schüler starten gleichzeitig von beiden Seiten. Bei der Begegnung wenden sie um 180 Grad und schwimmen wieder zum Start zurück, wo sie durch den zweiten der Gruppe abgelöst werden.

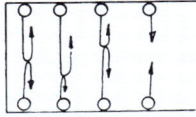

322 Leiternstoßen: Eine Gruppe stößt den entsprechenden Gegenstand (dieser muss mit einer Hand immer berührt werden) zum vorgeschriebenen Ziel.

323 Torpedo: Die Kameraden verlängern die Gleitphase des Hechtschießens durch kräftiges Vorwärtsschieben. Weitere Anregung: Alle schwimmen. Die ganze Kolonne bewegt sich dauernd gegen die Richtung des Torpedos, so dass jeder Schüler einmal gezogen wird.

324 Mehrere Kolonnen stehen in Gerätschstellung. Der hinterste Schüler taucht und zieht sich durch die gegrätschten Beine nach vorne. Weitere Anregung: Wie beim Torpedo. Wer taucht wird vom anderen gezogen bzw. gestoßen.

325 Mit Reifen und Ball als Stafette: In die Reifen mit einem Delphinsprung springen (Ball in den Händen), dann den Ball zurückwerfen. Der nächste Schüler startet erst, wenn er den Ball in den Händen hat.

Nach dem Auftauchen den Ball wieder zurückspielen.

326 Gruppe A schwimmt unter Wasser, Gruppe B schwimmt Brust bis sie sich in der Mitte treffen, dann gegengleich wieder zurückschwimmen (A Brust, B unter Wasser)

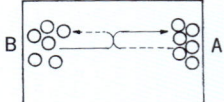

327 Zu zweit müssen verschiedene Hindernisse gebaut werden. Die andere Gruppe muss diese Hindernisse überwinden oder untertauchen.

Als Hindernisse können verwendet werden: Matten, Luftmatratzen, Autoschläuche, Schwimmbretter, Surfbretter usw.

2.1.8 Mit einem Hilfsgerät

Nr.	Idee / Beschreibung	Hinweise / Organisation
328	Tupfball: Alle gegen alle. Wer getupft wird, sitzt an den Rand. Kommt ein dritter Schüler an den Rand, darf der erste wieder mitspielen. Weitere Anregung: Auch mit mehreren Bällen.	Falls mit mehreren Bällen gespielt wird, dann nur weiche oder aufblasbare verwenden.
329	Balleintauchen: Versuche, einen Ball unter Wasser zu drücken, ihn loszulassen und wieder zu fangen. Kannst Du den Ball fangen, bevor er wieder auf's Wasser fällt?	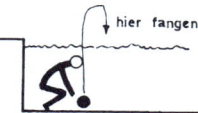
330	Jägerball: Die Jäger stehen am Bassinrand. Die Hasen schwimmen Längen. Die Jäger versuchen, die Hasen mit dem Ball zu treffen. Nach einer bestimmten Zeit wird gewechselt. Weitere Anregung: Die Jäger tragen Flossen!	Treffer zählen! Weiche Bälle verwenden!
331	Zwei Schüler schwingen ein langes Seil. Die anderen stellen sich auf den Rhythmus des Seiles ein, laufen unter dem Seil durch, springen ins Wasser, schwimmen sofort seitlich weg, steigen aus und stehen hinten wieder an.	
332	Auf jeder Bassinseite stehen eine Anzahl Schüler. Im Wasser liegen eine Anzahl gelber und roter Tauchringe. Jede Mannschaft hat eine Farbe. Auf das Startzeichen tauchen beide Mannschaften. Welche kann „ihre" Ringe am schnellsten heraufholen.	Jeder Schüler darf nur 1 Tauchring nehmen.
333	Ein Schüler versucht, seinen Partner mit Hilfe des Schwimmbrettes zu ziehen oder zu schieben. Weitere Anregung: Mehrere Schüler versuchen, einen auf einem Schwimmbrett knienden (stehenden) Schüler zu tragen. – Wer findet besonders geeignete Formen?	
334	Pendelstafette. Aufgabe: Du musst die Flossen, die du an den Füßen hast, deinem Partner gegenüber bringen. Du darfst aber weder Kraul-, noch Brust- noch Delphineinschlag ausführen. Wie gelingt dies?	

2.1.9 Anregung zur Selbstständigkeit bei gegebener Strecke

Nr.	Idee / Beschreibung	Hinweise / Organisation
335	Ein Schüler bestimmt die Technik und Tempo. Sein Partner versucht, immer synchron mit zu schwimmen.	Immer auf gleicher Höhe bleiben!
336	A, B und C beginnen zu schwimmen. C versucht, A und B zu überholen. A wird nach einer Länge von D abgelöst. D versucht nun, B und C zu überholen. Nach einer weiteren Länge wird B von E abgelöst usw.	
337	Flossenschwimmen: Schwimme 50 m Kraul mit Flossen, mit 1 Flosse, ohne Flossen, dann mit 1, mit 2, mit 1, ohne ... Versuche dasselbe mit der Delphin-Technik.	In einer Schwimmbahn.
338	Teilbewegung: Trainiere mit einem Partner die gleichen Strecken in den gleichen Teilbewegungen (je 1 Länge mit Schwimmhilfsmitteln). Organisiert euch während einr vorgegebenen Zeit selbst.	Der Bessere nimmt auf den Schwächeren Rücksicht oder bestimmt für sich ein entsprechendes Handicap.
339	Kombischwimmen: 2 Partner schwimmen immer zusammen eine Schwimmart. Wenn A Beinschlag (Rückenkraul) ausführt, schwimmt B nur Armzug (Rückenkraul). Nach 1 Länge wechseln.	oder: A macht nur Kraul-Armzug und B nur Kraul-Beinschlag
340	20 Minuten - Schwimmen: Pro Gruppe müssen immer mindestens 2 (3, 4, 5) Schüler schwimmen. Nur Kraul (Brust, Delphin ...) ist gestattet. Welche Gruppe hat nach 20 Meter am meisten geschwommen?	Auf einer großen Tafel werden die geschwommenen Längen laufend notiert.
341	Punktschwimmen (10 Minuten): Gruppe A gegen Gruppe B oder zwei Schüler gegeneinander. Jede Länge zählt verschieden. Weitere Anregung: Es werden nur Teilbewegungen geschwommen, z. B. Delphinbeinschlag usw.	Punkte pro 25 m: Delphin = 5 Pkte. – Kraul = 4 Pkte. – Rücken = 3 Pkte. – Brust = 2 Pkte.

2.1.10 Kleine Wettbewerbe

Nr.	Idee / Beschreibung	Hinweise / Organisation

342 Abstoß von der Wand mit anschließendem Kraulbeinschlag bis zu einer vorgeschriebenen Marke. Wer berührt zuerst die Leine? Weitere Anregung: Leine schräg spannen. Wer die Leine zuerst berührt, verschiebt seinen Startplan immer mehr dorthin wo die Strecke länger ist.

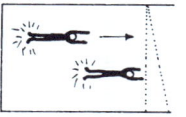

343 Torpedo mit Hechtschießen als Teamwettkampf. Die Kameraden verlängern die Gleitphase durch kräftiges Vorwärtsschieben eines auf dem Wasser liegenden Schülers. Welcher berührt zuerst eine quer gespannte Leine?

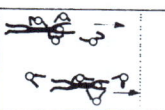

344 Zu zweit schwimmend den dritten, der immer in gespannter Bauchlage bleibt, über 25 m stoßen.

345 Einzelwettbewerb: Der Lehrer stellt eine Aufgabe (z. B. Kraulbeinschlag über eine bestimmte Distanz). Der Sieger stellt die nächste Aufgabe und übernimmt die Leitung der Ausführung seiner Idee.

346 Wer kommt mit drei (vier/fünf) Zügen am weitesten?
Wer kommt mit dem Startsprung ohne (oder mit) Tauchzug am weitesten?

347 Tauchstafette: Die Teller sind in einer Distanz von 10, 12, 14, 16 m Entfernung verteilt. Der Erste taucht nach dem Teller in 10 m Entfernung, schwimmt an der Oberfläche zurück und schlägt an. Nun kann der Zweite starten; er holt den Teller in 12 m Entfernung usw. Startreihenfolge: wird in der Gruppe bestimmt bzw. ausgehandelt.

348 Drei Schüler stehen hintereinander in einer Reihe und bilden mit den Armen einen Kreis auf der Wasseroberfläche. Der vierte Schüler schwimmt unter Wasser bis zum ersten Kameraden, taucht mit dem Kopf im Kreis auf, atmet einmal ein und taucht zum zweiten Kameraden, usw. In welcher Gruppe haben zuerst alle so 3 x getaucht?

 Wt.: Brusttief

2.2 In der Breite des Schwimmbeckens

- 2.2.1 Beine als Hauptantrieb 74
- 2.2.2 Arme als Hauptantrieb 75
- 2.2.3 Koordinationsformen 76
- 2.2.4 Bewegungsaufgaben: Wer kann ...? 77
- 2.2.5 Rettungsschwimmen 78
- 2.2.6 Synchronschwimmen 79
- 2.2.7 Nur rückwärts und seitwärts schwimmen . . . 80
- 2.2.8 Springen, starten, wenden, umkehren 81
- 2.2.9 Übungsformen aus dem Wasserball 82
- 2.2.10 „Handicapschwimmen" 83

2.2.1 Beine als Hauptantrieb

Nr.	Idee / Beschreibung	Hinweise / Organisation
349	Die Schüler fassen sich gegenseitig an den Oberarmen und versuchen sich mit Beinschlag wegzustoßen. Wer kann den Partner über eine vorher bestimmte Marke stoßen? Weitere Anregung: Fortsetzung. Alle Sieger und alle Verlierer gegeneinander.	
350	Delphinbeinschlag zu zweit in Seitenlage. Die Schüler halten sich an den Händen in der Hochhalte fest.	
351	Transportschwimmen, Antrieb nur mit den Beinen. A schwimmt in Brustlage, B legt sich auf den Rücken, spreizt die Beine und stützt sich mit den Händen auf den Schultern von A.	Technik Transportschwimmen: Siehe Lehrmittel Rettungsschwimmen.
352	Rückenkraulbeinschlag mit verschiedenen Armhaltungen (mit seitlichen Paddelbewegungen, im Nacken, in der Hochhalte, auf dem Bauch verschränkt, usw.).	
353	Wer kommt mit 3 Brustbeinschlägen (die Arme nach vorne gestreckt) am weitesten? Wer braucht am wenigsten Beinschläge für eine Breite oder für eine Bassinlänge?	
354	Versuche dich mit selbst erfundener Beinarbeit vorwärts zu bewegen. Es muss sich aber um eine noch nicht bekannte Technik handeln!	
355	Versuche unter Wasser zu gehen. Du darfst auch ein Gewicht mit dir nehmen. Weitere Anregung in 2 m Wassertiefe: Ein Partner setzt sich auf deine Schultern und du marschierst unter Wasser.	

2.2.2 Arme als Hauptantrieb

Nr.	Idee / Beschreibung	Hinweise / Organisation
356	Ein Schüler hält sich an den Schultern oder Füßen seines Partners fest und lässt sich ziehen. Dieser muss den Anhänger nur mit Armzug vorwärts ziehen.	
357	Lagenstaffel nur mit Armarbeit: Als Auftriebshilfe für die Beine Pullboys oder Schwimmbretter verwenden.	
358	Hundeschwimmen nur mit den Armen. Versuche auch, Wasserball-Kraul zu schwimmen, ohne die Beine zu gebrauchen!	
359	Wer kann sich mit verschränkten Armen vorwärts treiben?	
360	Wer kann sich mit gefalteten Händen vorwärts schaufeln? (In Bauchlage oder in Seitenlage).	
361	Kannst du dich mit den Armen unter Wasser vorwärts bewegen, wenn die Hände auf die Schultern oder sogar auf den Nacken gelegt werden müssen?	
362	Schwimme Kraul-Armzug, aber beide Daumen müssen immer die Achselhöhle berühren.	Diese Übung eignet sich besonders für Schwimmer, die bei der Rückholphase des Armzuges die Arme gestreckt über Wasser nach vorne bringen.

2.2.3 Koordinationsformen

Nr.	Idee / Beschreibung	Hinweise / Organisation

363

Unterwasserkraul! Wer kommt am schnellsten vorwärts?
Gelingt es auch mit der Delphintechnik?

364

Ab- und Auftauchen: Abtauchen fußwärts, am Boden kräftig abstoßen, aus dem Wasser schnellen, über dem Wasser die Arme seitwärts hochnehmen und wieder abtauchen.

365

Versuche dich am Ort mit der Delphinbewegung um die eigene Achse zu drehen. Die Arme sind in der Hochhalte.

366

Versuche mit einem Arm Brustzug, mit dem anderen Kraularmzug und mit den Beinen Delphin zu schwimmen.

367

Versuche dich fortlaufend um die Längsachse zu drehen, während du Kraul schwimmst. Suche einen dazu geeigneten Rhythmus.

368

Kannst du mit den Beinen Kraulbeinschlag ausführen und mit den Armen eine Gegenbewegung, so dass du am Ort bleibst?

369

Wer erfindet die schnellste Rückwärtsschwimmart in Bauchlage?

2.2.4 Bewegungsaufgaben: Wer kann ... ?

Nr.	Idee / Beschreibung	Hinweise / Organisation
370	Wer kann auf dem Bassinboden sitzen, liegen, usw.?	
371	Wer kann vorwärts schwimmend gleichzeitig einen Ball köpfelnd eine Strecke zurücklegen (Eventuell mit Flossen)?	Mit großem aufblasbarem Ball leichter!
372	Wer kann, ohne am Boden abzustoßen, bis zum Bauchnabel aus dem Wasser schnellen? Versuche es mit Kraul-, Brust- oder Delphin-Beinschlag. Event. mit Flossen.	
373	Wer kann eine Breite mit einem Tauchring oder sogar mit einem Schwimmbrett auf dem Kopf schwimmen?	
374	Wer kann auf dem Rücken liegend so vorwärts und/oder rückwärts schwimmen, dass die Zehen immer über Wasser sind?	
375	Wer kann unter Wasser durch ein Spielband schlüpfen? Wer kann unter Wasser einen Knoten machen? Wer kann diesen wieder öffnen?	Als Hilfe auch Taucherbrillen verwenden. Vorsicht: Keine Schwimmbrillen beim Tauchen!
376	Wer kann fußwärts so auftauchen, dass die Knie durchgestreckt über die Wasseroberfläche kommen? Wer findet eine gute Antriebs-Technik mit den Händen?	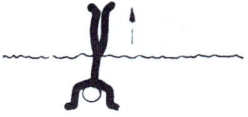

2.2.5 Rettungsschwimmen

Nr.	Idee / Beschreibung	Hinweise / Organisation

377 Ein Tauchring liegt auf dem Bassinboden. Ein Schüler taucht und hält sich am Ring. Zwei Schüler tauchen ihm nach, fassen den Ring und schleppen ihn ab.

378 Welche Zweiergruppe hat nach 10 Minuten am meisten Meter geschwommen? Dabei muss ein Schüler immer im Transportgriff vorwärts geschoben werden.

379 Wer kann schwimmen und zugleich einen Reifen so halten, dass dieser die Schnur nicht berührt?

 Schnur ca. 30–50 cm über dem Wasser durch den Reifen spannen.

380 Wer kann einen Tauchring möglichst lange über Wasser transportieren, ohne dass er nass wird?

Versuche es mit Wassertreten: Dabei werden, wie beim Brustschwimmen die Beine bewegt, aber abwechselungsweise: li – re – li – re usw. (Wie ein Wasserballtorwart!)

381 Leiterschwimmen: Eine Leiter oder eine Stange wird von einer Gruppe möglichst schnell auf die andere Bassinseite transportiert. Weitere Anregungen: Alle helfen mit. – Nur einer stösst, die anderen schwimmen mit, ohne zu ziehen.

382 Wer trifft mit dem Rettungsball den Partner, einen Reifen, irgendeinen Gegenstand im Wasser? Anregung: Wer trifft, darf an Land bleiben. Wer nicht trifft, muss ins Wasser springen und 2 bis 3 Bälle zurückholen.

383 Welche Gruppe findet am meisten Möglichkeiten, wie man einen Ertrunkenen oder Hilfelosen transportieren oder abschleppen kann? Entsprechende Wettbewerbsformen erarbeiten.

Bedingung: Das Gesicht des zu Rettenden darf nicht ins Wasser kommen!

2.2.6 Synchronschwimmen

Nr.	Idee / Beschreibung	Hinweise / Organsiation

384 Rhythmisches Schwimmen zu Musik: Die Schüler versuchen (einzeln oder in einer Formation) im Rhythmus der Musik zu schwimmen, evtl. mit Kommando des Lehrers. Z. B.: Brustschwimmen im 3/4-Takt.

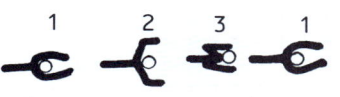

385 Delphin rückwärts: 2 Schüler versuchen, zusammen die Delphin-Figur auszuführen, wobei der vordere seine Beine am Hals des hinteren einhängt.

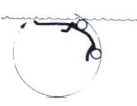

Hinweis: Nasenklammern oder Taucherbrillen anziehen!

386 Wasserblume: Die Schüler liegen auf dem Rücken, die Beine sind zusammen. Jeder führt einen „Delphin" aus. Unter Wasser treffen sie sich, halten sich die Hände und öffnen sich gegen oben wie eine Blume. Weitere Anregung: Zwei Schüler oder mehrere in Kreisformation.

387 Die Schüler bilden auf dem Wasser liegend einen Stern (Füße zusammen). Durch Beinschlagbewegungen öffnet sich der Stern. Weitere Anregungen: Öffnen durch spreizen der Beine und wieder zusammenschließen.
– Eigene, einfache Bewegungsfolgen erfinden.

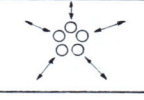

388 Eine Anzahl von Schülern liegt in einer Reihe hintereinander auf dem Rücken, jeweils mit den Füßen am Hals des nächsten eingehängt. Mit Paddelbewegungen schwimmen sie rückwärts, dann machen alle zusammen einen „Zuber" und hängen wieder ein.

= Zuber!

389 A und B liegen auf dem Wasser, die Füße berühren sich gegenseitig. Wer kann seinen Partner mit Paddelbewegungen der Hände zuerst auf die andere Seite stoßen?

390 Torpedo fußwärts: Mit Paddelbewegungen sich immer tiefer unter Wasser schaufeln, bis der ganze Körper untergetaucht ist. Wer schafft dieses Torpedo-Paddeln, also paddeln fußwärts mit den Armen in Hochhalte, aber ohne unterzutauchen? Das ist sehr schwierig!

Evtl. Pullboy o. Ä. als Auftriebshilfe zwischen die Beine klemmen.

2.2.7 Nur rückwärts und seitwärts schwimmen

Nr.	Idee / Beschreibung	Hinweise / Organisation

391 Wer kann in Seitenlage mit Kraulbeinschlag rückwärts schwimmen?

392 Wer kann in Seitenlage so schwimmen, dass ein Bein immer aus dem Wasser schaut? Weitere Anregung: Ein Arm und ein Bein schaut aus dem Wasser.

393 Wer kann auf dem Rücken liegend mit den Füßen voran durch einen markierten Slalom schwimmen?

394 Wer kann auf dem Bauch liegend nur mit den Beinen rückwärts schwimmen?

395 Zwei Schüler liegen auf dem Rücken, die Füße des einen liegen auf den Schultern des anderen. Welche 2er Gruppe kann so am schnellsten fußwärts schwimmen, ohne den Kontakt zu verlieren? Auch kopfwärts (ist einfacher!)

396 Wer kann unter Wasser in Seitenlage Brust schwimmen?

397 In einem großen Ring in der Bassinmitte liegt eine Anzahl Bälle. Von beiden Seiten schwimmen die Schüler zum Ring. Einer der Gruppe nimmt einen Ball und hält sich daran fest, währenddem die anderen Gruppenmitglieder ihn an den Beinen bis zum Rand ziehen. Welche Gruppe holt auf diese Weise am meisten Bälle?

Pro Gruppe 3 Schüler.

2.2.8 Springen, starten, wenden, umkehren...

Nr.	Idee / Beschreibung	Hinweise / Organisation

398 Zu zweit: Startsprung, bis zur Marke (ca. 8 m) schwimmen, drehen und wieder zurückschwimmen. Beim Anschlagen startet der zweite Schüler.
Weitere Anregungen: Als Stafette – Auf dem Rückweg mit Zusatzaufgabe, z. B. Rolle, Schraube, zum Boden tauchen ...

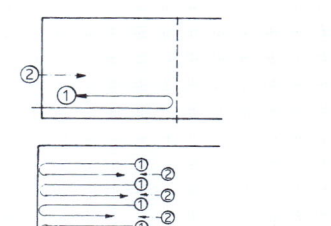

399 Zu zweit: Die Schüler stehen im Wasser in zwei Gliedern. Der erste Schüler schwimmt zur Wand, wendet und schwimmt wieder zurück. Der zweite Schüler startet, wenn der erste zurück ist. Weitere Anregung: Die zwei Schüler korrigieren sich gegenseitig. Beobachtungskriterien festlegen.

400 Im Wasser (vertikal oder horizontal) schauen alle Schüler zum Lehrer. Auf Pfiff drehen sie sich einmal um die Längsachse. Wer schaut als erster wieder zum Lehrer? Weitere Anregung: Rolle vorwärts, rückwärts ausführen.

401 Fantasiesprünge vom Bassinrand: Wer springt am höchsten, am weitesten? – Wer springt am schönsten? – Wer macht den lustigsten, den originellsten Sprung? – Usw.

402 Wer kann in einer Ecke unter Wasser die beiden Wände mehrmals nacheinander berühren? Hände und Füße wechseln die Wand. 1 Doppelberührung (Hände + Füße gleichzeitig) = 1 Punkt.

403 Klasse in 3er-Gruppen aufteilen. A und B stehen (schwimmen am Ort) in einer festgelegten Distanz. C spurtet während einer gewissen Zeit (X-Sek.) so oft wie möglich zwischen A und B hin und her.

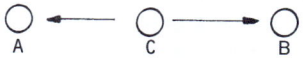

404 Von beiden Bassinbreitseiten startet gleichzeitig ein Schüler. Welcher kann den anderen einholen? Eventuell Handicap-Schwimmen!

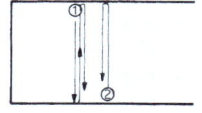

2.2.9 Übungsformen aus dem Wasserball

Nr.	Idee / Beschreibung		Hinweise / Organisation

405 Eine Gruppe bildet im Wasser eine Reihe und hält sich mit Wasserstampfen über Wasser. Die andere Gruppe muss die Reihe mit einem Ball im Wasserballkraul (Slalom) umschwimmen. Nach dem Slalom spielt der Schüler den Ball dem zweiten der Gruppe zu und dieser kann losschwimmen, usw.

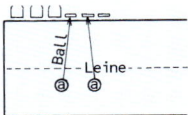 Pro Gruppe 4–6 Schüler.

406 Trefferball: Die Schüler versuchen, die am Bassinrand aufgestellten Schwimmbretter mit dem Ball umzuschießen. Weitere Anregungen: Zwei Mannschaften gegeneinander. Pro umgefallenes Brett 1 Punkt. – Wer hat zuerst alle eigenen Bretter auf dem Boden?

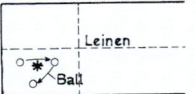

407 Schnappball: Eine Überzahl, z. B. 3:1 / 3:2, versucht, den Ball in den eigenen Reihen zu halten.

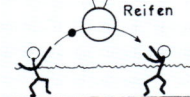 Spielfeld einschränken!

408 Zwei Schüler werfen sich den Ball durch einen hängenden Ring (über das Sprungbrett oder über eine gespannte Leine) zu.

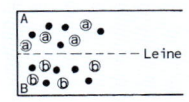

409 Ballkrieg: Zu Beginn des Spiels liegen in jeder Spielfeldhälfte gleichviele Bälle. Jede Gruppe muss versuchen, möglichst viele Bälle aus dem eigenen Feld in dasjenige des Gegners zu werfen. Der Lehrer stoppt nach einer gewissen Zeit das Spiel. Die Gruppe mit den meisten Bällen im Feld hat verloren.

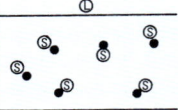 Im Lehrschwimm- oder Schwimmbecken.

410 Jeder Schüler besitzt einen Ball. Auf Pfiff werden verschiedene Aufgaben gelöst, z. B. Drehung um 360 Grad, spurten, wenden um 180 Grad, usw.

411 Welche 2er Mannschaft schafft in einem bestimmten Zeitabschnitt am meisten Pässe? Es zählen nur diejenigen, die direkt gefangen werden können. Wer kann es einhändig, links und/oder rechts?

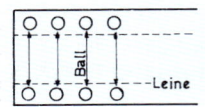

2.2.10 „Handicapschwimmen"

Nr.	Idee / Beschreibung	Hinweise / Organisation

412 Handicapstafette: Der Schwimmer hält sich mit der rechten Hand an der rechten Ferse und schwimmt so zum anderen Bassinrand. Dort wechselt er die Hand und hält mit der linken Hand das linke Fußgelenk.

Umkehrstafette.

413 Skiunfallstafette. Die Schüler schwimmen in Rückenlage. Dabei wird ein Bein senkrecht in die Luft gestreckt, als ob es eingegipst wäre.

 Umkehrstafette.

414 Fährenstafette: Der 1. Schwimmer startet zum anderen Bassinrand. Dort nimmt er den 2. Schwimmer an der Hand und beide schwimmen so wieder zurück. Dort wird ein 3. Schwimmer angehängt. Wenn die ganze Gruppe schwimmt, wird ein Schüler nach dem anderen wieder abgehängt.

Abholstafette.
Pro Gruppe 3–5 Schüler.

415 Blindenstafette: Mit verbundenen Augen zum anderen Rand schwimmen. Dort wird die Augenbinde (Badekappe) ausgetauscht, usw. Schüler, die am Rand stehen, dürfen ihrem Schwimmer durch Zurufe eine Orientierungshilfe geben.

Pendelstafette.

416 Spitalfangnis: Ein Schüler beginnt zu fangen. Der Schüler, der gefangen wird, hält sich jene Körperstelle mit einer Hand, an der er beim Fangen berührt wurde. Weitere Anregungen: Mit mehreren Fängern – Wer gefangen wird, bleibt bis zum Schluss Fänger.

417 Rollstuhlstafette: Ein Schüler sitzt auf 3–4 Schwimmbrettern und bewegt sich mit den Armen vorwärts. Weitere Anregung: In welcher Gruppe gelingt es einem Schüler, unter Mithilfe seiner Kameraden, auf 10 Brettern zu sitzen?

418 Kettenschwimmen: Alle Schüler einer Gruppe halten sich die Hände, so dass keine Hand frei ist. Ziel ist das Erreichen des anderen Ufers.

2.3 In einer oder mehreren Schwimmbahnen

2.3.1	Aufholjagden	86
2.3.2	Hindernisschwimmen	87
2.3.3	Koordinationsübungen	88
2.3.4	Tauchen	90
2.3.5	Mit den Bällen	91
2.3.6	Mit, an, gegen die Wand	92
2.3.7	Trainingsformen	93
2.3.8	Mit Bewegungsaufgaben während des Schwimmens	94
2.3.9	Mit der Uhr	95

2.3.1 Aufholjagden

Nr.	Idee / Beschreibung	Hinweise / Organisation

419 Zwei Schüler spurten hintereinander. Sobald der hintere den vorderen eingeholt und berührt hat, taucht dieser ab und sein Partner schwimmt über ihn hinweg. Nun versucht der hintere Schüler wieder den vorderen einzuholen, usw. Gegenseitig Distanz selber vereinbaren.

Bedingung: Der Vordere muss in Rückenlage schwimmen.

420 Parallelslalom: Zwei gleiche Parcours werden nebeneinander eingerichtet. Zwei Schwimmer starten gleichzeitig, welcher ist schneller? Weitere Anregung: Als Team-Wettkampf. Sobald der erste die gegenüberliegende Wand berührt, startet der nächste usw.

421 3–5 Schwimmer schwimmen im gleichen Abstand langsam in einer Rundbahn oder hintereinander. Ein Schüler spurtet bis er den nächsten eingeholt hat und nimmt dessen Platz ein. Nun muss dieser zum nächsten spurten, usw.

422 Verfolgungsrennen: Zwei Mannschaften verfolgen sich mit Ablöse-Stafette bis eine Mannschaft eingeholt ist. Start an den gegenüberliegenden Bassinseiten.

423 Ein Schüler startet mit Kraulbeinschlag (Schwimmbrett als Hilfe). Sein Partner verfolgt ihn mit Kraularmzug (Pullboy als Hilfe). Der erste hat einen angemessenen Mindestvorsprung. Anschließend wird gewechselt. Wer holt wen früher ein?

424 A startet Rückenkraul. Nach ca. 1/3 der Streckenlänge erhält er von B einen Ball zugespielt. A dreht sich alsdann auf den Bauch und spurtet mit dem Ball zur anderen Bassinseite. Jetzt startet B und versucht A einzuholen.

425 Der Verfolger bestimmt die Schwimmart. Der Verfolgte bestimmt, wieviel Vorsprung er braucht. Wer kann sein Können und dasjenige des Partners richtig einschätzen? Hinweis: Nur in einer Schwimmrichtung schwimmen (Zusammenstöße).

Auf der Seite des Schwimmbeckens gemeinsam zurückmarschieren und die nächste Länge besprechen.

2.3.2 Hindernisschwimmen

Nr.	Idee / Beschreibung	Hinweise / Organisation
426	In der Schwimmbahn schwimmen Stäbe. Die Schüler müssen um drei Stäbe, wie um eine Reckstange eine Rolle vorwärts ausführen. Wer hat am schnellsten die Schwimmbahn durchschwommen?	
427	Mit einem Startsprung durch den ersten Reifen gleiten, dort Kraul schwimmen bis zum nächsten Reifen, dort untendurchtauchen und wieder zurückschwimmen.	Pendelstafette
428	Anzahl Schüler pro Gruppe = Anzahl Tauchringe, die in der Bahn verteilt sind. Start, tauchen bis zu einem Ring, mit dem Ring zur Boje schwimmen und diese berühren = Startzeichen für den nächsten Schüler. Mit dem Ring dann wieder zum Ausgangspunkt zurückschwimmen.	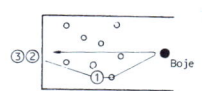 Pendelstafette
429	Ball zwischen die Füße einklemmen, vorwärts schwimmen bis zu einem Ring, Ball hinlegen, weiterschwimmen bis zum 2. Ring, wieder einen Ball zwischen die Füße einklemmen, so wieder bis an den Bassinrand schwimmen.	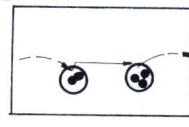
430	Eine Gruppe verteilt sich im Wasser. Sie muss versuchen, die andere Gruppe am Durchqueren des Bassins zu hindern, indem sie die Gegner berührt, wobei sie aber die Hände nicht benützen darf, sondern nur den Körper.	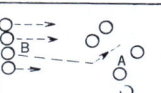
431	Welchem Schüler gelingt es, am Lehrer vorbeizuschwimmen und die Wand zu berühren? Pro Berührung gibt es einen Punkt für den Lehrer, pro Durchgang einen Punkt für den Schüler. Wer gewinnt? Weitere Anregung: 1 bis mehrere Fänger bzw. Schüler einsetzen.	Der Lehrer (oder ein anderer Fänger) darf die Schwimmart bestimmen!
432	Jede Gruppe stellt einen eigenen Hindernisparcours zusammen. Welche Gruppe stellt den jeweiligen Parcoursrekord auf?	Art, wie die Gruppe den Parcours durchschwimmt (einzeln, hintereinander, usw.) Von der Gruppe mitbestimmen lassen.

2.3.3 Koordinationsübungen

Nr.	Idee / Beschreibung	Hinweise / Organisation

433 Kraulbeinschlag: Versuche, den Beinschlag folgendermaßen zu variieren: Mit großer Amplitude – mit kleiner Amplitude. Weitere Anregung: Dasselbe mit Rückenkraulbeinschlag.

434 Atmungspyramide: Der Schüler beginnt mit 2er Atmung, steigert über 3er, 4er bis auf 6er Atmung und reduziert wieder bis zur 2er Atmung. Wer kann diesen Rhythmus über eine längere Zeit durchstehen? Schwimmarten je nach Können wählen.

2er 3er   4er   6er   4er....

435 Zwei Schüler schwimmen nebeneinander synchron in der Kraultechnik. Einer der beiden versucht, den Atemrhythmus des anderen zu übernehmen. Schaut beim Atmen immer gegeneinander, sodass jeder einmal seine „gute Atemseite" hat.

Seiten häufig wechseln, damit jeder auf beiden Seiten atmen lernt (Dreieratmung).

436 Kraul mit Delphinbeinschlag. Weitere Anregungen: Pro Armzug 2 Beinschläge. – Pro Armzug nur je 1 Beinschlag. – Pro Armzug mehrere Beinschläge.

437 Schwimme Kraul mit nur einem Arm; der andere bleibt gestreckt in Vorhalte. Nach 25 m wechselst du.

438 Linkes Bein und rechter Arm bleiben gestreckt und arbeiten nicht. Versuche, so Kraul (Rückenkraul) zu schwimmen.

Welche weiteren Möglichkeiten gibt es noch?

439 Kraul oder Rückenkraularmzug ist Vorschrift. Beinschlag aus einer anderen Schwimmart dazu koordinieren. Ein Schüler erfindet eine eigene Koordination, die anderen machen es ihm nach.

Solche Formen eignen sich besonders gut beim Einschwimmen!

2.3.3 Koordinationsübungen

Nr.	Idee / Beschreibung	Hinweise / Organisation

440 Zwei Schüler halten zusammen ein Schwimmbrett. A hält das Brett mit dem rechten, B mit dem linken Arm. Mit dem freien Arm führen beide Kraularmzug aus, dazu im richtigen Rhythmus zwei Delphinbeinschläge. Nach 25 m = Wechsel.

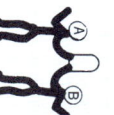

441 Die Schüler versuchen, zwei Delphinbeinschläge und einen Brustbeinschlag abwechslungsweise auszuführen.

442 Butterfly: Wer kann Delphinarmzug und Brustbeinschlag koordinieren?

443 Wer kann Delphinbeinschlag auf dem Rücken mit einem beliebigen Armzug koordinieren? Z. B. mit Doppelarmzug in Rückenlage.

Achte auf das gute Zug-Druck-Muster (gestreckt beginnen, auf Schulterhöhe bis 90° beugen und dann wieder strecken).

444 Wer kann 50 m von jeder Schwimmart abwechselnd drei Züge schwimmen?

Am Bassinrand stehen Malstäbe als Orientierungshilfen. Bei jedem Stab muss die Schwimmart gewechselt werden.

445 Wer kann mit einem Arm Brustarmzug und mit dem anderen Kraularmzug schwimmen? Beinschlag ist freigestellt.

446 Jeder Schüler sucht eine Koordination von Armzug links, rechts, Beinschlag und Atmung, alles verschiedene Schwimmarten. Ein Schüler macht seine Koordinationsform vor und die ganze Klasse imitiert sie über eine Länge.

2.3.4 Tauchen

Nr.	Idee / Beschreibung	Hinweise / Organisation

447 Tauchringe in drei Farben liegen auf dem Bassinboden. Jeder Mannschaft ist eine Farbe zugeordnet. Die Mannschaften starten gleichzeitig. Welche hat ihre Tauchringe zuerst in ihrem Korb deponiert.

3 Mannschaften.
Pro Tauchgang darf nur 1 Ring geholt werden.

448 3 Schüler erhalten zusammen einen Ring. Der erste taucht und deponiert ihn am Boden. Der zweite startet von dort aus und versetzt den Ring weiter. Welche Mannschaft legt die größte Distanz in einer bestimmten Zeit zurück? (Erst wenn der Ring am Boden liegt, darf der nächste ihn wieder nehmen!)

Bei der Unterwasserwende muss der Ring die Wand berühren!

449 In der Schwimmbahn liegen mehrere Reifen. Versuche, eine Länge zu tauchen, wobei Du zum Einatmen nur in einem Reifen auftauchen darfst (event. mit Tauchmaske oder Schwimmbrille).

Viele große schwimmende Reifen.

450 An Gewichten hängt unter Wasser ein Kessel. Jeder Schüler besitzt einen Tennisball. Ziel: den Ball von unten im Kessel deponieren. Der zweite Schüler startet, wenn der erste wieder oben anschlägt. Welche Gruppe hat zuerst alle Bälle im Kessel und steht wieder am Bassinrand?

Kübel mit soviel Gewicht am Henkel versenken wie dessen Volumen!

451 Abtauchen. Unter Wasser versuchen, auf dem Boden Richtung Wand zu gehen. Weiter versuchen, entlang der Wand in waagerechter Lage hochzusteigen! Wem gelingt dies?

Mit Gewichten in der Hand (ca. 20 kg).

452 Ringe, Teller, etc. sind Symbole für einen versunkenen Piratenschatz. Gruppenweise versuchen, mit einmaligem Tauchen soviel wie möglich von diesem Schatz zu bergen.

Pro Gruppenmitglied darf jedoch nur 1 Gegenstand geholt werden.

453 Gruppenweise im Kreis untertauchen. Einer spricht unter Wasser ein Wort oder einen Satz. Nach gemeinsamen Auftauchen darf jeder sagen, was er verstanden hat. Handzeichen, Körpersprache sind erlaubt!

Erfindet eine eigene „Tauchersprache"! (Die richtige Tauchersprache mit Handzeichen findest du in Unterlagen für Tauchanfänger).

2.3.5 Mit den Bällen

Nr.	Idee / Beschreibung	Hinweise / Organisation

454 Spießrutenschwimmen: Eine Mannschaft (A) teilt sich entlang einer Schwimmbahn auf. Die Schwimmer der anderen (B) versuchen, einer nach dem anderen, diesen Korridor zu durchschwimmen, ohne vom Ball des Gegner getroffen zu werden.

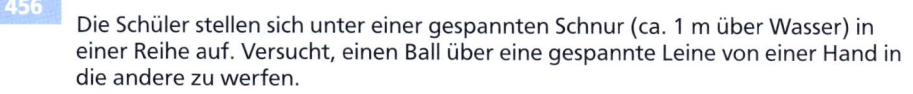

455 Der Schüler jongliert einen Ball von einer Hand in die andere, während er wasserstampfend im Wasser schwimmt. Wem gelingt dies am häufigsten ohne Fehler.

Schwarm

456 Die Schüler stellen sich unter einer gespannten Schnur (ca. 1 m über Wasser) in einer Reihe auf. Versucht, einen Ball über eine gespannte Leine von einer Hand in die andere zu werfen.

457 Ball über die Schnur. Spezialregeln: Wer den Ball über die Schnur geworfen hat, schwimmt zurück an den Bassinrand und spielt erst wieder mit, wenn er diesen berührt hat.

Genügend Spieler pro Mannschaft; der Spielfeldgröße anpassen!

458 Ball im Zick-Zack hin- und herspielen. Wenn der Ball gespielt wurde sofort nach vorne spurten, dort den Ball fangen. Warten, bis der andere Schüler gespurtet ist, diesem den Ball zuwerfen und wieder 3 Züge spurten usw.

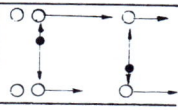

459 Passen in Bewegung: Schwimmend spielen sich zwei Partner den Ball zu. Der etwas zurückliegende Partner passt zum weiter vorne schwimmenden Partner, spurtet nach vorne und erhält den Ball zurück. Weitere Anregung: Mit Druckwurf, „Doppler", usw. je nach Könnensstand.

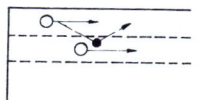

460 Eine Mannschaft hält Luftballons in den Händen. Sie dürfen die Schnurlänge nicht verkürzen, hingegen ist Tauchen erlaubt. Die Gegenmannschaft muss versuchen, mit einem Ball in gegebener Zeit möglichst viele Ballons zu treffen.

Schnur ca. 2 m lang

2.3.6 Mit, an, gegen die Wand

Nr.	Idee / Beschreibung	Hinweise / Organisation

461 Die ganze Gruppe hält sich, am Bassinrand stehend, an der Überlaufrinne und versucht, durch gemeinsame Vor- und Rückwärtsbewegungen große Wellen zu machen.

Hop, hop, hop, hop ...!

462 Kraulschwimmen gegen die Wand, Wende, Kraul zurück (ca. 10 m). Weitere Anregung: Rückenkraulen, Brust, Delphin, Rollwende.

Gute Organisation!

463 Wer kann möglichst schnell einen Ball von einem Ring in den anderen legen und dazwischen immer den Grund berühren? Die 2 Ringe liegen auf dem Bassinrand (ca. 10-mal).

464 Zwei Gummischläuche werden zusammengeknüpft. Das eine Ende wird an der Wand (Treppe) befestigt. Am anderen Ende wird eine Schlaufe geknotet. Der Schüler hängt mit beiden Füßen in der Schlaufe ein und schwimmt Kraul-, Brust- oder Rückenkraularmzug.

465 Gleicher Aufbau wie oben. In einem Reifen liegen Gegenstände. Wer kann so kräftig schwimmen, dass er einen Gegenstand erreichen kann?

Distanz der Dehnbarkeit der Schläuche anpassen!

466 Platzwechsel: An jedem Ende der Schwimmbahn steht eine Gruppe. Aufgabe: Jede Gruppe muss auf die andere Seite des Bassins schwimmen und sich dort wieder am Bassinrand aufstellen. Wer ist am schnellsten?

467 Die ganze Gruppe hält sich am Bassinrand. Auf Handzeichen der Lehrperson wird Kraulbeinschlag ausgeführt. Arme unten = schwach; Arme in Seithalte = mittel; Arme in Hochhalte = so starker Beinschlag wie möglich.

2.3.7 Trainingsformen

Nr.	Idee / Beschreibung	Hinweise / Organisation

468 Pyramide: Die zu schwimmende Strecke wird länger und dann wieder kürzer. Beispiel: 25 m, 50 m, 75 m, 100 m, 50 m, 25 m, usw. Pausen dazwischen immer gleich lang.

469 Die Schüler bilden Leistungsgruppen und stellen sich ihr Trainingsprogramm selbst zusammen.

470 Ratrac: Zwei Kraul-Armzüge mit dem linken, dann zwei mit dem rechen Arm in Kombination mit Delphinbeinschlägen. Anzahl der Armzüge von 2 bis 5 steigern.

471 Atemlokomotive: Der Schüler atmet zuerst auf jeden 2. Dann jeden 3. 4. 5. 6., Armzug und reduziert wieder oder beginnt wieder von vorne.

472 Américaine: 5 Schwimmer sind im Wasser startbereit. Von jedem werden 4 Breiten geschwommen. Nr. 1 und 2 beginnen, nach 1 x zwei Breiten wird 1 von 3 abgelöst, nach weiteren 2 Breiten wird 2 von 4 abgelöst. Die Übung ist zu Ende, wenn Nr. 1 die letzten 2 Breiten mit Nr. 5 geschwommen hat.

Event. mehrere Durchgänge. Verschiedene Schwimmarten.

473 Pyramide oder Lokomotivschwimmen: 3 Längen langsam, 3 schnell/2 langsam, 2 schnell/1 langsam/1 schnell. Je nach Fähigkeit steigern. Längenanzahl vergrößern (bei 4/5 Längen beginnen), mehrere Wiederholungen, Pausen variieren.

474 Leistungsmäßig ausgeglichene 5er-Gruppen bilden. Welche Gruppe legt während 5 Minuten am meisten Bassinbreiten zurück? Weitere Anregung: Klassen halbieren; welche Gruppe schwimmt mehr Meter in einer gewissen Zeit? (Nur 1 Schüler schwimmt pro Gruppe).

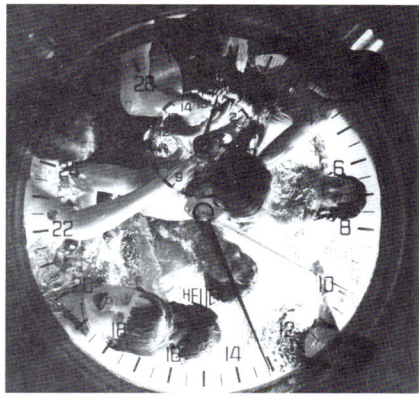
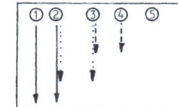

2.3.8 Mit Bewegungsaufgaben während des Schwimmens

| Nr. | Idee / Beschreibung | Hinweise / Organisation |

475

Schraubenschwimmen: Die Schüler führen während 25 m 2 x nach rechts und 2 x nach links eine ganz Drehung um die Längsachse aus.

Bandschwimmen

476

Rückenkraul: Nach jedem sechsten Armzug muss der Schüler eine Rolle rückwärts ausführen.

Bandschwimmen

477

Auf einer Bassinlänge sind 3 Tauchringe verteilt. Wer kann einen nach dem anderen heraufholen und auf dem Rückweg auf dem Kopf tragen?

478

Versuche, durch die Art des Schwimmens, ein Tier darzustellen. Die anderen müssen erraten, um welches Tier es sich handelt.

479

Versuche, während des Schwimmens, einmal bewusst falsch, dann aber wieder richtig zu schwimmen. Weitere Anregung: A und B zusammen, A schwimmt und B muss nachher sagen, wann A richtig und wann falsch geschwommen ist.

Es macht den meisten mehr Spaß, falsch zu schwimmen! (Das sind übrigens gute Gegensatzerfahrungen in der Technikschulung!)

480

A und B schwimmen nebeneinander. A macht plötzlich eine Bewegung und B muss sie nachvollziehen.

481

Je nach Vereinbarung muss der Schüler auf Pfiff: Stoppen, drehen, tauchen, wenden, hochspringen, etc. Wichtig: Kopf immer über Wasser!

Als Schulungsübung für den Wasserballkraul kann auch verlangt werden, dass der Kopf immer über Wasser bleibt.

2.3.9 Mit der Uhr

Nr.	Idee / Beschreibung	Hinweise / Organisation
482	Hindernisparcours mit verschiedenen Aufgaben. Eine Gruppe durchschwimmt den Parcours. Der erste der Gruppe drückt auf den Startknopf der Uhr, der letzte auf Stop.	„Pace Clock" aufstellen.
483	Den Schülern wird die Aufgabe gestellt, eine Strecke in einer bestimmten Zeit zu schwimmen. Welcher Schüler erfüllt die Aufgabe am genauesten?	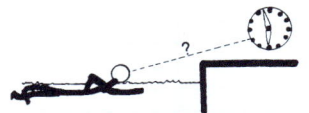
484	Die Schüler geben sich selbst eine gewisse Zeit vor für eine Strecke. Welcher Schüler kommt seiner gesetzten Zeit am nächsten? Auch als Wettbewerb mit Wettbüro, etc.	
485	Intervall-Training: Die Schüler können die Pausen selbst ablesen und dürfen pro Durchgang die Pausenzeit um X-Sekunden verlängern.	
486	Wer kann 5 Sekunden/7 Sekunden/9 Sekunden/11 Sekunden unter Wasser bleiben, nicht länger und nicht weniger?	
487	Eine Gruppe wählt ihre Intervalle selbst: z. B. Wir starten alle 20 Sek. und schwimmen 25 m.	
488	Dauerschwimmen: Wer schwimmt 400 m, 800 m, 1 km am regelmäßigsten?	

Die Hälfte der Klasse kontrolliert die Zwischenzeiten und notiert sie auf einem Protokoll. Nachher Gespräch zwischen den zwei Partnern.

3 Tauchspiele und Übungsformen unter Wasser

3.1 Formen des Unterwasserschwimmens 98
3.2 Tauchstafetten 99
3.3 Mit Flossen 100
3.4 Mit ABC-Ausrüstung 101
3.5 Mit Auftriebsmitteln 102
3.6 Mit Gewichten 103
3.7 Mit Hindernissen 104
3.8 Rollen und Drehen 105
3.9 Orientierungsübungen 106
3.10 Immer tiefer 107

3.1 Formen des Unterwasserschwimmens

Nr.	Idee / Beschreibung	Hinweise / Organisation
489	Zwei Schüler schwimmen hintereinander. Der hintere Schüler überholt, indem er abtaucht und unter Wasser nach vorne schwimmt.	Der an der Wasseroberfläche schwimmende Schüler darf nicht schnell schwimmen!
490	Schattenschwimmen: Ein Schüler schwimmt Brust. Sein Partner versucht, unter Wasser auf dem Rücken liegend Rückengleichschlag zu schwimmen. Eine Tauchmaske oder Schwimmbrille und/oder Nasenklammer anziehen (kein Wasser in der Nase!).	
491	Delphin: Aus der Rückenlage rückwärts abtauchen und unter Wasser einen Kreis tauchen.	
492	Unterwasserslalom: Mit Malstäben wird unter Wasser ein Slalom ausgesteckt. Die Schüler absolvieren den Slalom mit dem Rücken oder dem Bauch gegen die Stangen.	Wt.: 2 m
493	Durch verschieden hoch gehängte Ringe schwimmen. Wem gelingt es ohne Berührung.	Wt.: mind. 2 m.
494	Zwei Schüler halten sich an den Händen und versuchen, unter Wasser zu schwimmen. Könnt Ihr Euch unter Wasser verständigen?	
495	Versuche, auf möglichst originelle Art unter Wasser zu schwimmen.	

3.2 Tauchstafetten

Nr.	Idee / Beschreibung	Hinweise / Organisation

496 Am Henkel eines Kübels wird ein Gewicht befestigt. Dieser wird mit Wasser gefüllt und auf den Bassinboden gestellt. Jeder Schüler hat einen Tennisball. Aufgabe: Deponiere den Ball im Kübel und schwimme unter Wasser an den Rand zurück! Start für den zweiten Schüler. Wessen Eimer schwimmt zuerst an der Oberfläche?

Pro Gruppe 4–6 Schüler.

497 Bändertauchen: An einem Tauchring sind mehrere Bänder (Anzahl = Schüler pro Gruppe) befestigt. Der erste Schüler der Gruppe taucht und löst ein Band, bringt es herauf, der zweite Schüler kann starten. Nachher müssen die Bänder wieder unten befestigt werden.

498 Ein Schüler springt mit einem 5-kg-Ring ins Wasser, läuft auf dem Grund auf die Gegenseite, taucht auf und übergibt den Ring dem nächsten. Muss der Schüler atmen, deponiert er den Ring am Boden, taucht auf, um Luft zu schnappen und fährt nachher wieder fort.

Pro Mannschaft 6–8 Schüler.

499 Ringtauchen: Pro Mannschaft liegt ein Tauchring in der Bassinmitte. Start, Tauchring holen, auf der Gegenseite aussteigen, Tauchring ins Wasser werfen und zurücktauchen zur Startseite. Dann übernimmt Nr. 2 den Ring, wirft ihn ins Wasser, springt, holt den Ring usw.

Pro Mannschaft 4–6 Schüler.

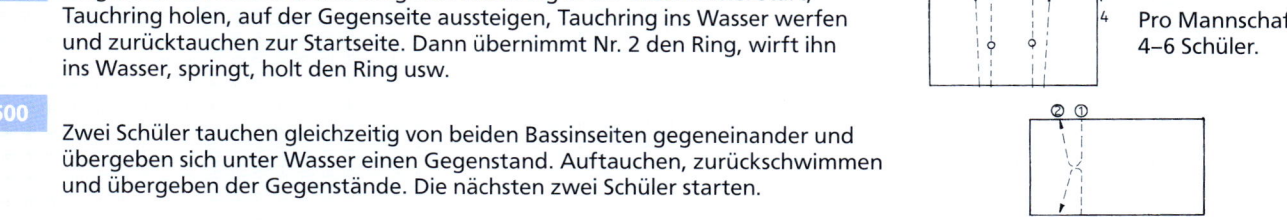

500 Zwei Schüler tauchen gleichzeitig von beiden Bassinseiten gegeneinander und übergeben sich unter Wasser einen Gegenstand. Auftauchen, zurückschwimmen und übergeben der Gegenstände. Die nächsten zwei Schüler starten.

501 In verschiedenen Abständen liegen diverse Gegenstände auf dem Grund. Jeder Schüler holt, seinen Fähigkeiten entsprechend, einen Gegenstand. Welche Gruppe ist am schnellsten mit dem Einsammeln ihrer Gegenstände fertig?

Absprache: Wer holt welchen Gegenstand?

502 Zwei Wasserkübel müssen unter Wasser von einem Ort zum anderen transportiert werden. Sie dürfen erst am Ziel an die Wasseroberfläche gebracht werden.

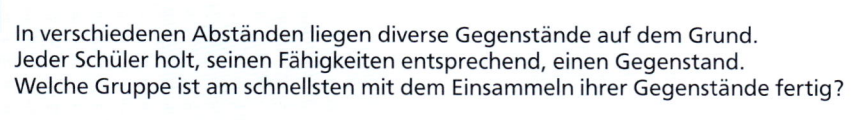

Pro Gruppe 3 Schüler.

3.3 Mit Flossen

Nr.	Idee / Beschreibung	Hinweise / Organisation

503 Die Schüler stehen in zwei Gliedern im Wasser, Abstand ca. 3 m. Die hinteren Schüler haben je ein Flossenpaar, die vorderen Schüler nur je eine Flosse. Die hinteren müssen versuchen, den Vorsprung der vorderen aufzuholen.

Aufholstafette. Alle beginnen, auf das Startzeichen zu schwimmen.

504 Der erste Durchgang ohne Flossen, der zweite mit einer Flosse, der dritte mit zwei Flossen. Wer kann die Flossen im Wasser anziehen?

Pendelstafette.

505 Doppeldecker: 2 Schüler versuchen, miteinander so zu schwimmen, dass einer auf dem Rücken, der andere auf dem Bauch liegt. Sie können sich an den Händen halten. Welches Paar kann so Kreise, Schrauben, freigewählte Wege über und unter Wasser, übereinander und nebeneinander schwimmen?

Wenn möglich mit Taucherbrille (Kein Wasser in der Nase!)

506 Flossenschieben: Ein Schüler mit Flossen schiebt einen Partner, der gespannt in Rückenlage auf dem Wasser liegt, vor sich her. Weitere Anregung: Wer gestoßen wird, darf mehr oder weniger Widerstand bieten.

ganz gespannt!

507 2 Schüler mit Flossen kauern einander gegenüber auf dem Bassinboden. Nun schnellen sie zusammen mit Beinschlag empor! Welcher von beiden kann sich am längsten über der Wasseroberfläche halten (beide Arme über der Wasseroberfläche!)

Wt. 2 m. Gelingt dies auch mit Delphinbeinschlägen?

508 Die Hälfte der Klasse verteilt sich im Bassin (mind. 1 m Abstand vom Bassinrand) und grätscht die Beine. Die andere Hälfte versucht, während einer bestimmten Zeit, unter sovielen Schülern wie möglich durchzutauchen. Als Gruppen- oder Einzelwettkampf.

Wt.: Brusttief. Pro Durchtauchen = 1 Punkt.

509 Welcher Schüler kann mit Flossen am höchsten aus dem Wasser schnellen? Weitere Anregung: A schnellt aus dem Wasser und erzählt etwas, ruft einige Zahlen, zeigt ein Kunststück vor ... und B versucht, ohne nachzufragen dasselbe zu tun. Wechsel.

3.4 Mit ABC-Ausrüstung

Nr.	Idee / Beschreibung	Hinweise / Organisation

510 Flossen, Brille und Schnorchel werden auf dem Bassinboden deponiert. Der Schüler taucht ab, zieht sie unten an und taucht dann wieder auf. Weitere Anregungen: Ganze Ausrüstung unten anziehen – Brille entleeren beim Auftauchen (für Fortgeschrittene).

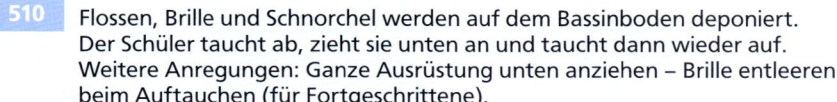

511 Die Gruppe bildet einen Kreis. Alle tauchen gleichzeitig ab, unten berührt jeder mit den Händen den Boden und schwimmt unter Wasser einen Kreis, dann tauchen alle gemeinsam in Kreisformation wieder auf.

512 Die Gruppen schwimmen senkrecht mit gegrätschten Beinen in einer Reihe. Der vorderste der Reihe dreht sich, taucht unter einen Kameraden durch. Beim Auftauchen den Schnorchel entleeren!

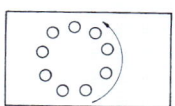

Pro Gruppe 5–8 Schüler

513 Zwei Schüler tauchen zusammen in die Tiefe. Unten werden Zeichen gegeben, die quittiert und ausgeführt werden. Voraussetzung: Zuerst die wichtigsten Unterwasserzeichen einführen.

Wt.: mind. 2 m.
Unterwassersprache: siehe Tauchliteratur!

514 Gerüst bauen: Mit Materialien wie Gewichte, Seile, Ringe, Stäbe, etc. werden Unterwasser-Tauchparcours gebaut. Auf verschiedenste Arten durch die Parcours tauchen, z. B. zu zweit, auf dem Rücken, Bauch, usw.

Dabei soll jedesmal korrekt ab- und wieder aufgetaucht werden. (Kein Spritzen beim Abtauchen, Schnorchel wenn möglich beim Auftauchen entleeren).

515 Unterwasser-Rugby: Pro Mannschaft 4–6 Spieler. Spielzeit 2 x 7 Minuten. Der Ball, gefüllt mit Wasser, darf nicht über Wasser gespielt werden. Tore sind Ringe am Boden oder Eimer mit Gewichten beschwert.

Wt.: Sprungbecken.
Bassingröße: 10–15 m.

516 Wir legen Figuren ins Wasser: Die Schüler geben sich gegenseitig Bewegungsaufgaben (Rollen, Schrauben, usw.) und versuchen, diese auszuführen.

3.5 Mit Auftriebsmitteln

Nr.	Idee / Beschreibung	Hinweise / Organisation
517	Kannst du zwei bis drei Wassereimer, welche mit der Öffnung nach unten auf dem Wasser schwimmen, unters Wasser ziehen? Du darfst den Eimer nicht drehen.	Wieviel braucht es, um einen Rettungsball o. Ä. unter Wasser zu drücken? Gegenseitig Rücksicht nehmen!
518	Kreiselziehen: Ein Tau liegt in Kreisform auf dem Bassinboden. Das Spielfeld ist durch vier Tauchringe begrenzt. Wer bringt das Seil zuerst an seine Markierung (Tauchring).	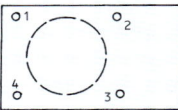 Seil zu Kreis zusammengeknüpft.
519	Versuche, mit einem Schwimmbrett unter Wasser zu schwimmen. Gelingt dies auch nur mit Teilbewegungen der Arme oder der Beine?	Wer schafft mit einem Auftriebsmittel die längste Tauchstrecke, ohne dass ein Körperteil aus dem Wasser ragt?
520	Jeder Schüler zieht einen mehrteiligen Schwimmgurt oder eine Schwimmweste an. So versucht er, zum Boden zu tauchen. Weitere Anregung: A mit Schwimmweste. B unterstützt A beim Abtauchen. Wechsel.	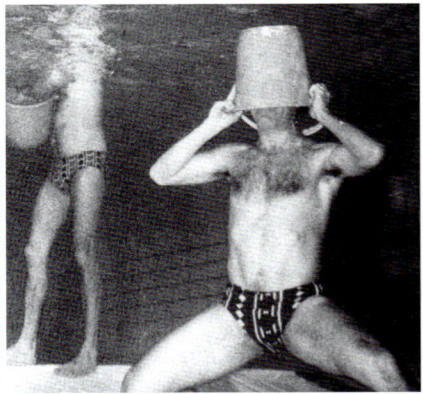
521	Ein Eimer, mit Gewichten beschwert, liegt auf dem Bassinboden. Welche Gruppe kann den Eimer am schnellsten durch Lufteinblasen an die Wasseroberfläche bringen?	
522	Durch einen Reifen schlüpfen: ohne Auftriebsmittel – mit Armringen – mit Arm- und Beinringen - mit Arm-, Beinring und Schwimmgurt.	
523	Jeder bindet sich an einer 50 cm langen Schnur Pullboys oder Schwimmflügel um den Bauch. Wer kann in 2 m – Tiefe Tauchringe heraufhoen?	Anzahl Pullboys je nach Können der Schüler.

3.6 Mit Gewichten

Nr.	Idee / Beschreibung	Hinweise / Organisation

524 Eine Anzahl Ballons, die an kurzen Schnüren angebunden sind, liegt am Bassinrand bereit. Auf dem Bassinboden liegt ein Gewicht. Die Schüler tauchen nebeneinander zum Gewicht und versuchen, einen Ballon ans Gewicht zu binden, bis sich dieses vom Boden abhebt. Anstelle von Ballons Pullboys oder Schwimmflügel verwenden!

Ballons nicht stark aufblasen!

525 Eine Anzahl Tauchringe liegt im Wasser. Es wird eine Zeit bestimmt, in der die Gruppe die Ringe heraufholen soll. Für jeden Ring erhält die Gruppe einen Punkt, wie auch für jede Sekunde, die sie schneller fertig ist.

Distanz dem Können anpassen.

526 Ein Gewicht wird von einer Gruppe transportiert. Jeder Schüler hat zwei Tauchgänge. Der erste beginnt. Dort wo er auftaucht, beginnt der zweite usw. Welche Gruppe legt die größte Distanz zurück?

527 4 Teller auf dem Bassinboden. Auf der Unterseite stehen Zahlen von 1–4. Wer kann die Teller der Zahlenfolge nach einsammeln? Weitere Anregung: A taucht, dreht jeden Teller, liest die Zahl, dreht jeden Teller wieder und taucht auf. A verrät B die Zahlen. B taucht und holt die Teller in der richtigen Reihenfolge.

Die Schüler schauen weg, wenn die Teller verteilt werden!

528 Zwei Schüler tauchen mit einem Gymnastikstab ab und übergeben ihn den zwei entgegenkommenden Gruppenmitgliedern. Die nächsten starten, wenn die ersten zurückkommen.

Pro Gruppe 4 Schüler.

529 Welcher Schüler marschiert unter Wasser am weitesten mit einem Partner auf den Schultern? Bei größerer Tiefe kann evtl. ein weiterer Partner aufsitzen! Weitere Anregung: Unterwasserpyramiden bauen.

530 Wer kann einem ins Wasser geworfenen Gegenstand schnell nachtauchen und diesen fassen, bevor er auf dem Bassinboden auftrifft? Wurfdistanz nach jedem gelungenen Versuch verlängern.

3.7 Mit Hindernissen

Nr.	Idee / Beschreibung	Hinweise / Organisation
531	Die Schüler starten längs und müssen unter jeder Leine durchtauchen. Wer ist am schnellsten? Weitere Anregungen: Die Leine muss überschwommen werden – Ein Gegenstand muss über die Leine gehoben werden, während der Schüler unter der Leine durchtaucht.	Einige Leinen quer zum Bassin spannen.
532	Nach dem Startsprung durch einen im Wasser stehenden Reifen tauchen. Erst nach dem Durchtauchen darf ein Armzug und dann ein Beinschlag ausgeführt werden (Tauchzug).	Erst jetzt Armzug!
533	Drei Schüler schwimmen langsam in einer Reihe. Der vierte Schüler überholt sie unter Wasser.	Ohne Berührung!
534	Wer kann am weitesten schwimmen mit einem Tauchteller, Tauchring auf dem Kopf, ohne diesen mit der Hand festzuhalten.	
535	Windsurf-Start: Das Schwimmbrett liegt ca. 50 cm vom Bassinrand entfernt im Wasser. Anlauf, mit beiden Füßen auf das Brett springen, so möglichst lange gleiten und schließlich mit dem Brett versinken.	Wt.: Brusttief. Nur mit bruchfesten Schwimmbrettern
536	Ein Schüler steht am Bassinrand, die anderen verteilen sich im Bassin. Der Lehrer ruft einen Namen eines Schülers auf, der im Wasser steht bzw. schwimmt. Derjenige, welcher am Rand steht, muss den aufgerufenen Schüler unter Wasser schwimmend erreichen.	Kleine Gruppen.
537	Wieviele Schüler braucht es, um einen großen Rettungsball oder einen anderen großen Schwinmmkörper unter Wasser zu drücken?	Dasselbe auch mit aufblasbaren Bällen versuchen!

3.8 Rollen und drehen

Nr.	Idee / Beschreibung	Hinweise / Organisation

538 Zwei Schüler halten einen Stab. Der dritte führt daran Felgen aus: im tiefen Wasser — im halstiefen Wasser.

539 Einer gegen einen: Wer kann mehr Rollen vorärts, rückwärts unter Wasser ausführen? Weitere Anregung: A führt eine Rollkombination aus. B kopiert diese und führt sie danach aus. A kontrolliert. Jetzt führt B eine Kombination aus usw.

540 Ein Schüler hält unter Wasser einen Reifen. Sein Partner schwimmt möglichst oft durch diesen durch. Dann wird gewechselt. Welcher Zweiergruppe gelingt dies am meisten? Weitere Anregung: Gelingt es auch fußwärts durch den Reifen zu tauchen?

541 Mit Rettungsstangen und Reifen, an den Gewichten befestigt, wird unter Wasser ein Spielgarten aufgestellt. Die Schüler schwimmen darin herum und versuchen, Rollen und Drehungen auszuführen. Hinwies: Tauchmasken ermöglichen bessere Sicht!

542 In der Sprunggrube versuchen die Schüler, in verschiedenen Ebenen unter Wasser eine Acht zu schwimmen. Tauchmasken!

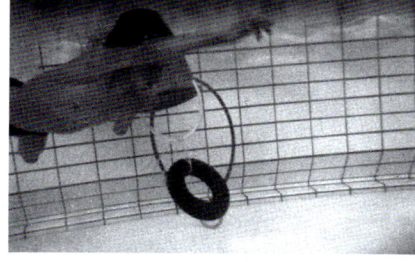

543 Zwei Schüler fassen sich unter Wasser an den Füßen und bilden so ein Rad. Zwei weitere Schüler versuchen, dieses Rad zu drehen. Wenn möglich mit Tauchmasken.

Pro Gruppe 4 Schüler.

544 Zwei Schüler stellen ein Programm mit Rollen und Drehungen unter Wasser zusammen, erklären es und zeigen es vor. Welche Gruppe kann das Programm nachmachen?

Als Vorbereitung für's Tauchen möglichst oft bei solchen Übungen Taucherbrillen verwenden. (Mitbringen lassen!)

3.9 Orientierungsübungen

Nr.	Idee / Beschreibung	Hinweise / Organisation

545

Durch gegrätschte Beine der Mitschüler tauchen. Die Reihenfolge ist vorgeschrieben.

546

Abwechslungsweise Brustkraul und Rückenkraul schwimmen (Schraubenzieher-Kraul). Wer kann es?

547

Versuche, mit geschlossenen Augen geradeaus zu tauchen. Weitere Anregungen: Zurufe (Blindensprache ... recht ... links) – Badekappe über die Augen ziehen – A schwimmt blind, B daneben und leitet A durch Zurufe.

548

Versuche, unter Wasser zu schwimmen und gleichzeitig Schrauben und Rollen auszuführen.

549

Tauche ab, führe eine Rolle vorwärts, eine Rolle rückwärts und eine Schraube um die Längsachse aus. Findest du dann den Teller noch, welcher auf dem Boden liegt?

Gelingt dir dieser Fund sogar mit geschlossenen Augen bis zum Schluss? (Badekappe über die Augen ziehen!)

550

Mit zwei 5-kg-Ringen, zwei Seilen und einer Anzahl Stäbe wird eine Leiter gebastelt. Die Schüler schwimmen nun auf verschiedene Arten durch die Sprossen, ohne sie zu berühren.

Taucherbrillen!

551

Ein Gegenstand wird über einen im Wasser ausgesteckten Parcours transportiert.

In verschiedenen Bädern sind permanente Hindernisparcours eingerichtet: Tummelplätze für Kinder und Erwachsene!

3.10 Immer tiefer

Nr.	Idee / Beschreibung	Hinweise / Organisation

552 Toter Mann: Lege dich auf das Wasser und atme kräftig aus, bis du untertauchst. Wer kommt bis auf den Bassinboden? Weitere Anregungen: In Bauchlage – In Rückenlage.

553 Tauchen fußwärts: Stütze dich auf dem Bassinrand auf und versuche, fußwärts bis zum Boden zu tauchen. Wer kann dasselbe, aber ohne Hilfe des Aufstützens im freien Wasser?

554 Tauchen wie die Ente: Pfeilschießen – anhocken – tieftauchen. Wer kann abtauchen, ohne Abstoß und ohne Arm- bzw. Beinbewegungen?

555 Anseilen: Versuche, mit einem Seil oder einer Schnur einen schweren Gegenstand (Tauchring, usw.) anzubinden und anschließend diesen heraufzuziehen.

556 Tiefer tauchen: Ein Tauchring wird mit einer 2–3-fachen Schlaufe an einem Seil befestigt. Jeder Schüler versucht, den Ring immer tiefer zu schieben. Wenn er unten angelangt ist, beginnt die Aufgabe umgekehrt.

557 Froschmann-Tauchen: An einem Seil (Schnur) sind auf verschiedenen Höhen Schrauben mit Muttern angebracht. Versuche, auf einer ausgewählten Tiefe eine Schraube zu lösen.

Mehrere Schüler gleichzeitig!

558 Versenken: A versucht, auf B zu stehen, C versucht auf A zu stehen; sobald B den Boden berührt, taucht er weg und versucht auf C zu stehen, usw.

4 Spiel- und Übungsformen für das Wasserspringen

4.1	Vorbereitende Übungen im Lehrschwimmbecken	110
4.2	Gruppensprünge vom Bassinrand	111
4.3	Tummelformen als Vorbereitung für Rotation vorwärts	112
4.4	Tummelformen als Vorbereitung für Rotation rückwärts	113
4.5	Tummelformen als Vorbereitung für Schraubensprünge	114
4.6	Eintauchen – Durchtauchen	115
4.7	Imitieren/Kreieren	116
4.8	Springen mit der Leine	117
4.9	Springen mit dem Ball	118
4.10	Kombination Wasser/Bassinrand und Matte	119

4.1 Vorbereitende Übungen im Lehrschwimmbecken

Nr.	Idee / Beschreibung	Hinweise / Organisation
559	Hechtschießen unter den gegrätschten Beinen des Partners durch. Weitere Anregung: Durch einen Tunnel, welcher von mehreren Schülern gebildet wird.	Körperspannung bis zu den Zehen!
560	Bombe: Grätschstellung. Die Hände fassen die Unterschenkel. Die Schüler lassen sich rückwärts ins Wasser fallen und lassen die Fassung erst im Wasser los. Weitere Anregungen: Auch als Partnersprung möglich – oder sogar als Gruppensprung!	Wt.: 1 m
561	Gehockte Sprünge vorwärts und rückwärts, Hände erst bei Wasserkontakt lösen.	
562	Fantasiesprung: Wer springt am lustigsten ins Wasser? Weitere Anregungen: Partnersprung, 3 Schüler zusammen – 1 Schüler vorwärts, der andere rückwärts – Seitwärts – Wer kann sich drehen wie eine Schraube...	
563	Delphinspringen zum Handstand. Weitere Anregungen: A springt in den Handstand und B fixiert die Beine. Wechsel – A marschiert im Handstand, B hilft. Wechsel.	Wt.: Brusttief
564	Beim Hineinspringen versucht der Schüler, einen Ball, welcher ihm zugeworfen wird, zu fangen.	Wt.: 2 m. Ball wird von der Seite her zugeworfen.
565	Springen mit Aufgabenstellung. Wer springt so, dass es spritzt? – so, dass es nicht spritzt? – so, dass die Hand (Fuß, Kopf, usw.) zuerst eintaucht? – am weitesten?	Wt.: Den Aufgaben angepasst!

4.2 Gruppensprünge vom Bassinrand

Nr.	Idee / Beschreibung	Hinweise / Organisation
566	Bombe: Die Kinder halten sich gegenseitig an den Beinen fest. Das hinterste lässt sich rückwärts ins Wasser kippen und reißt so alle mit. Die Hände erst im Wasser loslassen.	Wt.: 2 m
567	Die rollende Kette: Auf einem Glied mit eingehakten Armen rücklings am Bassinrand sitzen. Der erste rollt sich rückwärts ins Wasser, alle werden nachgezogen. Hände erst im Wasser loslassen.	Wt.: 2 m. Unter Wasser gegenseitig Rücksicht nehmen.
568	Bobfahren: Seitwärts hintereinander am Bassinrand sitzen, den vorderen um den Bauch fassen, seitwärts ins Wasser fallen lassen. Auch aus der Hockstellung möglich.	Wt.: 2 m
569	2-6 Schüler springen gleichzeitig vorwärts hoch und versuchen, sich in der Luft die Hände zu geben und so einzutauchen.	Wt.: Brusttief
570	Welche Gruppe kann, nachdem jeder durch seinen Reifen gesprungen ist, sich unter Wasser treffen und, sich gegenseitig festhaltend, auftauchen?	Auftauchort 2 m vom Eintauchort entfernt!
571	Welche Gruppe kann nach einem Sprung vom Bassinrand vorwärts bis zum Boden durchtauchen, ohne die Hände loszulassen?	Wt.: Sprungbecken
572	Welche Gruppe kann am meisten spritzen? Weitere Anregungen: Welche Gruppe kreiert schöne oder originelle Gruppensprünge? – Gruppe A zeigt vor, B schaut zu. Wechsel.	

4.3 Tummelformen als Vorbereitung für Rotation vorwärts

Nr.	Idee / Beschreibung	Hinweise / Organisation

573 Rolle vorwärts über eine Matte ins Wasser: Die Hände fassen die Schienbeine und lassen diese erst wieder los, wenn die ganze Rolle fertig ist.

574 Henkelsalto: 2 Schüler nebeneinander stützen die inneren Hände in die Hüfte. Ein Schüler greift in die Henkel und führt einen Salto ins Wasser aus.

Wt.: Schultertief

575 Zwei Schüler stehen mit gefassten Händen gegeneinander im Wasser. Der dritte Schüler liegt auf ihren Armen und wird hochgeworfen. Wer kann sich in der Luft um die eigene Achse drehen? Weitere Anregung: Auch in der Gruppe.

Miteinander zählen: „Eins, ..., Zwei, ... Drei!"

576 Schleudersalto vorwärts oder rückwärts mit Partnerhilfe. Weitere Anregungen: Mit zwei Helfern. Wer kann mehr als eine Rotation ausführen? – Für Rotationen vorwärts kann der eine auch auf die Schultern des Partners stehen. Gut miteinander koordinieren!

577 Zwei Schüler halten einen Stab vom Bassinrand entfernt über das Wasser. Ein dritter hält sich daran und führt eine Rolle ins Wasser aus.

578 Abstoßen vom Bassinboden, hochschnellen, über Wasser Salto vorwärts, wieder abtauchen.

Wt.: Halstief. Enge Hockstellung (Schienbeine gefasst) als Vorbereitung für die gehockten Sprünge!

579 Bälle im Nichtschwimmerbecken verteilen. Wer kann verschiedene Arten von Rollen mit und um die Bälle machen?

Es sind auch verschiedenste Formen von Sprungrollen möglich!

4.4 Tummelformen als Vorbereitung für Rotationen rückwärts

Nr.	Idee / Beschreibung	Hinweise / Organisation
580	Rolle rückwärts aus dem Stand, aus dem Hechtschießen.	Wt.: Brusttief
581	Schleudersalto rückwärts. Übergang zu tiefem Wasser benützen!	Pro Gruppe 3 Schüler; Raum aufteilen!
582	Rolle rückwärts um einen von zwei Schülern gehaltenen Stab. Schüler 1 und 2 unterstützen die Rolle.	Pro Gruppe 3 Schüler.
583	Abstoßen vom Bassinboden und versuchen, einen Salto rückwärts auszuführen.	Wt.: Halstief
584	Zwei Schüler stehen Rücken an Rücken und halten sich gegenseitig mit den Armen in der Hochhalte. Der eine beugt sich vor und zieht den anderen über sich hinweg ins Wasser.	Abmachung, auf welche Seite der Kopf gehalten wird!
585	Rolle rückwärts vom 1 m-Brett ins Wasser. In der Ausgangsstellung liegt der Schüler auf dem Brett, den Kopf über das Brettende hinaus.	
586	Rolle rückwärts auf einer Matte zum Strecksprung. Weitere Anregung: Viele dieser Übungsvorschläge können auch im Sportunterricht vorbereitet bzw. geübt werden.	

4.5 Tummelformen als Vorbereitung für Schraubensprünge

Nr.	Idee / Beschreibung	Hinweise / Organisation
587	Hechtschießen vorwärts: Die Schüler versuchen, sich um die Längsachse zu drehen.	
588	Versuche, senkrecht schwimmend, Schrauben auszuführen! Auf welcher Seite geht es besser? Wie können die Arme als Unterstützung der Rotation eingesetzt werden?	Wt.: 2 m
589	Abstoßen vom Bassinboden und versuchen, während des Auftauchens Schrauben auszuführen.	Wt.: Halstief
590	Der Schüler springt mit einem Ball vorwärts ins Wasser. Er versucht, den Ball an den Rand zurückzuwerfen, indem er eine halbe Schraube ausführt. Weitere Anregungen: Auch vom Brett; links und rechts üben – Nach dem Absprung halbe Schraube, dann wird ein Ball zugeworfen. Wer kann ihn fangen?	
591	Fußsprung vom 1 m-Brett. Der Schüler versucht, ein hochgehaltenes Spielband zu berühren und dann eine Schraube auszuführen.	
592	Fußsprung: Der Schüler versucht, nach einer halben Schraube die Schraubenbewegung zu bremsen. Wie gelingt dies am besten?	
593	Versuche hochzuspringen, die Beine anzuhocken, oder anzuhechten, sie wieder auszustrecken und dann eine Schraube auszuführen. Weitere Anregung: Die Schüler erproben eigene Schraubensprünge.	

4.6 Eintauchen – Durchtauchen

Nr.	Idee / Beschreibung	Hinweise / Organisation
594	Hechtschießen unter den gegrätschten Beinen eines Schülers oder durch ein anderes Hindernis hindurch.	
595	Aus Neigehaltung kopfwärts eintauchen und den am Boden liegenden Tauchteller heraufholen.	Wt.: Sprungbecken. Körperspannung!
596	Ein Brett dient als Rutschbahn. A legt sich darauf, vorwärts oder rückwärts, spannt seine Muskulatur und lässt sich ins Wasser gleiten, nachdem B und C das Brett mit dem Rücken anheben. Richtiges Heben instruieren!	Kopf- und fußwärts. Wt.: Sprungbecken.
597	Eintauchen vorwärts durch einen auf dem Wasser liegenden Reifen. Wer kann durch den Reifen tauchen, ohne ihn zu berühren? Wem gelingt dies sogar nach einem leichten Absprung?	Wt.: Sprungbecken
598	Teller umdrehen: Gespannt abtauchen, Teller umdrehen, auftauchen und auf die andere Seite schwimmen, abtauchen, Teller umdrehen, usw. Auf beiden Seiten beginnen die Schüler gleichzeitig. Wer hat den Partner zuerst eingeholt?	Trotz Wettbewerb auf Qualität achten.
599	Ausscheidungswettkampf im Hechtschießen. 1. Durchgang: Wer an die andere Seite kommt, erreicht die 2. Runde. 2. Durchgang: Die zwei besten jeder Gruppe erreichen die 3. Runde, usw.	In der Bassinbreite.
600	Tauchringe tauchen. Kopfsprung zum Ring, antauchen mit mitgebrachtem Ring. Auf der gegenüberliegenden Seite aussteigen und erneut starten. Der nächste der Gruppe startet, wenn der vorhergehende mit beiden Händen die Startseite berührt.	Jeder Startende hat 1 Ring.

4.7 Imitieren/Kreieren

Nr.	Idee / Beschreibung	Hinweise / Organisation

601 Wer kann wie ein Frosch ins Wasser springen? Weitere Anregung: Andere Tiere imitieren.

602 Ein Schüler zeigt einen Fantasiesprung vor, die anderen machen ihn nach. Weitere Anregung: A und B stehen sich auf den Bassinseiten gegenüber, A springt, macht eine Bewegung in der Luft vor und B springt so schnell wie möglich die Kopie des Sprunges von A.

603 Der Schüler erhält eine Aufgabe, die er während des Sprungs in der Luft lösen muss: Klatschen vor und hinter dem Körper – Fuß-Sohlen berühren – Rad fahren in der Luft, usw.

604 Partnersprünge vom Bassinrand. Es darf nicht nacheinander und nicht übereinander gesprungen werden. Die Bewegungsaufgabe wird vor dem Sprung gemeinsam besprochen bzw. an Land geübt.

605 Fußwärts ins Wasser springen. Bei welchem Schüler spritzt es am höchsten, wenn er ein Bein ganz gehockt und ein Bein ganz gestreckt hat beim Eintauchen?

606 Ein Schüler macht in der Luft eine Bewegung (z. B. Schwimmart) vor. Der andere macht sie nach.

Diese Übungsformen schulen insbesondere die Bewegungswahrnehmung und beim Umsetzen die persönliche Geschicklichkeit.

607 Wer kann vom Rand oder vom Startblock so ins Wasser springen, dass er mit dem Kopf nicht untertaucht?

Wer kann sogar vom 1 m-Brett auf die Füße springen, ohne dass der Kopf unter Wasser taucht?

4.8 Springen mit der Leine

Nr.	Idee / Beschreibung	Hinweise / Organisation
608	Wer kann aus dem Stand vorwärts abspringen, 1/2 Drehung in der Luft ausführen und mit den Händen die Schnur berühren?	Wt.: Sprungbecken
609	Weitsprung: Fußsprung vl. aus dem Stand. Wer kommt an der weitesten Stelle noch über die Schnur, ohne diese zu berühren. Wem gelingt dies mit ganz gespanntem Körper? Auch als Startsprung möglich.	Wt.: 2 m. Schnur schräg ins Wasser!
610	Kopfsprung: Wer kann an der engsten Stelle einen Kopfsprung vorne links vorwärts gehockt ausführen und beim Eintauchen mit den Füßen die Gummischnur berühren (Hinter der Leine eintauchen!)? Wer kann auch vor der Leine eintauchen, ohne diese zu berühren?	Wt.: Sprungbecken. Schnur schräg spannen!
611	Wer kann mit den Beinen voraus gestreckt ins Wasser springen, unter der Leine durchtauchen und wieder fußwärts auftauchen?	
612	Eintauchübungen mit Berühren eines Seiles mit den Füßen: Aus Stand – Aus Kauerstand – Kopfsprung vorwärts gehockt.	Wt.: Sprungbecken
613	Wer kann mit einem Kopfsprung vorwärts (gehockt oder gehechtet) zwischen zwei nahe nebeneinander gespannten Leinen eintauchen?	Wt.: Sprungbecken. Gummileinen verwenden!
614	Wer kann nach dem Absprung (Fußsprung) mit den Händen die Leine berühren, anhocken, wieder strecken und eintauchen? Weitere Anregung: 3er-Gruppen erproben weitere Sprünge an, mit, über der Leine und zeigen sie vor.	Wt.: Sprungbecken

4.9 Springen mit dem Ball

Nr.	Idee / Beschreibung	Hinweise / Organisation

615 Fußsprung. Jeder Schüler hat einen Ball; während des Absprungs wirft er den Ball hoch und bleibt durchgestreckt. Weitere Anregungen: Aus dem Hockstand – Ball hochwerfen, springen, in der Luft fangen und fußwärts eintauchen.

616 Der Schüler wirft den Ball im Sprung vorwärts hoch und versucht, diesen vor dem Eintauchen zu fangen.

617 Ein Schüler springt. Sein Partner versucht, ihm einen Ball so zuzuwerfen, dass er ihn fangen kann. Weitere Anregungen: Fangen und zurückwerfen – Auch vom 1 m-Brett.

Pro Schüler 1 Ball. Gegenseitig Rücksicht nehmen!

618 Ein Schüler springt vom 1 m-Brett. Der Ball wird ihm so zugeworfen, dass er ihn in der Luft mit dem Fuß treffen kann.

Wegen Beschädigung der Badeanlage werden aufblasbare Bälle empfohlen!

619 Der Schüler springt mit dem Ball und versucht, in der Luft ins Tor zu schießen.

Auf der Gegenseite ein Tor (Ringe, Bretterturm) aufstellen!

620 Torwart: Ein Schüler ist mit dem Ball im Wasser. Sein Partner steht am Bassinrand und hechtet nach dem zugeworfenen Ball.

Raum aufteilen!

621 Wer erfindet den lustigsten Sprung? Aufgabe: Es muss mit dem Ball abgesprungen und eingetaucht werden.

1 m-Brett oder Bassinrand. Es sind nur Fußsprünge gestattet!

4.10 Kombination Wasser/Bassinrand und Matte

Nr.	Idee / Beschreibung	Hinweise / Organisation

622 Start auf einer Bassinseite im Wasser. Jedes Gruppenmitglied macht eine Rolle vorwärts auf der Matte, dann muss die Matte über eine Breite transportiert werden. Welche Gruppe sitzt als erste auf der anderen Seite auf der Matte?

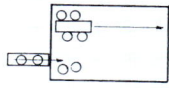
Pro Gruppe 4 Schüler.

623 Auf dem Bassinrand oder auf dem Sprungbrett liegt eine Matte. Verschiedene Eintauchübungen und Vorübungen fürs Wasserspringen, z. B. Rolle vorwärts zum Eintauchen. Wichtig: Gegenseitig Rücksicht nehmen.

624 In der Mitte des Bassins liegt eine Matte. Rund ums Bassin sind Schüler mit Bällen. Wer trifft die Matte am häufigsten in 2–3 Minuten? Die eigenen Bälle müssen im Wasser wieder geholt werden.

625 Welche Gruppe kann eine Matte von Bassinrand zu Bassinrand transportieren, ohne dass sie mit dem Wasser in Berührung kommt?

Wt.: 2 m. Pro Gruppe 4 Schüler.

626 Rolle auf die im Wasser liegende Matte, ausstrecken und mit dem Boot gleiten. Wer kommt am weitesten? (=Vorbereitung für eine schnelle Öffnung beim Salto vorwärts!)

627 Matte markiert das Sprungbrett: 1 Schritt, Anlauf und Sprung. Vorsicht: Nur rutschsichere Matten verwenden!

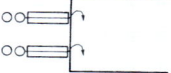
Wt.: Sprungbecken

628 Eintauchen vorwärts. Die Füße müssen die leicht über die Bassinkante ragende Matte berühren.

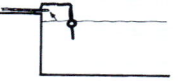
Wt.: Sprungbecken

5 Wettbewerbe und Stafetten

5.1	Pendelstafetten	122
5.2	Abhol- und Begegnungsstafetten	123
5.3	Ablöse-Formen	124
5.4	Mit Ball	125
5.5	Mit anderen Hilfsmitteln	126
5.6	Handicaprennen/Handicapformen	127
5.7	Mit Transport eines Gegenstandes	128
5.8	Mit Bewegungsaufgaben, zusätzlich zum Schwimmen	129
5.9	Ausscheidungsformen	130
5.10	Spiele ohne Grenzen	131

5.1 Pendelstafetten

Nr.	Idee / Beschreibung	Hinweise / Organisation
629	Jeder Schüler schwimmt eine Länge: Delphin – Rückenkraul (Start vom Startblock) – Brust – Kraul	Pro Mannschaft 5 Schüler. Zwei Durchgänge.
630	Jeder Schüler schwimmt in einer Schwimmart eine Länge – Armzug – Ganze Lage – Beinschlag mit Brett (Start im Wasser) – Ganze Lage	Pro Mannschaft 5 Schüler.
631	Lagenstaffel: Eine Mannschaft muss je eine Länge in den vier Schwimmarten zurücklegen. Wer welche Lage schwimmt, wird von der Mannschaft selbst bestimmt. Reihenfolge: Rücken, Brust, Delphin, Kraul.	Pro Mannschaft 4 Schüler.
632	Tauchstafette. In der Mitte des Bassins liegt ein Tauchteller. Der Schüler schwimmt bis zur Mitte, holt den Teller und überreicht ihn seinem Partner auf der Gegenseite. Dieser deponiert ihn in der Mitte, usw.	Pro Mannschaft 5 Schüler.
633	Transportschwimmen: Ein Schüler zieht oder stößt seinen Partner über eine Länge. Der gezogene transportiert nun den nächsten der Mannschaft, usw.	Pro Mannschaft 5 Schüler.
634	Mit Gewichten, Schwimmkörpern und Seilen wird ein Slalom ausgesteckt, der von den einzelnen Mannschaftsmitgliedern durchschwommen werden muss.	
635	Der Lehrer (Trainer) stellt eine Aufgabe, die irgendwann während des Schwimmens gelöst werden muss, z. B. drei Rollen vorwärts, drei Rollen rückwärts, zwei Drehungen um die Längsachse. Beim Start: Sprung auf die im Wasser liegende Matte usw.	

5.2 Abhol- und Begegnungsstafetten

Nr.	Idee / Beschreibung	Hinweise / Organisation

636 Gleichzeitig startet von beiden Bassinseiten je ein Mannschaftsmitglied. Sie treffen sich unterwegs, drehen und schwimmen wieder zurück. Schlagen sie an der Wand an, starten die nächsten. Weitere Anregung: Bei der Begegnung muss zuerst eine Bewegungsaufgabe ausgeführt werden, bevor zurückgeschwommen werden darf.

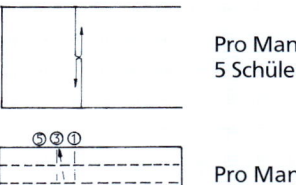

Pro Mannschaft 5 Schüler.

637 Von beiden Bassinseiten startet gleichzeitig je ein Schüler. Einer nimmt einen Ball mit und übergibt diesen seinem Partner. Dann schwimmen beide zum Ausgangsort zurück.

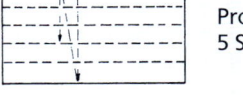

Pro Mannschaft 5 Schüler.

638 Ein Schüler schwimmt mit einem Brett unter den gespannten Leinen durch und übergibt das Brett seinem Partner. Dieser startet und schwimmt bzw. taucht wieder auf die Gegenseite usw.

Pro Mannschaft 5 Schüler.

639 Zwei Schüler starten gleichzeitig. Der eine mit einem Brett, der andere mit einem Pullboy. In der Mitte werden die Hilfsmittel getauscht. Auch als Gruppenwettbewerb möglich.

Als Handicap können verschieden große Hilfsmittel verwendet werden (Stangen, Bälle, Eimer usw.).

640 Die Mannschaft steht auf einer Bassinseite. Auf der Gegenseite liegt eine Anzahl Pullboys. Der 1. Schwimmer holt einen Pullboy, bringt ihn zurück und übergibt ihn. Der 2. Schwimmer holt den nächsten und übergibt beide dem 3. Schwimmer, usw. Wer startet zuerst, wer zuletzt?

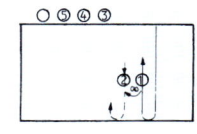

641 Auf beiden Bassinseiten stehen 3 Schüler. Der erste holt seinen Partner. Gemeinsam holen sie den dritten, usw. Bedingung: Die Schwimmer müssen sich immer berühren.

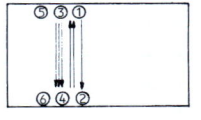

Pro Mannschaft 4–6 Schüler.

642 Je die Hälfte einer Mannschaft steht an einer Breitseite. Start gleichzeitig. Ein Tauchring wird auf dem Kopf getragen und bei der Begegnung dem Partner übergeben. Start des nächsten Schwimmers, wenn sein Mannschaftsmitglied an einem Rand ankommt.

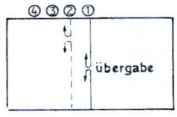

5.3 Ablöse-Formen

Nr.	Idee / Beschreibung	Hinweise / Organisation

643 Ablösung in der Bassinbreite. Pro Gruppe lösen sich 3–5 oder 7 Schwimmer nach jeder Breite ab.

644 Ablösung in der Bassinlänge. Nach jedem Durchgang wird eine neue Bewegungsaufgabe gestellt, z. B. Kraul, Rückenkraul, Brustgleichschlag, Delphin.

645 Tauch-Ablösung in der Bassinbreite. Die Schüler müssen mit Tauchzügen die Strecke bewältigen.

646 Schwimmer eins, zwei und drei haben Flossen. Nr. 1 schwimmt eine Länge und wird durch Nr. 2 abgelöst. Während Nr. 2 schwimmt, bekommt Nr. 4 die Flossen von Nr. 1, sodass er bereit ist, wenn er schwimmen muss.

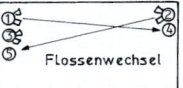 1er.

647 A schwimmt eine Länge, nimmt B mit, B nimmt C mit (A steigt aus), C nimmt D mit (B steigt aus), usw.

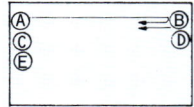

648 Punktewettbewerb (Einzeln oder in Gruppen). 1 Breite = 1 Punkt – 2 Breiten = 2 Punkte – 3 Breiten = 3 Punkte – 4 Breiten = 4 Punkte – Ab 5 Breiten = 1 Punkt Bonus aber ohne anzuhalten. Punkte 2–4 nur dann, wenn ohne anzuhalten geschwommen wurde!

Schwimmart vorschreiben. Keine Pausen während des Breitenschwimmens erlaubt!

649 Drei Schüler schwimmen mit Brustgleichschlag weg. A und B schwimmen, C lässt sich ziehen. Nach einer Länge steigt A aus. B lässt sich von C und dem dazukommenden D ziehen. Weitere Anregungen: Als Übungsform – Als Wettbewerb.

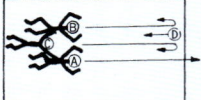

5.4 Mit Ball

Nr.	Idee / Beschreibung	Hinweise / Organisation

650 Zwei Schüler spielen sich den Ball über die Leine zu. Zuerst mit der starken, dann mit der schwachen Hand. Weitere Anregungen: Im Schwimmer- (Nichtschwimmer-) Becken – Mit kleinen Bällen (gebrauchte Tennisbälle vorher in der Waschmaschine Waschmaschine waschen).

651 Die Schüler sitzen verteilt am Bassinrand. Ein Ball wird ins Wasser geworfen. Auf Pfiff versuchen die Schüler, den Ball zu erobern. Der jeweilige Sieger darf den Ball erneut werfen! Weitere Anregung: Verschiedene Startpositionen.

652 Raufball. Der Ball muss auf den gegnerischen Bassinrand gelegt werden. Regeln gemeinsam bestimmen!

653 Jägerball. Der Hase schwimmt eine Bassinbreite. Die Jäger dürfen während dieser Zeit den Hasen treffen. Es starten immer zwei Hasen gleichzeitig.

Alle Varianten von Tupfball oder Schnappball sind auch im Wasser möglich.

654 Jägerball. Wer einen Hasen abtupfen kann, wechselt das Feld und wird als Hase gejagt. Welcher Hase lebt am längsten?

Abtupfen: Den Hasen mit dem Ball berühren. Der Ball muss mit beiden Händen gehalten und darf also nicht geworfen werden!

655 Zielwasserball. Auf der Breitseite liegen je zwei Bälle oder andere Zielobjekte. Ziel ist es, mit dem Spielball einen gegnerischen Ball zu treffen.

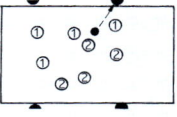

656 Wasserball mit 20 kleinen Bällen. Jede Mannschaft hat einen großen, schwimmenden Ball. Jeder Treffer des gegnerischen Balles gibt einen Punkt. Es wird ohne Unterbrechung gespielt. Zielball = aufblasbarer Ball.

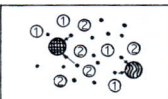

Gegenseitig Rücksicht nehmen!

5.5 Mit anderen Hilfsmitteln

Nr.	Idee / Beschreibung	Hinweise / Organisation

657 Leiternschieben: Eine Gruppe schiebt einen Stab (Luftmatratze) auf die andere Bassinseite. Bedingung: Alle Gruppenmitglieder müssen das Gerät ständig berühren. Weitere Anregungen: Als Stafette – Ein Mitglied der Gruppe wird mit diesem Gegenstand transportiert.

Pro Gruppe 3–5 Schüler.

658 Alle gegen alle: Sobald jemand getroffen ist, muss er aussetzen. Wenn der dritte Schüler aussetzt, darf der erste Schüler wieder ins Wasser. Regel: Wer den Ball länger als 3 Sekunden hält, muss aussetzen. Fairness: Nicht auf den Kopf eines anderen schießen!

659 Zwei Schwimmbretter, die nicht übereinander liegen dürfen, sollen nur mittels Armbewegungen transportiert werden. Möglichkeit: Bretter liegen unter dem Körper. Weitere Anregung: Als Stafette.

660 Versuche, auf einem Ball sitzend, eine vorgeschriebene Strecke zu „rudern". Weitere Anregungen: In Bauchlage auf dem Ball – Zu dritt: A in Bauchlage oder im Sitz auf dem Ball; B und C unterstützen, helfen, sichern.

Je größer der Ball, desto schwieriger ist diese Aufgabe!

661 Zwei Gegner starten gleichzeitig von verschiedenen Bassinseiten. In der Mitte hängen an einem Seil Bänder. Wer zuerst dort ist, löst eines, schlüpft hindurch und befestigt es wieder = 1 Punkt! Der andere kann den Punkt zurückerobern, wenn er schneller zum Start des Gegners geschwommen ist.

Regeln, Länge der Schwimmstrecken usw. dem Könnenstand der Schwimmgruppe anpassen. Regeln wenn möglich gemeinsam erarbeiten.

662 Hindernisstafette: Durch einen im Wasser aufgestellten Hindernisparcours schwimmen. Der Parcours wird von den Schülern selbst erstellt. Gegenstände – nach Rücksprache mit dem Bademeister – von zu Hause mitnehmen.

Pro Mannschaft 4–6 Schüler. Anregung: Permanente Hindernisparcours erstellen (wie in einigen Hallenbädern mit Erfolg bereits realisiert).

663 Materialtransport: Ein Brett, ein Ball, ein Pullboy, drei Tauchringe, Tauchbrillen, Schnorchel, usw. müssen möglichst originell transportiert werden. Wenn alle Gegenstände auf dem gegenüberliegenden Bassinrand liegen, darf der nächste starten.

Pro Gruppe 4 Schüler. Bewertung: 1. Rang: 4 Punkte, 2. Rang: 3 Punkte, usw. Pro Serie 1 Zusatzpunkt für die originellste Lösung!

5.6 Handicaprennen/Handicapformen

Nr.	Idee / Beschreibung	Hinweise / Organisation

664 Ein Schüler startet. Hat er eine Marke (3–8 Meter vom Rand entfernt) erreicht, startet sein Verfolger. Schwimmtechniken vorher absprechen!

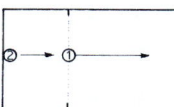

Handicap-Distanz gegenseitig absprechen.

665 Im hüfttiefen Wasser zieht ein Schüler seinen Partner, welcher auf dem Rücken liegt. Welches Paar ist am schnellsten? Oder: Einbeiniges Hüpfen mit Halten des anderen Fußes. Wer ist am schnellsten? Weitere Anregung: Die Teilnehmenden erproben weitere Handicap-Fortbewegungsarten. Diese werden von allen anderen ausgeführt.

Wt.: Hüfttief.
Die Siegergruppe darf die nächste Gang- bzw. Schwimmart festlegen.

666 Transport eines 5 kg-Ringes in Rückenlage. Wer ist der schnellste? Weitere Anregung: Zu zweit, zu dritt. Das Gewicht darf beliebig getragen oder im Team gewechselt werden.

Nur mit Beinschlag schwimmen.

667 A schwimmt 400 m, B und C müssen, sich abwechselnd, versuchen, A einzuholen, wenn sie mit einem Handicap von 50 m (25 m) starten.

Pro Gruppe 3 Schüler.
Sind B und C wesentlich schwächer als A, dann dürfen sie mit Flossen schwimmen. Schaffen sie es so?

668 Wer kann schneller schwimmen? Ein Bein wird mit einer Hand gefasst: über die Diagonale – rechte Hand zum rechten Fuß – eine Hand am Kopf – eine Hand ...

669 Zwei – drei Schüler sind mit zwei – drei Gummischläuchen zusammengebunden. Welche Zweier-/Dreiergruppe schwimmt am schnellsten?

670 Drei Wassereimer müssen von einem Team an der Oberfläche über eine bestimmte Länge transportiert werden. Weitere Anregung: Die Eimer ganz füllen und mit Hilfe des Auftriebkörpers transportieren.

5.7 Mit Transport eines Gegenstandes

Nr.	Idee / Beschreibung		Hinweise / Organisation
671	Transport eines Zettels, der trocken bleiben muss. Weitere Anregungen: Esslöffel transportieren – Eine Zeitung, ein Kleidungsstück, usw. trocken auf die andere Seite bringen.		Pendelstafette oder bei kleineren Bassins Umkehrstafette!
672	Transport eines Wasserballs nur mit dem Kopf. Weitere Anregungen: Nur mit den Füßen – Mit 2 Bällen – Zu zweit, zu dritt.		Pendel- oder Umkehrstafette.
673	Transport eines Ping-Pong-Balles durch Blasen und Erzeugen von Wellen, ohne den Ball zu berühren. Weitere Anregung: Zu zweit.		Wt.: Hüfttief. Vorwiegend als Einzelwettkampf, aber auch als Stafette.
674	Transport eines Eimers unter Wasser. Weitere Anregung: Die Teammitglieder verteilen sich auf die ganze Strecke. Der Eimer darf nur unter Wasser weitergegeben werden.		Pendelstafette über nicht allzu lange Strecken.
675	Zu zweit ein Schwimmbrett mit einem Tauchring und einem Ball transportieren. Das Schwimmbrett muss über dem Wasser sein, deshalb ist zwischen den beiden Schwimmern eine Leine gespannt.		Partnerwettkampf. Sieger bestreiten das Finale.
676	Transport eines Tauchringes. Zwei Schüler starten vom gegenüberliegenden Bassinrand, übergeben, wenn sie sich treffen, die Ringe und schwimmen in Rückenlage zurück.		Stafette
677	Wer kann des Schwimmbrett auf dem Kopf transportieren, ohne es zu halten? Weitere Anregung: Versuche, dein Gegenüber durch leichtes Soßen oder Ziehen zu stören, so dass sein Brett vom Kopf fällt, deines aber oben bleibt.		

5.8 Mit Bewegungsaufgaben, zusätzlich zum Schwimmen

Nr.	Idee / Beschreibung	Hinweise / Organisation
678	Wendestafette. 2 Schüler müssen, sich immer haltend, um eine Wendemarke (Ring) und zurückschwimmen.	Stafette.
679	Regatta. Je 5 Schüler liegen auf dem Rücken hintereinander und „hängen" mit den Füßen am Kopf des hinteren ein. Welches Boot ist schneller?	Zuerst üben lassen!
680	Retten: Der Retter zieht oder stößt den Rettling mit einem Rettungsgriff.	Siehe Literatur Rettungsschwimmen. Wer findet eigene Formen von geeigneten Transport- bzw. Rettungsgriffen?
681	Tag und Nacht. Auf ein entsprechendes Zeichen führt der Verfolgte eine Rolle vorwärts aus, der Verfolger eine Rolle rückwärts. Dann beginnt die Verfolgung. Weitere Varianten durch die Teilnehmenden vorschlagen lassen!	Tag Nacht. Die Abstände zwischen den Parteien müssen genügend groß sein!
682	Tschechenviereck. Der Ball wird nach links gespielt und sofort zum Platz des Partners gegenüber geschwommen.	Zuerst an Land üben!
683	Ziehwettkampf. Vier Schüler halten sich an den Händen und bilden einen Kreis um eine Boje. Welcher Schüler kann an die Boje gezogen werden?	Jeder Schüler hat 5 Leben. Wer überlebt?
684	Zwei Schüler schwimmen miteinander. Sobald der vordere eine Rolle macht, muss der hintere auch eine ausführen. Anschließend Schwimmwettbewerb bis zum Bassinrand. Weitere Anregung: Ein Pfiff gibt das Signal für die Rolle für beide Schwimmer.	Distanz dem individuellen Können anpassen.

5.9 Ausscheidungsformen

Nr.	Idee / Beschreibung	Hinweise / Organisation

685 Tauchspiel: Die Schüler schwimmen frei im Wasser umher. Auf ein Zeichen muss jeder nach einem Ring tauchen. Es sind aber immer 2 Ringe weniger als Schüler auf dem Boden. Wer keinen Ring erwischt, scheidet aus.

Wer ausgeschieden ist, kann sich durch eine vorher bestimmte Zusatzaufgabe wieder unter die Spielenden begeben.

686 Nummernläufe. Die Schüler sind in Reihen und Gliedern aufgestellt und von vorne nach hinten nummeriert. Der Lehrer ruft eine Nummer auf und die entsprechenden spurten nach vorne, um die ganze Reihe herum und wieder an ihren Platz.

Im Nichtschwimmer- oder im Schwimmerbecken.

687 Einer gegen alle. Wer vom Ball getroffen wurde, muss Zusatzaufgaben erledigen und darf nachher wieder mitspielen.

688 Schwimm-Cup. Zwei Schwimmer kämpfen gegeneinander. Die Gewinner paaren sich neu, usw. Die Schwimmart für jeden Cup vorschreiben, oder von den jeweiligen zwei selbst bestimmen lassen.

689 Beinschlag-Stafette. Jeder Schüler darf denjenigen Beinschlag wählen, den er am besten beherrscht. Die Sieger scheiden aus. Der Wettbewerb kann fortgesetzt werden, indem die Sieger unter sich wiederum gegeneinander schwimmen, bis nur noch ein Sieger feststeht.

Pendelstafette

690 Alle Schüler schwimmen eine Länge (eine Breite). Der langsamste (schnellste) muss aussteigen.

691 Die Klasse wird in 2 Gruppen aufgeteilt. Gruppe 1 hat eine Anzahl Schüler, Gruppe 2 einen Schüler weniger. Die kleinere Gruppe verteilt sich und spielt hilfsbereite Bäume. Die anderen laufen um diese Bäume. Auf Pfiff klettern alle auf einen Baum. Wer keinen Baum findet, löst eine Zusatzaufgabe.

5.10 Spiele ohne Grenzen

Nr.	Idee / Beschreibung	Hinweise / Organisation

692 Wasserpolo. Als Tore sind Ringe oder Schwimmbretter aufeinander getürmt. Wie viele Ringe fallen, so viele Punkte zählt ein Treffer.

Spielregeln durch die Gruppe festlegen lassen!

693 Kombi-Wettbewerb: Mit Ball – Zielwurf – Wasserspringen vom Bassinrand in die Weite – Tauchen: Schraube und Mutter zusammensetzen – Zeitschwimmen fußwärts.

Je nach situativen und materiellen Voraussetzungen.

694 Fußwasserball. Die gegnerische Wand ist das Tor. Der Ball darf nur mit den Füßen fortbewegt werden.

695 Wasserball mit der schwächeren Hand. Der Ball darf nur mit der schwachen Hand geworfen werden. Weitere Spielregeln vorgängig oder im Verlauf des Spiels festlegen.

696 Fangspiel. Zwei Spieler bilden einen Kreis. Ein dritter Spieler versucht, einen der beiden zu fangen, wobei nur der Spieler, der am weitesten vom Fänger entfernt ist, geschlagen werden kann.

Nach einiger Zeit oder nach Berührung wechseln.

697 Spinne. Ein Schwimmer legt sich auf den Rücken, die anderen (Fliegen) schwimmen um ihn herum. Auf ein Kommando kehrt sich die Spinne auf den Bauch und darf die Fliegen fangen. Wer aus dem Wasser fliehen kann, ist gerettet.

Die Spinne darf auch selbst reagieren, wann sie will.

698 Als Gruppenwettkampf. Klasse aufgeteilt in 4–6 Gruppen. Jede Gruppe erfindet und erprobt ein eigenes Spiel, das sie zugleich vorbereitet, organisiert und auch bewertet. Die Gruppe darf beim eigenen Spiel nicht mitspielen!

Der Leiter beobachtet, stellt Material bereit, setzt bestimmte Rahmenbedingungen fest usw.

Es ist schön, leisten zu können ohne leisten zu müssen

6 Nach Voraussetzungen und Trainingszielen geordnet

6.1 Schwache, mittlere, gute Schwimmer 134
6.2 Trainingsziele 135
6.3 Trainingstipps 136
6.4 Beispiele für schwache Schwimmer 138
6.5 Beispiele für mittlere Schwimmer 144
6.6 Beispiele für gute Schwimmer 150
6.7 Spielerisch – und doch gezielt 156

6.1 Schwache, mittlere, gute Schwimmer

Ich bin ein schwacher Schwimmer

Ich bin ein mittlerer Schwimmer

Ich bin ein guter Schwimmer

Ich kann zwar 1 bis 2 Schwimmarten, aber besonders gerne und besonders gut schwimme ich wirklich nicht.
Ich weiß, ich sollte wieder mal gehen.
Anregungen und Trainingsbeispiele siehe S. 138 bis 145

Angst habe ich überhaupt keine vor dem Wasser, doch leider gehe ich auch viel zu wenig zum Schwimmen.
Wenn ich schon mal gehe, dann aus gesundheitlichen Gründen.
Warum nicht mal wieder zum Plausch? Vielleicht kommt jemand sogar mit?
Anregungen und Trainingsbeispiele siehe S. 146 bis 151

Ich kenne im Wasser keine Probleme, kann alle Schwimmarten, einige Sprünge, weiß mit einem Ball umzugehen. Ich will etwas leisten, aber nur, wenn es Spaß macht.
Anregungen und Trainingsbeispiele siehe S. 152 bis 157

6.2 Trainingsziele

Die Leistungsfähigkeit hängt von verschiedenen Organen und Organsystemen ab. Das Zusammenspiel dieser verschiedenen Systeme wird durch Training optimiert. Für unsere Betrachtung sollen folgende Konditionsfaktoren verständlich gemacht werden: Ausdauer, Kraft, Gewandtheit, Geschicklichkeit und Beweglichkeit

Ausdauer

Die Ausdauer (auch Dauerleistungsvermögen) kann als Grundstein, als Fundament der Kondition verstanden werden. Ausdauer ist die Widerstandsfähigkeit des Organismus gegen Ermüdung bei lang andauernden Belastungen. Wenn der Körper diese Eigenschaft hat, dann sind während einer gewissen Zeit die Sauerstoffaufnahme und der Sauerstoffverbrauch im Gleichgewicht. Dieses Gleichgewicht wird bei niedrigen Belastungen (z. B. Wandern, Rad fahren usw.) schnell gefunden. Durch das regelmäßige Dauerleistungstraining (2–3 x pro Woche 10'–15') wird die Leistungsfähigkeit von Herz, Lunge und Kreislauf erhöht (z. B. tieferer Ruhepuls, größeres Schlagvolumen). Schwimmen eignet sich ausgezeichnet für die Verbesserung des allgemeinen Dauerleistungsvermögens.

Kraft

Kraft entsteht, wenn sich ein Muskel zusammenzieht. Ist der Muskel dicker (größerer Querschnitt), dann ist er auch kräftiger. Kräftiger wird der Muskel aber nur, wenn er belastet wird. Beim Schwimmen ist rohe Kraft nicht sehr gefragt. Vielmehr geht es darum, so viel Kraft einzusetzen, dass man „gerade noch mag". Bei einem Sprint spricht man von Kraft-Ausdauer (oder Stehvermögen). Kraft und Ausdauer stehen also in unmittelbaren Zusammenhang: Viel Krafteinsatz (rohe Kraft) ist nicht lange möglich (2"-3"). Ziemlich viel Krafteinsatz (Kraftausdauer) ist nur kurze Zeit möglich (1'-2'). Wenig Krafteinsatz (Dauerleistungsvermögen) ist über lange Zeit möglich (bis zu Std.).

Gewandtheit, Geschicklichkeit und Beweglichkeit

Wann und wo, in welchem Muskel soll wie stark kontrahiert werden? Wenn ein Anfänger Kraul schwimmt, dann macht er viele unnötige Bewegungen. Ein geübter Schwimmer gleitet daneben wie ein Fisch: Mühelos und mit dem geringsten Aufwand. Er schwimmt gewandt, d. h. ökonomisch und zweckmäßig. Eng mit der Gewandtheit verbunden ist die Geschicklichkeit. Diese Fähigkeit zeigt sich besonders im Umgang mit Geräten, so z. B. beim Wasserball oder beim Wasserspringen, aber auch bei der Wende im Schwimmen. Eine gute Wende auszuführen ist aber kaum denkbar, wenn nicht die nötige Beweglichkeit (oder Gelenkigkeit) vorhanden ist. Darunter wird die Fähigkeit verstanden, die verschiedenen Knochenverbindungen leicht und in möglichst großem Umfang gegeneinander zu bewegen. Im Schwimmsport ist die Beweglichkeit im Schulter-, Hüft- und Fußgelenk sehr wichtig.

6.3 Trainingstipps

Schwimmen	Retten	Wasserball
Um die Ausdauer zu verbessern, muss 2–3 mal wöchentlich mindestens 10–12' geschwommen werden. Die Technik spielt keine Rolle, wichtig ist die Belastung, die immer ein wenig gesteigert werden soll. Faustregel für die Pulsbelastung: 180 – Alter in Jahren währen 10–15 Minuten. 2- 3 x wöchentlich.	Rettungsschwimmen ist eine Sportart, die auf der Ausdauer aufbaut. Alle Formen des gegenseitigen Stossens und Ziehens fördern die Ausdauer … machen zudem noch Spass … und können einem anderen Menschen das Leben retten!	Ohne Ausdauer ist kein Wasserballspiel möglich. Mit dem Ball kann man die Ausdauer ausgezeichnet trainieren. In der Folge sind einige Beispiele vorgestellt. Viel Spass!
Es ist nur möglich, über kurze Strecken sehr viel Kraft einzusetzen. Durch diese kurzzeitige hohe Belastung (= Stehvermögen) wird der Kreislauf sehr stark angeregt. Der Herzmuskel muss hart arbeiten. Er macht das gerne … und ihm tut es besonders gut.	Wenn man retten muss, dann muss alles schnell gehen … und doch überlegt. Viele Übungen, die in diesem Feld vorgestellt werden, trainieren diese spezielle Fähigkeit, nämlich kurzzeitig hohen Belastungen ausgesetzt zu sein … falls es einmal ernst wird!	Wasserball … die Sportart der Kraftausdauer: Hin und her, stoppen, schiessen. Viele spielerische Übungen dieser Spalte sind für diese Eigenschaft ausgedacht. Puls rauf … Puls wieder runter! Mit dem Ball macht's noch mehr Spass.
Gewandtheits- und Geschicklichkeitsfortschritte sind mit entsprechenden Übungen wie sie in diesem Feld vorgeschlagen werden, sehr schnell möglich. Die Gelenkigkeit kann mit ganz gezielten Gymnastikübungen im Wasser gut verbessert werden.	Nur wer geschickt und gewandt ist, kann im Wasser auch einem anderen Menschen helfen. Die Ausbildung im Rettungsschwimmen zielt ganz stark in diese Richtung. Geschicktes Verhalten im Wasser, nicht nur im Ernstfall, kann gut geschult werden … und macht zudem Spass!	Nur schon der Umgang mit dem Ball … und dann noch im Wasser: Hier spielen Geschicklichkeit und Gewandtheit ganz eng zusammen. Durch Üben kann dieses Zusammenspiel ganz wesentlich optimiert werden. Üben mit einem Ball macht zudem noch Spass.

swimsports.ch ist der Dachverband aller am Schwimmsport interessierten Verbände und Institutionen der Schweiz.

6.3 Trainingstipps

Wasserspringen	Synchronschwimmen	Tauchen
		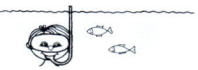
Für das Wasserspringen ist die Ausdauer nicht so bedeutend. Ein Wasserspringer ist jedoch meist auch ein guter Schwimmer. Wenn aber gewisse Übungen, wie sie in dieser Sammlung angeregt werden, intensiv ausgeführt werden, dann ist bestimmt einiges für die Ausdauer getan.	Im Synchronschwimmen werden mehrere Figuren und Übungen hintereinander gezeigt; ohne Grundausdauer ist dies nicht möglich. Schon mit den einfachsten Übungen, wie sie nun folgen, kann diese Ausdauer bestens trainiert und verbessert werden.	Tauchen soll nur, wer sich wohl und fit fühlt. Die Grundlage der Fitness ist die Ausdauer. Diese kann mit und ohne Flossen bestens trainiert werden. Wichtig: Mehrmals in der Woche, mindestens 10-12' eine mittlere Belastung, dann wird das Dauerleistungsvermögen verbessert!
„Wasserspringen ist gefährlich!" hört man häufig! Sicher nur dann, wenn es falsch betrieben wird. Gerade Wasserspringen, solide aufgebaut, kann einen wesentlichen Beitrag zur Verbesserung der Haltemuskulatur leisten. Spannung ohne Kraft ist nicht möglich; Springen ohne Spannung ist gefährlich!	Eine ausgezeichnete Möglichkeit, schon mit den einfachsten Übungen die Bauch- und Rückenmuskulatur zu stärken. Hinter einer Übung, die spielend leicht aussieht, steckt sehr viel Kraft. Nur was gefordert wird, wird gefördert, also: Spannen/Spannen!	Die Kraft spielt beim Tauchen eine etwas untergeordnete Rolle. Doch der trainierte Körper reagiert auch in psychischen Belastungen, wie sie im Tauchen auftreten können, ruhiger. Auch mit Tauchübungen kann die Kraftausdauer sehr gut trainiert werden!
Durch Rollen und enge Körperstellungen wird vor allem die Beweglichkeit der Wirbelsäule vorwärts geschult. Bereits einfache Übungen verlangen ein hohes Maß an Gewandtheit und Geschicklichkeit. Wasserspringen, auch auf tiefster Stufe, ist ein gutes Übungsfeld zur Körperbeherrschung.	Ohne genügende Beweglichkeit sind auch einfache Elemente nicht auszuführen. Mit zunehmender Schwierigkeit wird von der eigenen Gewandtheit immer mehr gefordert. Ein optimales Übungsfeld, den eigenen Körper beherrschen zu lernen. Vor allem für Mädchen.	Während die Beweglichkeit beim Tauchen nicht von zentraler Bedeutung ist, zeigt sich hier, wer geschickt ist (z. B. im Umgang mit Flossen, Brille und Schnorchel), aber auch die Gewandtheit (z. B. bei Orientierungsübungen unter Wasser) kommt voll zum Zug. All diese Eigenschaften lassen sich mit entsprechenden Übungen gut verbessern!

swimsports.ch ist der Dachverband aller am Schwimmsport interessierten Verbände und Institutionen der Schweiz.

6.4 Schwache Schwimmer, allein

Schwimmen	Retten	Wasserball

699 Gelingt es 6, 8, 10 Minuten langsam in gleichmäßigem Tempo hin und her zu schwimmen? Beim nächsten Training eine Minute länger!

702 Möglichst lange Rückengleichschlag schwimmen, denn dies ist für das Rettungsschwimmen die wichtigste Technik. Gelingt es auch ohne Hilfe der Arme?

705 25 m Seitenschwimmen, links und/oder rechts 25 m Brustschwimmen Wieviele Längen sind mit diesen beiden Schwimmarten, die immer abwechseln, möglich?

700 Motorboot: Mit den Händen wird ein Schwimmbrett gehalten. Mit den Beinen nur Beinschlag ausführen. Welche Möglichkeiten des Beinschlags gibt es?

703 Wieviele Beinschläge sind nötig, um 25 m zurückzulegen? Die Hände halten ein Schwimmbrett. Geht es ohne gleich gut?

706 Ist es möglich, mit dem Ball zu schwimmen, ohne ihn mit den Händen zu halten?

701 Krebsgang: Gelingt es in brust- oder schultertiefem Wasser auf Fingerspitzen zu laufen? Die Finger berühren den Boden kaum!

704 Nach jedem Tauchversuch werden die Tauchringe weiter verteilt.

707 Einen Ball von unten aufschöpfen, nach hinten hochnehmen, leicht nach vorne werfen und schnell nachschwimmen.

Es ist nie zu früh und selten zu spät, um Rettungsschwimmer zu werden!

Der Wasserballtest ist ein tolles Abzeichen!

6.4 Schwache Schwimmer, allein

Wasserspringen	Synchronschwimmen	Tauchen

708 Fußwärts ins Wasser springen, unter Wasser alle Luft ausblasen. Gelingt es sogar, auf dem Boden zu sitzen?

711 Ein(e) Synchronschwimmer(in) muss vielseitig sein. So sollte es möglich sein, folgende 3 Schwimmarten hintereinander schwimmen zu können: – 25 m Kraul – 25 m Brustschwimmen – 25 m Rückenkraul… und wenn es noch nicht am Stück geht, dann sicher mit kleinen Pausen, oder?

714 Die Flossen sind für das Tauchen ein wichtiges Hilfsmittel. Welche Strecke kann ohne Unterbrechung zurückgelegt werden (Am besten mit kraul). Es sollte nicht spritzen

709 Gelingt diese Übung, ohne das die Beine ins hohle Kreuz schlagen? Es empfiehlt sich, diese Übung zuerst vom Bassinrand zu üben!

712 Wer kann in dieser gestreckten Haltung einige Sekunden verweilen? Tipp: Luft einatmen und anhalten; dadurch hat der Körper einen größeren Auftrieb!

715 Wie schnell schwimmt man ohne Flossen, wie schnell mit Flossen über 25 m? Wie viele Beinschläge sind nötig, mit bzw. ohne Flossen über 25 m? Schnell und langsam!

710 In schultertiefem Wasser einen Salto vorwärts drehen … ein leichtes Spiel, oder?

713 Ist es möglich, aus der Schwimmlage abzutauchen, einen Teller in ca. 2 m Tiefe zu holen, wieder aufzutauchen … aber so, dass es überhaupt nicht spritzt? Beim Kunstschwimmen geht alles langsam und ruhig!

716 Gelingt es abzutauchen, ohne dass es auch nur ein bisschen spritzt. Das ist für die Taucher Ehrensache!

 Der Kombitest 1 ist ein guter Start.

 Synchronschwimmtests – Testbedingungen anfordern!

Beim Anziehen der Flossen: Immer zuerst Füße und Flossen nass machen!

6.4 Schwache Schwimmer, zu zweit

Schwimmen	Retten	Wasserball

717 Treppenschwimmen: Versucht wie eine Treppe zu schwimmen. Nach 25 m eine kleine Pause, dann nach den nächsten 50 m, dann 75 m ohne anzuhalten, dann sogar 100 m! Wie viele Meter seid Ihr so geschwommen?

720 A schwimmt in Brustlage, B stützt sich in Rückenlage (gespreizte Beine) mit gestreckten Armen auf den Schultern von B.

723 Könnt Ihr an Ort schwimmen und zusätzlich eine Ball hin und her werfen, diesen sogar noch fangen?
Wer kann mit einer Hand fangen?

718 Ball-Presse: Wie lange könnt Ihr einen Ball zwischen 2 Schwimmbrettern so zusammendrücken, dass dieser nicht wegschwimmt?

721 Serviertochter: Wie lange kann ein Schwimmbrett (= Tablett) gehalten werden, ohne dass es nass wird? Wer kann darauf einen Ball oder Becher balancieren?

724 Gelingt es, 25 m Kraul zu schwimmen, aber der Kopf muss trocken bleiben!

719 Wer kann diese Wende so ausführen?

722 Reiterkampf: Wer kann den anderen vom Schwimmbrett stoßen? (Auf dem Schwimmbrett sitzen, knien oder sogar stehen!)

725 Wer findet eine gute Wendetechnik heraus?
Schnell in eine Richtung schwimmen, stoppen, umdrehen und wieder in die andere Richtung schwimmen.

Der Wal ... ein gefährlicher Fisch ... aber ein einfacher Test!

Wasserratten schaffen den Kombitest 2 spielend!

Testbedingungen des Wasserballtests anfordern.

6.4 Schwache Schwimmer, zu zweit

Wasserspringen	Synchronschwimmen	Tauchen

726 Wer von Euch kann in den Reifen eintauchen, ohne diesen zu berühren?

727 Seemannsgrab: Den gespannten Körper des Partners ins Wasser stoßen!

728 A springt auf die Füße. B wirft im richtigen Moment A einen Ball zu. A versucht, diesen Ball in der Luft aufzufangen ... und wieder zurückzuwerfen!

729 Wie weit könnt Ihr in dieser Stellung fußwärts schwimmen? Gelingt es auch kopfwärts?

730 Ball-Artist: Könnt Ihr einen Ball mit den Füßen einige Sekunden ruhig halten (der Ball liegt auf den Schienbeinen!)

731 Könnt Ihr Euch von der Bauchlage ohne viele Bewegungen auf die Rückenlage drehen und wieder zurück?

Synchronschwimmen – es gibt Testunterlagen!

732 A schwimmt 5' mit Flossen B schwimmt 5' ohne Flossen. Jeder zählt seine Längen. Rollenwechsel. Wer schwimmt total mehr Längen?

733 Der eine lässt sich von seinem Partner ziehen. Wie geht es am besten? Derjenige, der gezogen wird, trägt keine Flossen, der „Retter" aber schon!

734 Ihr taucht beide gleichzeitig ab. Nun versucht der eine, dem anderen mit Handzeichen unter Wasser etwas „zu sagen". Könnt Ihr Euch so verständigen? (Mit Tauchbrillen geht es besser!)

Die Zeichensprache unter Wasser ist wichtig!

6.4 Schwache Schwimmer, in der Gruppe

Schwimmen	Retten	Wasserball
735 2er-Gruppen gegeneinander: Beide schwimmen während 5' (... 10'). Jeder zählt seine Längen (oder Breiten). Welche Gruppe hat nach der vorher bestimmten Zeit mehr Längen oder Breiten?	**738** 2er Stafette: A und B hintereinander, B hält A am Kopf; A schwimmt nur mit den Füßen. Welches ist das schnellste Paar?	**741** Ein Brett oder ein Ball liegt im „Kreis". Alle ziehen und jeder versucht, dass er den Ball (Brett) nicht berührt!
736 Holz-Schieben: Einer der Gruppe wird als Holzstück gestoßen, geworfen, gezogen ... bis das Holzstück bricht, d. h. der Schwimmer kann sich nicht mehr spannen. Wer ist aus dem besten Holz geschnitzt?	**739** Abschleppboot: Jeder darf sich an einem Seil ziehen lassen.	**742** Alle Formen von „Ball über die Schnur" mit angepassten Spielregeln! (Ballone, aufblasbare Wasserbälle)
737 Wer kann am schnellsten: – auf das Schwimmbrett sitzen – auf das Schwimmbrett stehen – auf das Schwimmbrett knien? Wer findet weitere Kunststückchen mit, auf, unter dem Schwimmbrett?	**740** Rettungsfloß: Ein Gruppenmitglied versucht unter Mithilfe der anderen, auf 2 (3, 4 ...?) Schwimmbretter zu sitzen. Alle stoßen nun dieses Floß fort.	**743** Wasser-Volleyball in brusttiefem Wasser mit vielen Ballonen!

Aufblasbare Bälle werden oft (Werbung) gratis abgegeben!

6.4 Schwache Schwimmer, in der Gruppe

Wasserspringen	Synchronschwimmen	Tauchen
744 Schleudersalto: Gegenseitig Acht geben!	**747** Wer kann seine Füße (Beine) auf den Bassinrand legen, nur mit Hilfe der Hände? Wer kann sogar auf diese Weise aus dem Wasser steigen?	**750** Sprudelbad mit Flossen: Alle fassen sich an den Händen, legen sich auf den Rücken ... und los geht's. Plötzlich lassen alle die Handfassung los.
745 Wir rollen den ganz gespannten Körper ins Wasser!	**748** Der Rettungs-Stern: Versucht, alle Füße in einen Rettungsring zu legen. Dazwischen stehen Helfer und halten die Liegenden.	**751** Alle tauchen gemeinsam ab ... und bleiben einige Zeit unten!
746 Wasser-Bombe: Möglichst viele stehen nebeneinander und hängen sich ein. Wer fällt zuerst?	**749** Bitte absitzen! Jeder sitzt auf den Knien des nächsten!	**752** Verkehrte Welt: Wir bauen Unterwasserpyramiden!

Testbedingungen sind gratis und unverbindlich zu beziehen.

Grundlagen und viele weitere Tipps im „Lehrmittel Schwimmen"

In der Testreihe: „Flossenschwimmen" findest Du noch weitere Anregungen.

6.5 Mittlere Schwimmer, allein

Schwimmen	**Retten**	**Wasserball**

753 Gelingt es, 12 Minuten ohne Halt zu schwimmen? Bei jedem Training 1 Minute länger!

756 Der Rückengleichschlag ist beim Rettungsschwimmen sehr wichtig. Warum nicht einmal 100/200 oder sogar 300 m Rückengleichschlag schwimmen, ohne die Arme zu gebrauchen?

759 Im Gegensatz zum Wettkampfschwimmen wird beim Wasserball darauf geachtet, dass der Kopf möglichst immer aus dem Wasser schaut, damit das Spiel verfolgt werden kann. Wasserballkraul: Kopf immer über Wasser. Wie lange ist es möglich, so zu schwimmen?

754 Es soll versucht werden, nur mit den Händen zu schwimmen; die Beine werden angezogen. Das ist schwierig!

757 In fast allen Hallenbädern gibt es 5 kg-Tauchringe. Wie weit kann mit dieser zusätzlichen Last geschwommen werden, ohne dass der Kopf unter Wasser kommt? (Am einfachsten mit Rückengleichschlag).

760 Die Beine führen abwechslungsweise Brustbeinschläge (Kreise) aus. Wer kann so ohne Unterstützung der Arme Wassertreten?

755 Technik-Salat: Die Arme schwimmen Kraul, die Beine Butterfly oder die Arme schwimmen Rückenkraul, die Beine Rückengleichschlag, oder ...?

758 Teller-Tauchen: Die Teller (oder Tauchringe) werden anfänglich eng, dann immer weiter auseinander geworfen. Gelingt es, alle in einem Tauchgang zu holen? Lasse Dich aber beobachten, denn alleine tauchen ist gefährlich!

761 Gelingt es, den Ball mit den eigenen Füßen so hoch zu spielen, dass er mit der Hand gefasst werden kann? Wie oft ohne Fehler?

Trainieren nützt der Gesundheit!

Jeder Schwimmer, ein Rettungsschwimmer!

Schaffst Du den Wasserballtest 2?

6.5 Mittlere Schwimmer, allein

Wasserspringen	Synchronschwimmen	Tauchen

762 Gute Wasserspringer üben immer wieder die Grundübungen, so z. B. auch die Fußsprünge. Gelingt es, Fußsprünge vorwärts und rückwärts auszuführen, dass der Körper gestreckt bis auf den Boden (3,5 m Tiefe) durchtaucht?

765 Ist das so einfach, wie es aussieht? Wie lange kann diese (ruhige) Stellung gehalten werden? 30 Sekunden ist schon sehr gut.

768 Die gleiche Strecke soll zuerst ohne, dann mit Flossen geschwommen werden oder 6 Minuten ohne Flossen, 6 Minuten mit Flossen. Wie viele Meter sind mit den Flossen mehr möglich als ohne Flossen?

763 Abspringen aus Stand vom 1 m-Brett. Beine anhocken und wieder ausstrecken vor dem Eintauchen. Wer kann 2x anhocken?

766 Wie lange können die Hände oder sogar die Arme aus dem Wasser gehoben werden?

769 Mit Flossen, Brille und Schnorchel wie ein Delphin an der Wasseroberfläche schwimmen? Arme am Körper angelegt oder in Vorhalte.

764 Wie viele halbe Schrauben sind möglich mit Absprung aus Stand oder mit Anlauf vom Bassinrand oder vom 1 m-Brett?

767 Aus dieser Hockstellung einen spritzerlosen Salto rückwärts drehen ist gar nicht so einfach! Wer probiert es?

770 Ist es möglich, ohne abzustehen die beiden Flossen auszuziehen und seitenverkehrt wieder anzuziehen?

Ein schöner, gestreckter Fußsprung ist schwieriger als ein (schlechter) Kopfsprung; vor allem aber ungefährlich!

Sind die neuen Synchronschwimmtests vom Anfänger bis zum Könner schon bekannt?

Versuche doch ob du den Flossenschwimmtest 2 bestehen würdest!

6.5 Mittlere Schwimmer, zu zweit

Schwimmen	Retten	Wasserball

771 20' ohne Halten schwimmen in 25 m-Intervallen: A startet und schwimmt 25 m. Dann startet B und schwimmt 25 m, dann wieder A usw. Schwimmart und Tempo selbst bestimmen.

774 A in Brustlage. B stützt sich in Rückenlage (gespreizte Beine) mit gestreckten Armen auf den Schultern von B.

777 Schwimmt miteinander eine lange Strecke und spielt Euch einen Ball immer hin und her. Vor jedem erneuten Wurf zum Partner versucht jeder, 5–10 m zu schwimmen, ohne den Ball mit den Händen zu berühren!

772 Wer kann auf einem Schwimmbrett stehend, eine Länge nur mit den Armen schwimmen oder den andern vom Schwimmbrett stoßen?

775 Welcher der beiden Partner kann den anderen länger ziehen? Zum Beispiel: Nacken-Stirn-Griff, Gesicht immer über Wasseroberfläche

778 Schwimmbrett mit korrektem Wassertreten während 15'' auf dem Kopf balancieren (Arme im Wasser, die Hände dürfen mithelfen). Wer kann es länger als der Partner?

773 Tandem-Schwimmen: A schwimmt nur mit den Armen, B fasst A an den Füßen und schwimmt nur Beinschlag.

776 Sucht gemeinsam möglichst viele Arten wie Ihr einander bequem über je 25 m ziehen könnt, ohne dass das Gesicht des zu Rettenden ins Wasser kommt.

779 Mit 3 Versuchen aus dem Stand ein 4 m entferntes Ziel zweimal treffen. Stellt z. B. einen Holzstab oder ein Schwimmbrett an der Wand auf. Wer braucht weniger Würfe? Wer hat nach 10 Würfen mehr Treffer? Sucht weitere Regeln!

 Diesen Test würdet Ihr bestimmt bestehen!

Wie wäre es mit einem Rettungsschwimmkurs?

 Der Wasserballtest 2 wäre für Euch gerade richtig!

6.5 Mittlere Schwimmer, zu zweit

Wasserspringen	Synchronschwimmen	Tauchen
780 Wer von beiden kann während 1' (2') öfter durch einen Reifen springen, ohne diesen zu berühren? – Fußwärts (= einfach) – Kopfwärts (= schwierig)	**783** Wer ist schneller über 25 m: – in dieser „Zuber-Haltung"! – Könnt Ihr 100 m Rückenkraul spritzerlos schwimmen?	**786** Schwimmt 500 m mit Flossen, Brille und Schnorchel nebeneinander schön ruhig und beobachtet Euch gegenseitig.
781 Wer kann die Bauchmuskulatur so gut spannen?	**784** Antrieb nur mit den Händen – Füße und Hüften sind an der Wasseroberfläche. Wie gelingt dies?	**787** Schwimmt unter Wasser nur mit den Flossen wie ein Delphin Geht es auch seitwärts?
782 Das ist ganz einfach, probiert doch mal!	**785** Könnt Ihr dieses Kunststückchen? 1. Gestreckte Rückenlage an Ort 2. Anhechten der Beine und gleichzeitig die Hände zu den Fußgelenken bringen; Hände fassen Fußgelenke über der Wasseroberfläche. 3. In gebückter Haltung abtauchen und erst unter Wasser öffnen.	**788** – Könnt Ihr unter Wasser die Flossen an- oder ausziehen? – Könnt Ihr nur mit dem Schnorchel schwimmen? – Könnt Ihr nach dem Abstoß von der Wand eine Schraube/ eine Rolle usw. unter Wasser ausführen?
Wisst Ihr, dass es eine Wasserspring-Testreihe gibt?	Im Kombitest von swimsports.ch wird auch Synchronschwimmen verlangt!	Tauche nie alleine!

6.5 Mittlere Schwimmer, in der Gruppe

Schwimmen	Retten	Wasserball
789 Schwimmen mit dem Trainingswürfel: Ein Spielwürfel wird von einem Gruppenmitglied geworfen – die gewürfelte Zahl muss von allen geschwommen werden – gerade ist Gleichschlag – ungerade ist Wechselschlag – eigene Regeln …	**792** 2 kleine Gruppen kämpfen gegeneinander: Einer der Gruppe sitzt in einem Rettungsring (Autoschlauch o. Ä.). Dieser wird von seinen Kameraden gestossen. Nach jeder Länge wird der „Rettling" ausgewechselt, bis jeder der Gruppe 1 x im Ring gesessen ist. Welche Gruppe ist zuerst fertig?	**795** Schnappball: Gruppe A ist im Bassin verteilt und spielt sich den Ball zu. Gruppe B versucht, den Ball wegzuschnappen. Gruppe A erhält für jeden Pass einen Punkt, Gruppe B für jeden geschnappten Ball einen Punkt. Nach 3' Rollenwechsel. Wer gewinnt?
790 Seilziehen: 2 Mannschaften ziehen an einem Tau gegeneinander. Welcher Partei gelingt es, die andere über eine vorher bestimmte Marke zu ziehen? – andere Formen!	**793** Welche Gruppe transportiert die Rettungsstange am schnellsten über eine Bassinlänge? Variante: 1 Teilnehmer sitzt auf der Stange.	**796** Wasservolleyball: Spiel mit einem grossen, aufblasbaren Ball – Der Ball darf nie auf das Wasser fallen – Der Ball muss über eine Schnur gespielt werden – Eigene Regeln erfinden. In schulter- oder schwimmtiefem Wasser.
791 Tandem in der Gruppe: Alle schwimmen hintereinander, die Hände auf den Schultern des „Vordermannes", aufgestützt. Könnt Ihr so als Schlange (Brustschwimmtechnik) schwimmen?	**794** Wie viele Gruppenmitglieder braucht es, um einen Rettungsball, Rettungsring o. Ä. auf den Boden zu drücken?	**797** Ballkampf: 2 Mannschaften stehen sich auf einer Breitseite gegenüber, der Ball liegt in der Mitte. Auf Pfiff versucht jede Gruppe, den Ball zu erobern. Der Sieger bestimmt die folgenden Startpositionen (z. B. sitzen, liegen, knien, nach einer Rolle usw.).
Wie wäre es mit einer Seetraversierung? Der „Schweizer Schwimmkalender" von swimsports.ch informiert.	Wer von Euch ist noch nicht Rettungsschwimmer? Meldet Euch bei der örtlichen Sektion zu einem Kurs an.	

6.5 Mittlere Schwimmer, in der Gruppe

Wasserspringen	**Synchronschwimmen**	**Tauchen**

798 Fuß- oder Kopfsprünge hintereinander, so dass immer einer der Gruppe unter Wasser ist (vom Bassinrand). Gegenseitig Acht geben!

801 Wer kann in dieser Zuber-Haltung den Ball am längsten halten, ohne dass dieser wegschwimmt. Versucht auch in gestreckter Lage!

804 Der Hinterste der Gruppe taucht unter allen durch und ruft, wenn er vorne aufgetaucht ist. Auch mit Flossen, Brille und Schnorchel möglich!

799 Doppeldecker-Sprung: Wir springen zu zweit (im Huckepack) auf die Füße (nicht auf den Kopf).

802 Könnt Ihr, alle in gespannter Rückenlage, einem Stern legen? Die Füße sind gegen das Zentrum gerichtet.

805 Wer kann noch schwimmen, obwohl ein Partner auf dem Rücken liegt oder sogar auf den Schultern sitzt? Auch ohne Flossen möglich!

800 Zwei Gruppen kämpfen gegeneinander: Es geht darum, nach einem Anlauf und Absprung vom 1 m-Brett so oft wie möglich anzuhocken. Sieger ist jene Partei, welche mehr korrekte Hochstellungen zeigt. Schiedsrichter ist die andere Partei!

803 Beginnt wie oben (Stern), dann zusammen schwimmen, alle in die Zuber-Haltung. Die Zehen berühren sich, dann wieder langsam auseinander zum Stern. Vorführreif? Nein! Also nochmals!

806 Welche Gruppe hat zuerst einen Eimer, der an einem 5 kg-Ring befestigt ist, mit so viel Luft gefüllt, dass dieser hochsteigt?

Beispiele für das Figurenlegen in Gruppen: „Schweizerisches Lehrmittel Schwimmen", Broschüre 3, S. 36–37

Die örtlichen SLRG-/DLRG-Sektionen führen Freitauchkurse durch. Meldet Euch doch an!

6.6 Gute Schwimmer, allein

Schwimmen	Retten	Wasserball

807 1-km-„Jogging" im Wasser. Es soll versucht werden, gleichmäßig in derselben Technik zu schwimmen. Nach jedem Training die Zeit kontrollieren. Unter 30' ist gut! Auch mit Aqua-Weste joggen!

810 300 m Rückengleichschlag ohne Hilfe der Hände ist sicher kein Problem. Gelingt es auch, wenn die Hände aus dem Wasser gehalten werden?

813 Schwimmen mit einem Ball; der Ball wird immer wieder aufgenommen nach vorne geworfen, wieder aufgenommen usw.

808 Teilbewegungstraining: 25 m nur Armzug – 25 m nur Beinschlag oder: Die Arme ziehen und die Beine bremsen oder ???

811 Wie viele Züge braucht man, um 20 m zu tauchen? oder: wie weit kommt man mit 6 kräftigen Tauchzügen?

814 Wie lange ist es möglich, einen Eimer, z. T. mit Wasser gefüllt, über Wasser zu halten? (Mit Wasserstampfen)

809 –Gelingt es, Kraul oder sogar Delphin unter Wasser zu schwimmen? – Gelingt es, rückwärts Brustkraul zu schwimmen?

812 Gelingt es unter Wasser beide Füße mit einer Schnur zusammenzubinden, diese Schnur anschließend wieder zu lösen, ohne abzustehen oder sich zu halten?

815 Den Ball gegen eine Wand werfen und wieder (nur mit einer Hand) auffangen. Wie oft gelingt dies ohne Fehler?

Was ist zu tun, wenn einer um Hilfe ruft? Jeder Schwimmer, ein Rettungsschwimmer!

Für einen guten Schwimmer sollte der Wasserballtest 4 möglich sein!

6.6 Gute Schwimmer, allein

Wasserspringen	Synchronschwimmen	Tauchen

816 Wie viele gute gelungene, gleiche Sprünge sind möglich, z. B. Kopfsprünge vorwärts gehockt.

819 Testvorschlag: – 50 m Kraulbeinschlag am Schwimmbrett – 100 m Kraul – 50 m Rückenkraulbeinschlag, Hände über den Kopf gestreckt – 100 m Rückenkraul … und dies alles ohne anzuhalten!

822 Dauerschwimmen mit Flossen, Brille und Schnorchel über 1000 Meter oder Intervallformen: 50 m langsam, 50 m schnell

817 Eintauchen kopfwärts aus dem Handstand. Achtung: Keine Hohlkreuzhaltung!

820 Tauchen: Aus freiem Wasser „leise" abtauchen, ca. 10 m tauchen und wieder ganz langsam auftauchen.

823 Mit den Flossen Delphin schwimmen oder unter Wasser, mit Flossen, Kraul schwimmen!

818 Rolle vorwärts zum Kauerstand, leichter Kopfsprung vom Bassinrand oder vom 1 m-Brett. Vorsicht: Kein Hohlkreuz!

821 Wie lange ist es möglich, diese Ballettbeinhaltung zu halten? Die Beine sind ganz gestreckt!

824 Unter Wasser eine Acht schwimmen, aber lasse Dich von jemandem beobachten.

Wie wäre es mit dem Wasserspringtest 3 oder 4? Unterlagen sind gratis erhältlich bei swimsports.ch.

Jetzt wäre der Test 3 oder 4 Synchronschwimmen gerade richtig!

Wer schafft den Flossenschwimmtest 3 oder 4? Versucht es doch!

6.6 Gute Schwimmer, zu zweit

| Schwimmen | Retten | Wasserball |

825 Schwimmt gemeinsam 10–15 Minuten. Nach 25/50 oder 100 m bestimmt der Partner die Schwimmtechnik, welche für die nächste Teilstrecke auszuführen ist. Rollen immer wechseln!

828 Zieht Euch gegenseitig in einem Rettungsgriff. Sobald der Retter müde ist, lässt er sich wieder ziehen. Welche Strecke schafft Ihr so zusammen?

831 „Technik-Salat": 400 m schwimmen ohne anzuhalten, wobei nach je 10 m die Technik gewechselt wird. Während 0–200 m bestimmt A; von 200-400 m B
– Brustkraul   – Brustgleichschlag
– Wasserballkraul – Seitengleichschlag
– Rückenkraul   – frei wählbar!

826 Brust-Start: Wer kommt mit einem Tauchzug weiter?

829 Rettungsübung: – Mit Startsprung Freistilschwimmen (25 m) – Mit Übernahme des zu Rettenden im Wasser – Und Rettungsschwimmen in irgendeinem üblichen Rettungsgriff 25 m unter 1'40'' ist gut! Wer schafft es?

832 Wer von uns beiden kann höher und länger aus dem Wasser „steigen" (mit Wasserstampfen wie beim Synchronschwimmen)?

827 A schwimmt irgendeine unorthodoxe Schwimmtechnik vor; B versucht, die gleiche „Technik" zu schwimmen. Rollen wechseln. Wer findet eine neue „schnelle" Technik heraus?

830 Versucht, Euch gegenseitig zu umklammern, bzw. gegenseitig zu befreien. Findet Ihr gute Befreiungsgriffe? Kennt Ihr solche? Ein Rettungsschwimmer kennt sie gut!

833 Werft Euch den Ball in einem hohen Bogen zu. Versucht, jeden Ball mit einer Hand zu fangen. Wer macht weniger Fehler?

 Wer von Euch schafft diesen Test zuerst?

 Ein Rettungsschwimmer kann alles im Wasser. Kombitest 4, der universelle Ausweis!

Schafft ihr den Wasserballtest 3 oder 4?

6.6 Gute Schwimmer, zu zweit

Wasserspringen

834 1 Hocksitz, Schienbeine gefasst, 2/3 Drehen oder Öffnen, 4 korrektes Eintauchen, Hohlkreuzhaltung unbedingt vermeiden.

835 A unterstützt B; B springt ganz gespannt ab.

836 Der eine zeigt irgendeine komplexe Bewegung vom 1 m-Brett vor. Der Partner versucht, diese Bewegung möglichst genau nachzuvollziehen. Nachmachen ist schwierig!

Der Kombitest 4 von swimsports.ch ein Ausweis, nicht nur für Wasserspringer!

Synchronschwimmen

837 5' wasserstampfen und miteinander plaudern ...

838 Gelingt es Euch, fußwärts zu paddeln, wenn die Hände über den Kopf gehalten werden?

839 Ist es möglich, mit gestreckten, angehechteten Beinen einen spritzerlosen „Hechtsalto rückwärts" auszuführen? Viel Glück!

Synchronschwimmen, eine faszinierende Sportart. Synchronschwimmtest 3 ... Schaffst du ihn?

Tauchen

840 300 m schwimmen mit der ABC-Ausrüstung, nebeneinander schwimmen: – 50 m Delphinbeinschlag – 50 m Rückenkraulbeinschlag – 50 m Kraulbeinschlag – 50 m Kraul – 100 m nach freier Wahl ... aber die ganze Strecke ohne anzuhalten!

841 6 x 50 m Rettungsschwimmen. A zieht B in einem Rettungsgriff 50 m; B zieht A 50 m in einem Rettungsgriff. Beide in der ABC-Ausrüstung. Der zu Rettende zieht lediglich die Maske ab.

842 Könnt Ihr eine Rollwende mit den Flossen ausführen?

6.6 Gute Schwimmer, in der Gruppe

Schwimmen

843 Punkteschwimmen als Gruppenwettbewerb: 5 P = Delphin
3 P = Kraul und Rücken
2 P = Brust
4 P = Tauchen 25 m
je 25 m; laufend die Punkte zusammenzählen. Wer hat zuerst 50 (100) Punkte?

844 Schwimmer A startet in einer frei gewählten Technik. B muss in derselben Technik zurückschwimmen.

845 Unterwasser-Pyramide (3,5 m Tiefe) Wie viele könnt Ihr auf- und nebeneinander stellen?

Retten

846 Ballon-Volley-Schwimmen: Eine Gruppe versucht, eine möglichst große Strecke zu schwimmen. Während dieser Zeit muss ein Ballon immer nach oben gespielt werden. Der gleiche Schwimmer darf den Ball nur 1x berühren, dann muss ein anderer usw.

847 Holz-Klotz-Treiben: Ein Gruppenmitglied macht sich ganz steif. Die anderen stoßen den Körper. Der Bauch sollte nie nass werden!!

848 Teiler-Tauchen: 2 Gruppen treten gegeneinander an: In ein begrenztes Feld werden beliebig viele Teller oder Ringe geworfen. Pro Tauchgang darf nur 1 Ring (Teller) geholt werden. Welche Gruppe braucht weniger Zeit?

Wasserball

849 Trainingsgruppe in 2 Hälften: Von Gruppe A schwimmt einer mit 1 Wasserball eine Breite, dann der Nächste usw. hin und her, bis Gruppe A 30 Breiten mit dem Ball geschwommen hat. In dieser Zeit schwimmen alle von B möglichst viele Breiten. Nach 30 Breiten von A Aufgabe wechseln.

850 Huckepack-Wasserball-Kraul: Wer kann Wasserball-Kraul schwimmen (Kopf hoch), obwohl der Partner sanften (!) Druck auf die Schultern ausübt?

851 Wasserballspiel: Als Tore gelten aufgestellte Schwimmbretter. Auf jeder Breitseite werden 3–6 solche Tore aufgestellt.

Wasserspringen, Rettungsschwimmen oder sogar Synchronschwimmen? Der Kombitest 3 oder 4 – eine Herausforderung!

6.6 Gute Schwimmer, in der Gruppe

Wasserspringen	Synchronschwimmen	Tauchen

852 Wer kann vom 3 m-Brett vom Sitz in den Reif „springen", ohne diesen zu berühren? Vorsicht: Kein Hohlkreuz!

855 Mindestens ein Gruppenmitglied muss immer in dieser Haltung sein. Welche Gruppe lebt so am längsten? (Eventuell andere Haltung)

858 Tauch-Marathon: Von der Gruppe ist immer ein Mitglied unter Wasser. Wie weit kommt Ihr so in 20 Minuten?

853 Wer wagt den Handstand-Durchschub? Ein Partner kann anfänglich die Beine des Springers als Sicherung halten.

856 Die Wasserballettgruppe: Jeder der Gruppe macht einen Vorschlag, welche Figur gelegt werden könnte wie z. B. Die Möglichkeiten sind durch die Anzahl der Gruppenmitglieder etwas eingeschränkt!

859 100 m-Sprint: Wer braucht für 100 m Freistil (Start im Wasser) wenn möglich mit Rollwenden, am wenigsten Zeit ... Selbstverständlich mit Flossen, Brille und Schnorchel. Wem gelingt es, unter 1 Minute zu schwimmen!

854 Wem gelingt es, durch einen Reifen aus der Neigehalte einzutauchen, ohne diesen zu berühren, mit den Händen vom Boden abzustoßen, und mit den Füßen wieder durch den Reifen zurückzuschwimmen?

857 Fangis: 1–2 Fänger versuchen, die anderen durch Berührung ihrerseits zum Fänger zu verwandeln. Die Verfolgten können sich retten, indem sie eine vorher bestimmte Haltung, z. B. Ballettbein, einnehmen und halten.

860 Unterwasserzeichnung: Die einzelnen Gruppenmitglieder tauchen ab und zeichnen mit einem Neocolor-Stift auf ein plastifiziertes Papier. Am Schluss wird ausgelost, wer das Gemälde behalten darf!

Der Wasserspringer hat auch gute Voraussetzungen für das Synchronschwimmen.

Synchronschwimmer(innen) könnten ihre Fähigkeit auch im Wasserspringen demonstrieren.

Tauche (gar) nie alleine!

6.7 Spielerisch – und doch gezielt

6.7 Spielerisch – und doch gezielt

7 (Zwingende) Lernhilfen

7.1	Einführung	160
7.2	Schwimmen	161
7.3	Wasserspringen	185
7.4	Synchronschwimmen	189
7.5	Wasserball	193
7.6	Sporttauchen	197

7.1 Einführung

Das Erlernen eines neuen Bewegungsablaufes und die Korrektur einer automatisierten, „falschen" Bewegung sind sich ähnlich. Während beim Erlernen einer neuen Bewegung die üblichen Lehr- und Lern-Schwierigkeiten sehr oft in kurzer Zeit gemeistert werden, tauchen beim Umlernen viel größere Probleme auf. Erst müssen die falschen Bewegungsmuster vergessen und dann die neuen eingeschliffen werden. Der Lehrende versucht, dem Schüler durch Zeigen, Erklären, Vormachen, usw. zu helfen. Diese Anweisungen genügen in vielen Fällen. Was ist aber zu tun, wenn sie nichts nützen?

Die Erfahrung zeigt, dass der Einsatz von „zwingenden Lernhilfen" dem Lernenden in vielen Situationen hilft. Diese Methode soll an einem typischen Beispiel aus dem Wasserspringen, dem Eintauchen vorwärts, verdeutlicht werden: Jeder Kenner dieser Bewegung weiß: das Hauptproblem besteht darin, dass der Körper im Moment des Eintauchens völlig gespannt ist. Dieses Wissen kann als zentrale Information durch den Lehrer einfach verbal (und so wird es meistens gemacht) dem Schüler weitergegeben werden: „... Du musst beim Eintauchen den Körper spannen ...". Eine andere Möglichkeit besteht darin, dem Lernenden Aufgaben zu stellen, die mit großer Wahrscheinlichkeit jenes Handeln herausfordern, die zwingend verlangen, was der Lehrer wünscht. Es wird also ein Ziel angestrebt. Will der Lernende dieses Ziel unter Einhaltung der durch den Lehrer bestimmten Spielregeln erreichen, muss die Aufgabe richtig gelöst werden (siehe Beispiel nebenan).

Nun führt er die entsprechende Bewegung aus. Ist die Aufgabe bzw. die Zielsetzung geschickt gestellt, dann merkt der Lernende unmittelbar nach der Ausführung, ob er richtig gehandelt hat oder nicht (Rückmeldung). Die folgenden Beispiele für alle Schwimmsportarten sollen dazu verhelfen, den Unterricht noch lernwirksamer zu gestalten. Gleichzeitig soll diese Denk- und Lehrweise als Beitrag zu selbstständigem Lernen und Üben im Sportunterricht anleiten.

Aufgabe:

Kannst du kopfwärts durch den Reifen eintauchen, ohne diesen zu berühren?

Nicht berührt
= Richtig

Berührt
= Falsch

7.2	**Schwimmen**	**160**
7.2.1	Delphin	162
7.2.2	Rücken	165
7.2.3	Brust	168
7.2.4	Kraul	171
7.2.5	Rückenstart	174
7.2.6	Kraul- und Brust-Start	176
7.2.7	Tauchzug	178
7.2.8	Rollwende	180
7.2.9	Kipp-Dreh-Wende	182

7.2.1 Schwimmen – Delphin

Nr.	Fehler der Lernenden / Ziel der Lehrperson	Information an die Lernenden	Hilfsmittel/Material/Hinweise	Wie erfolgt die Rückmeldung?
861	Zu frühes Einatmen Einatmen, wenn die Arme am Ende der Druckphase sind.	Versuche, am Ende der Druckphase eine kurze Pause zu machen (Rollen). Atme erst ein, wenn die Hände das Wasser verlassen.	Überprüfe den Zeitpunkt der Ausatmung.	Partner- oder Selbstkontrolle: Spürbar längerer Zug.
862	Arme zu flach über dem Wasser Höhere Schwungphase	Schwinge immer einen Arm über die Schwimmleine nach vorne.	Schwimmleine oder zwei Schnüre spannen (schulterbreit).	Leine(n) nicht berührt: Richtig. Leine(n) berührt: Falsch.
863	Zu kurze Druckphase Langer, ökonomischer Zug	Die Daumen berühren die Oberschenkel. Schwimme Delphinbeinschlag mit Brust-Tauchzug (Arme unter Wasser nach vorne bringen).	Paddles (wird die Druckphase nicht beendet, gelangen die Paddles nur mit Mühe aus dem Wasser).	Daumen berühren vor dem Verlassen des Wassers die Oberschenkel.
864	Pause nach dem Armzug Ununterbrochener Bewegungsablauf	Schwimme Delphin-Armzug mit Kraulbeinschlag, eventuell auch mit Brustbeinschlag (Butterfly).		Ohne Pause = Oben bleiben (Richtig). Mit Pause = Absinken (Falsch).
865	Arme ziehen gestreckt Armzug: Schlüssellochform	Schwimme Brust-Tauchzüge mit Delphinbeinschlag.	Pullboy zwischen den Oberschenkeln und nur Armzug schwimmen. Tauchbrille anziehen und Armzug beobachten!	Weniger Armzüge über eine Breite.

7.2.1 Schwimmen – Delphin

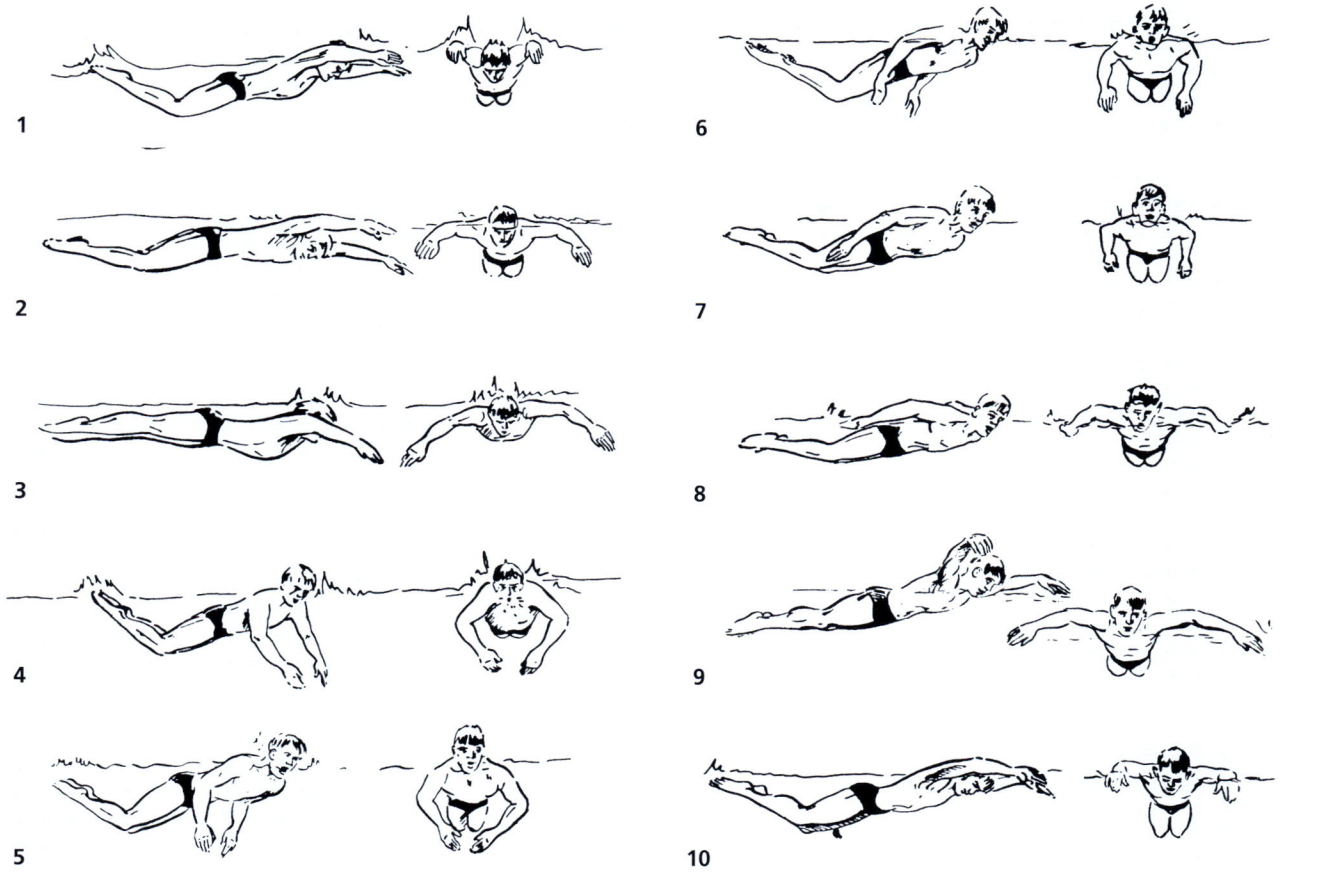

7.2.1 Schwimmen – Delphin

Nr.	Fehler der Lernenden / Ziel der Lehrperson	Information an die Lernenden	Hilfsmittel/Material/Hinweise	Wie erfolgt die Rückmeldung?
866	Blockierte Fußgelenke; Schlag nur aus den Knien / Beinschlag aus der Hüfte	Schwimme in Rückenlage Delphinbeinschlag, kicke (imaginären) Ball gegen die Decke.	Flossen: Bauch-Seiten-Rückenlage; Wellenbewegung (ristwärts) verstärken.	Richtige Ausführung ergibt schnellere Fortbewegung, weniger Kraftaufwand nötig.
867	Nur ein Beinschlag / Korrekter Zwei-Schlag-Rhythmus	Schwimme mit einem Arm Kraul-Armzug mit einem Delphinbeinschlag vorne und hinten oder Brust-Tauchzüge mit Delphinbeinschlägen.	Flossen: Schwimme Delphin und versuche, den fehlenden Beinschlag (während der Druckphase des Armzuges) zu betonen.	Die Arme kommen so leichter aus dem Wasser
868	Zwei Beinschläge vorne / Ein Beinschlag vorne, ein Beinschlag hinten	Versuche, die Pause der Arme (vorne) zu verkürzen, sodass keien Zeit für zwei Schläge bleibt.	Durch akustische Signale (z. B. Zurufen) oder visuell (z. B. Markierung am Bassinboden, Tauchteller).	Partnerkontrolle
869	Körper ist zu gestreckt (nicht locker genug) / Körper-/Delphinwelle	Delphin-Sprünge in den Reifen und durch gegrätschte Beine des Partners. Die Delphinbewegung beginnt in den Fingerspitzen und geht durch den ganzen Körper.	Reifen/Partner: Schwimme in Seitenlage um Partner oder Malstäbe herum (Slalom).	Gesteigertes Delphingefühl.
870	Stirn taucht nicht ins Wasser / Kopfsteuerung verbessern	Bockspringen über den Partner mit anschließender Rolle. Delphinsprung mit Abtauchen bis zum Bassinboden.	Schwimmleine: Delphinsprünge bis auf den Boden. Dasselbe in Reifen.	Gesicht schlägt nicht mehr aufs Wasser. Leichteres Abtauchen.

7.2.2 Schwimmen – Rücken

Nr.	Fehler der Lernenden / Ziel der Lehrperson	Information an die Lernenden	Hilfsmittel/Material/Hinweise	Wie erfolgt die Rückmeldung?
871	Zu schnelles Atmen (Hecheln) / Rhythmische Atmung	Atme während der Druckphase des rechten oder linken Armes aus und während der zweiten Hälfte der Überwasserphase ein.	Doppelarmzug mit Rückenkraulbeinschlag. Beobachte den Atemvorgang!	Atmung wird tiefer und ruhiger.
872	Überkreuzen der Arme / Schulterbreites Eintauchen der Fingerspitzen	Schwimme neben der Leine und tauche die Hand neben ihr ins Wasser ein. Tandem: Schwimme knapp hinter deinem Partner.	Halte das Schwimmbrett mit einer Hand quer hinter dem Kopf und schwimme mit dem anderen Arm so, dass er neben dem Brett eintaucht. Tandem mit Partner.	Wenn ich es richtig mache berühre ich das Brett bzw. die Oberschenkel des Partners nicht.
873	Handrücken schlagen auf das Wasser / Kleinfinger tauchen zuerst ins Wasser ein	Bewusstes Abdrehen des Handgelenkes, so dass der kleine Finger zuerst ins Wasser eintaucht. Doppelarmzug und gut beobachten.	Schwimme mit Paddels. Erlebe den Gegensatz: Aufschlag mit Handrücken – Eintauchen mit den Fingerspitzen!	Die Hände tauchen leicht und widerstandslos ein, ohne auf das Wasser zu drücken.
874	Die Arme ziehen ganz gestreckt / Armzug als liegendes „S" ausführen	Führe den Armzug an Land aus. Schwimme nur mit einem Arm und betone die Zug- und Druckphase.	Schwimme mit Paddles.	Der Ellbogen schmerzt nicht mehr! Bessere Gleitphase, längerer Unterwasserweg.
875	Keine/schlechte Druckphase / Ökonomischer Armzug	Die Daumen sollen in der Druckphase die Oberschenkel berühren. Am Schluss der Druckphase zeigt die Handfläche zum Bassinboden.	Schwimme mit Paddles. Schwimme einige Züge Kraul, dann Rückenkraul, suche dasselbe „S"-Armzugmuster.	Längerer Zug, geringere Kadenz.

7.2.2 Schwimmen – Rücken

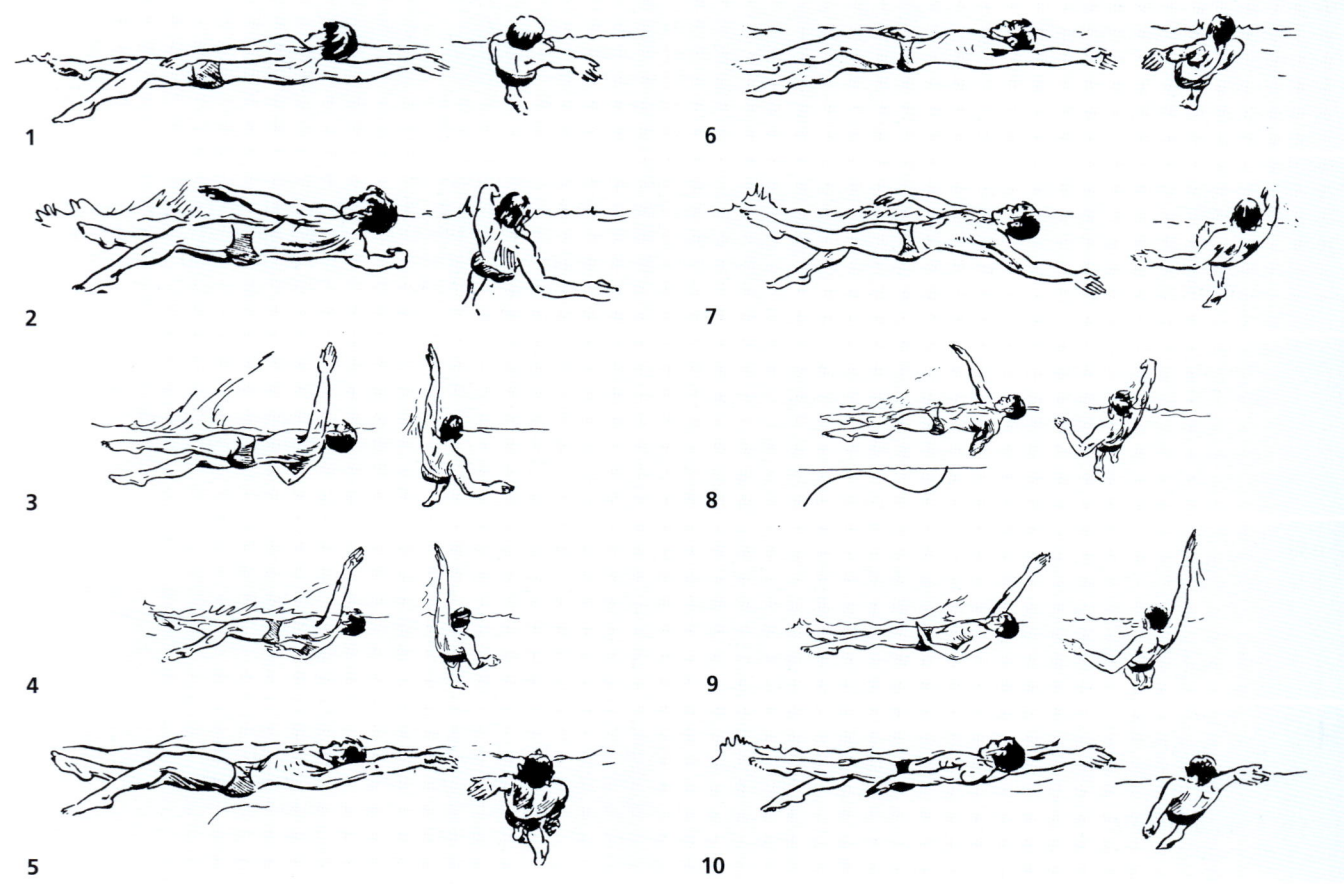

7.2.2 Schwimmen – Rücken

Nr.	Fehler der Lernenden / Ziel der Lehrperson	Information an die Lernenden	Hilfsmittel/Material/Hinweise	Wie erfolgt die Rückmeldung?
876	Armzug, Pause vor der Überwasserphase Gleichmäßiger Bewegungsablauf	Abschlagschwimmen (die über dem Kopf liegende Hand einholen, abschlagen). Einarmig Rückenkraul schwimmen.	Pullboy zwischen den Beinen und nur Armzug schwimmen.	Partnerkontrolle. Handberührung über dem Kopf.
877	Wasserlage: Sitzen im Wasser Gute Wasserlage	Schwimme so, dass die Badehose an der Wasseroberfläche auftaucht. Ziehe mit dem Bauch einen Pullboy mit Dir! (Überkorrektur).	Boden des Lehrschwimmbeckens: Schwimme in 30–40 cm Wassertiefe. Pullboy	Das Gesäß berührt den Boden (nicht). Der Pullboy bleibt auf dem Bauch liegen.
878	Beinschlag: Knie schlagen aus dem Wasser Korrekter Beinschlag	Halte ein Schwimmbrett über die Knie. Schwimme Beinschlag mit Flossen.	Schwimmbrett/Flossen.	Knie schlagen gegen das Schwimmbrett.
879	Unruhige Körperlage; Körper wippt auf und ab Ruhige Wasserlage	Armzugmuster verbessern, indem der Krafteinsatz nicht am Anfang des Zuges, sondern erst in der Druckphase erfolgt. Armzug horizontaler und nicht so tief im Wasser ausführen. Armzug ohne Unterbrechung!	Mit Paddles spürst du den Widerstand besser und besonders auch wenn eine Pause während des Zuges entsteht.	Selbstkontrolle/ Partnerkontrolle.
880	Zu flacher Armzug. Blasenbildung mit der Hand Effektvollerer Zug, Widerstand suchen	Lege dich beim Ziehen auf deinen Zugarm. Du kannst so, bei gebeugtem Ellbogen, viel mehr Kraft einsetzen.	Schwimmleine: Tauche die Hand neben der Leine ein und ziehe unter ihr nach hinten.	Verlangsamung des Armzuges, verstärkter Widerstand im Wasser wird spürbar.

7.2.3 Schwimmen – Brust

Nr.	Fehler der Lernenden / Ziel der Lehrperson	Information an die Lernenden	Hilfsmittel/Material/Hinweise	Wie erfolgt die Rückmeldung?
881	Zu frühes Einatmen / Einatmen am Ende der Druckphase	Schwimme Brustbeinschlag. Beim Anziehen der Beine den Kopf anheben und einatmen. Beim Zusammenschlagen Kopf ins Wasser und ausatmen, gleiten. Wiederholen.	Brille: Beobachte deine Arme bis sie in der Zug-Druckphase fast zusammen sind, dann erst einatmen.	Wenn ich noch beide Hände unter dem Gesicht sehen kann, ist es richtig!
882	Ausatmen über Wasser / Korrekte Ausatmung	„Sprudele" deine Arme nach vorne und brumme dazu wie ein Bär!	Spiegel am Boden: Schwimme Brust mit zwei Beinschlägen (lange Zeit zum Ausatmen). Lange Gleitphasen und zugleich ruhig ausatmen.	Luftblasen verhindern eine klare Sicht.
883	Armzug: Pause nach der Druckphase / Rationeller Armzug	Versuche, die Hände nach dem Armzug ganz schnell über Wasser nach vorne zu stoßen.	Ein Gummiband hält die Beine geschlossen; nur Armzug schwimmen.	Sinken die Beine ab, dann mache ich eine Pause = falsch!
884	Zu breiter Armzug / Enge Zugphase	Schwimme Brust mit normalem, mittlerem und kleinem Armzug, so wie wenn du mit der Kleinfingerseite deiner Hände eine Schüssel auskratzen würdest!	Schnur um die Handgelenke binden.	Zug am Handgelenk. Die „kleine" Ausführung ist richtig.
885	Zu großer Beinschlag / Schlag mehr nach hinten ausführen	Führe im Wechsel einen großen, mittleren und kleinen Beinschlag aus. Wenn deine Beine gestreckt sind, müssen sie auch geschlossen sein.	Gummiband knapp oberhalb der Knie umbinden.	Begrenzung durch Band.

7.2.3 Schwimmen – Brust

7.2.3 Schwimmen – Brust

Nr.	Fehler der Lernenden / Ziel der Lehrperson	Information an die Lernenden	Hilfsmittel/Material/Hinweise	Wie erfolgt die Rückmeldung?
886	Die Beine werden zu wenig angezogen Wirkungsvoller Beinschlag	Schwimme Brustbeinschlag mit den Händen auf dem Rücken; berühre jeweils mit den Händen die Fersen. Versuche dies auch in Rückenlage.	Die eigenen Hände!	Die Fersen berühren die Hände.
887	Ungleichmäßiger Beinschlag Symmetrischer Beinschlag	Schwimme Beinschlag in Rückenlage und beobachte die Beine. Mache jeweils eine Pause nach dem Anziehen. Dann Füße ausdrehen und zusammenschlagen.	Wenn in Bauchlage: Spiegel am Boden. Brille: Kopf unter Wasser, beobachte deine Beine! Schwimmbrett zwischen den Oberschenkeln.	Selbstbeobachtung!
888	„Spitzfuß" Fußsolenschlag	Springe mehrmals in etwa 1 m tiefem Wasser hoch und ziehe dann deine Beine etwas an und schlage wie beim Beinschlag bevor du landest.	Partner führt die Füße, indem er bei gebeugten Knien die Füße nach außen dreht. Flossen: Brustbeinschlag.	Beim Schließen der Beine lande ich mit angezogenen Füßen auf dem Boden. Partner dreht die Füße nach außen.
889	Schräge Beckenlage Regelkonforme Wasserlage	Sitze am Beckenrand. Die Bein schlagen im Wasser. Hebe die tiefer liegende Seite verstärkt hoch (Überkorrektur), wenn du Beinschlag schwimmst.	Brille: Beobachte die Lage deines Beckens (Bewusstmachung). Dein Partner beobachtet dich mit der Brille von hinten oder von vorne.	Partner-/Selbstkontrolle.
890	Beinschlag und Beckenlage zu tief Flache Wasserlage	Zeige deine Badehose! Ziehe deine Fersen jedes 3. Mal an die Wasseroberfläche zum Gesäß.	Pullboy zwischen den Oberschenkeln und Brustbeinschlag schwimmen. Schwimme extrem flach, extrem steil (als Gegensatzerfahrung)!	Beim Anziehen der Beine spürst du den geringeren Widerstand. Geräuschentwicklung.

7.2.4 Schwimmen – Kraul

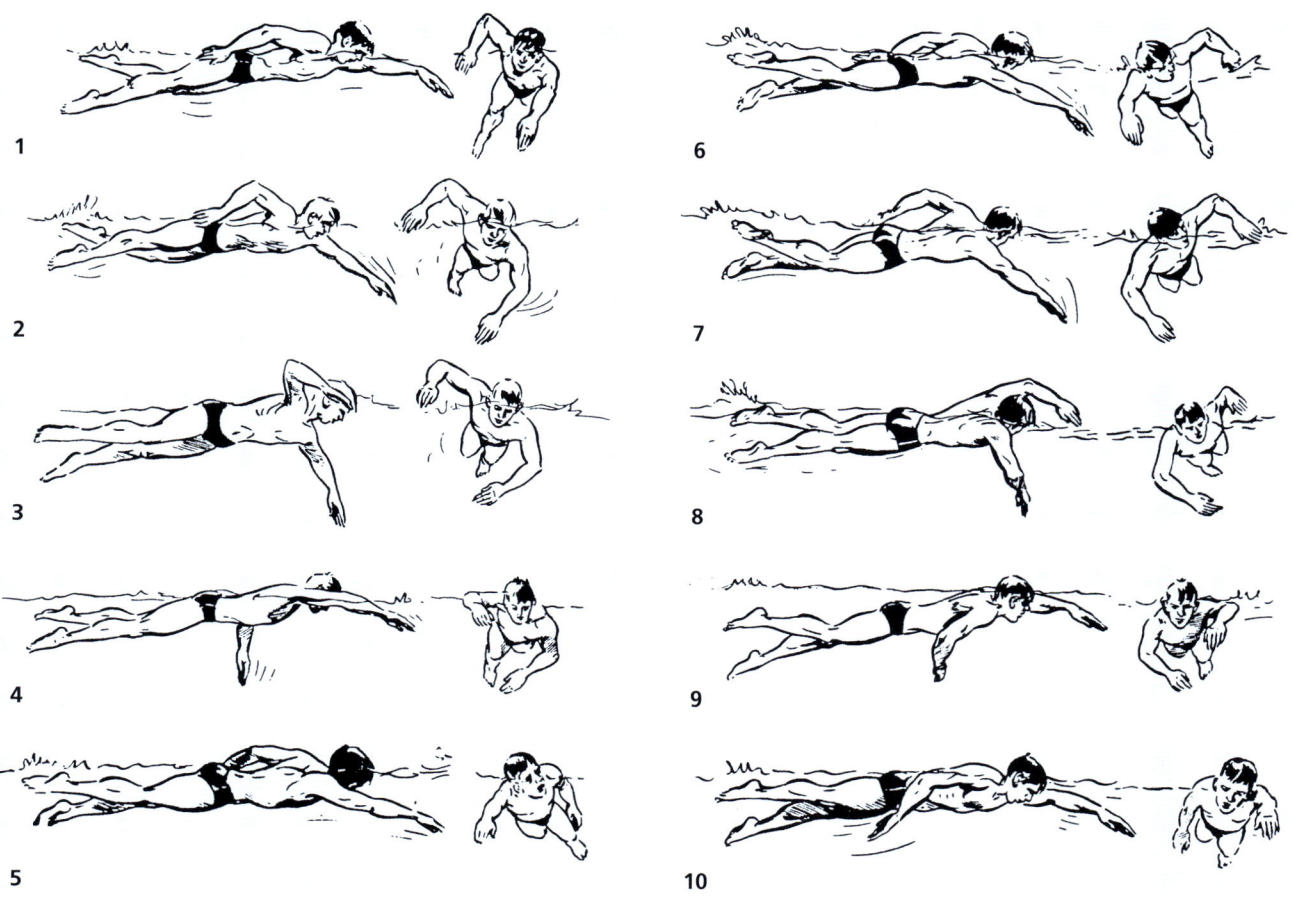

7.2.4 Schwimmen – Kraul

Nr.	Fehler der Lernenden / Ziel der Lehrperson	Information an die Lernenden	Hilfsmittel/Material/Hinweise	Wie erfolgt die Rückmeldung?
891	Zu frühes Einatmen Erst einatmen, wenn die Hand das Wasser verlässt.	Versuche, nach jedem Zug (hinten) eine Pause zu machen. Das nennt man Rollen; dabei zeigt das Gesicht Richtung Beckenboden.	Du darfst erst dann einatmen, wenn deine „Atemhand" das Wasser verlässt!	Das Einatmen läuft synchron mit dem Verlassen der Hand aus dem Wasser. Lasse dich von deinem Partner beobachten!
892	Ausatmen über Wasser Ausatmen ins Wasser	Atme erst beim Übergang in die Druckphase durch den Mund und Nase aus.	Brumme dabei wie ein Bär oder ein Motor kräftig ins Wasser.	Genügend Zeit zum Einatmen.
893	Überkreuzen der Arme beim Eintauchen Fingerspitzen tauchen auf Schulterhöhe ein	Schwimme wie ein Wasserballer mit erhobenem Kopf. Überkorrektur: Tauche außerhalb der Schultern ins Wasser.	Spiegel aufgehängt am Beckenrand: Schwimme darauf zu und beobachte dich. Tauch- oder Schwimmbrille: Eintauchen der Arme beobachten.	Mit erhobenem Kopf sieht man die Eintauchstelle und kann dann unter Beibehaltung 2–3 Züge normal schwimmen. Beine des Partners beim Tauchen nicht berührt = richtig!
894	Ellbogen sinkt ab, zieht vor der Hand durchs Wasser Armzug mit hohem Ellbogen	Mehrmaliges Aussteigen aus dem Wasser am Beckenrand (Ellbogen sind oben).	Wie du aussteigst, so musst du auch schwimmen. Schwimme auch mit Paddles und beobachte deinen Armzug mit der Brille.	Verbesserter Widerstand, besserer Vortrieb. Partnerkontrolle.
895	Keine Druckphase Rationeller Armzug, lange Zug-Druckphase	Berühre mit den Daumen immer die Oberschenkel. Rolle und trainiere deine Unterarmstreckung. Suche einen weiten, langen Weg unter Wasser.	Paddles: Zähle auch deine Züge: a) mit Daumen am Oberschenkel b) normal	Je weniger Züge, umso längere Zug-Druckphase.

7.2.4 Schwimmen – Kraul

Nr.	Fehler der Lernenden / Ziel der Lehrperson	Information an die Lernenden	Hilfsmittel/Material/Hinweise	Wie erfolgt die Rückmeldung?
896	Armzug: Gestreckte flache Überwasserphase Mit hohem Ellbogen schwimmen	Berühre in der Vorführphase mit den Daumen die Achselhöhlen. Schleife mit den Fingerrücken über das Wasser nach vorne.	Beckenrand/Mauer: Schwimme ganz dicht daneben. Dabei soll der Ellbogen hoch, Unterarm und Hand hingegen unten sein.	Die Berührung des Daumens in der Achselhöhle und Kontakt der Fingerrücken am Wasser wird deutlich wahrgenommen.
897	Armzug ist zu gradlinig und zu gestreckt Korrekter, „S"-förmiger Armzug	Ziehe mit deiner Hand unter dem Körper und beuge dabei deinen Ellbogen. Schwimme einarmig Kraul.	Brille: Beobachte den Weg deiner Hand. Ist es nicht fast ein richtiges „S", das deine Hand beschreibt? Ziehen – Drücken!	Gleichmäßiger Druck auf der Hand während des ganzen Armzuges. Ich brauche nun mehr Zeit für einen Armzug.
898	Die Hand taucht zu früh ins Wasser ein Eintauchen ca. 10–20 cm vor dem Kopf	Über imaginären Baumstamm greifen. Schwimme wie ein Wasserballer.	Berühre mit den Fingerspitzen vor und neben dem Kopf das Wasser und tauche erst danach ein.	Vergleich der alten Gewohnheit mit der neuen.
899	Knick im Körper beim Atmen Körper darf nur um die Längsachse drehen	Du musst in der Hüfte gestreckt bleiben. Dafür darfst du um deine Längsachse drehen. Schaue beim Einatmen nach vorne.	Schultergymnastik. Atme im „3er-Zug" oder auf die ungewohnte Seite. Du darfst auch hinten keine Pause machen.	Ein Mitschüler beobachtet vom Rand aus, ob der Körper gestreckt bleibt. Evtl. auch mit Tauchbrille beobachten.
900	Körper wippt auf und ab Ruhige Wasserlage	Beuge deine Ellbogen. Schwimme mit Fäusten und Abschlag. Unterwasserarbeit kontrollieren.	Brille: Beobachte, ob der Zug ohne Pause durchgeführt wird.	Man hat das Gefühl, wie ein Brett im Wasser zu gleiten.

7.2.5 Schwimmen – Rückenstart

Nr.	Fehler der Lernenden / Ziel der Lehrperson	Information an die Lernenden	Hilfsmittel/Material/Hinweise	Wie erfolgt die Rückmeldung?
901	Die Beine schleifen durchs Wasser Abstoß verbessern Abrutschen verhindern	Setzte deine Füße versetzt, mit den Zehen leicht nach außen, an die Mauer. So rutschst du weniger leicht weg.	Seil, Brett, Partner (das/der quer im Wasser liegt) überspringen. Fußstellung:	Gegenstände berührt = Falsch Nicht berührt = Richtig
902	Fehlende Bogenspannung Richtige Flugphase	Versuche, aus dem Hechtschießen rückwärts, mit den Armen voraus, einen Überschlag rückwärts auszuführen. Dasselbe mit den Armen über dem Wasser.	Stoße zum Erlernen der Flugphase von der Überlaufrinne ab. Benütze die Treppe mit den Halterohren (Höhe kann beliebig gewählt und verändert werden).	Spürbar besseres und widerstandsärmeres Eintauchen.
903	Kinn bleibt angezogen Kopf zwischen den Armen	Führe den Kopf mit den Armen gleichzeitig nach hinten und klemme ihn zwischen deinen Oberarmen ein.	Partner macht hinter dem Startenden Zeichen oder zeigt Gegenstände, welche vom Übenden während des Sprungs realisiert werden müssen.	Zeichen erkannt = Richtig Nicht erkannt = Falsch
904	Arme schwingen aufwärts und rückwärts abwärts Mehr seitliche, flache Armführung	Versuche, mit deinen Händen – auf dem Weg rückwärts – kurz auf's Wasser zu schlagen, um dann die Arme über dem Kopf einzutauchen.	Startvorrichtung von außen fassen (Handflächen nach innen).	Schnelleres und einfacheres Auftauchen. Kannst du beim Rückwärtsführen schnell das Wasser mit den Handrücken berühren?
905	Du tauchst zu tief ein Korrekter Eintauchwinkel	Ziehe direkt nach dem Eintauchen dein Kinn an. Fange zuerst mit einem Arm an zu ziehen, dann erst folgt der andere.	Leine, Stab, Arm, ca. 40–50 cm unter dem Wasser: Versuche ganz flach darüber zu tauchen.	Partnerkontrolle

7.2.5 Schwimmen – Rückenstart

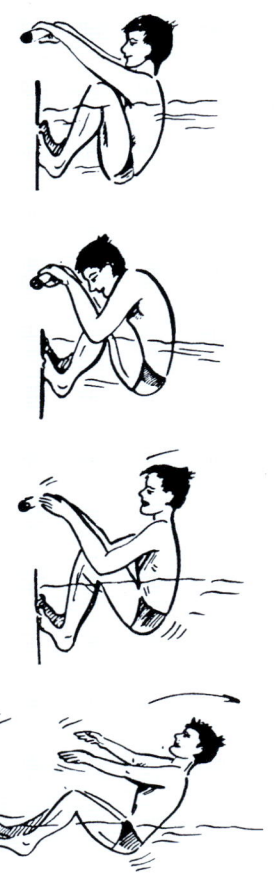
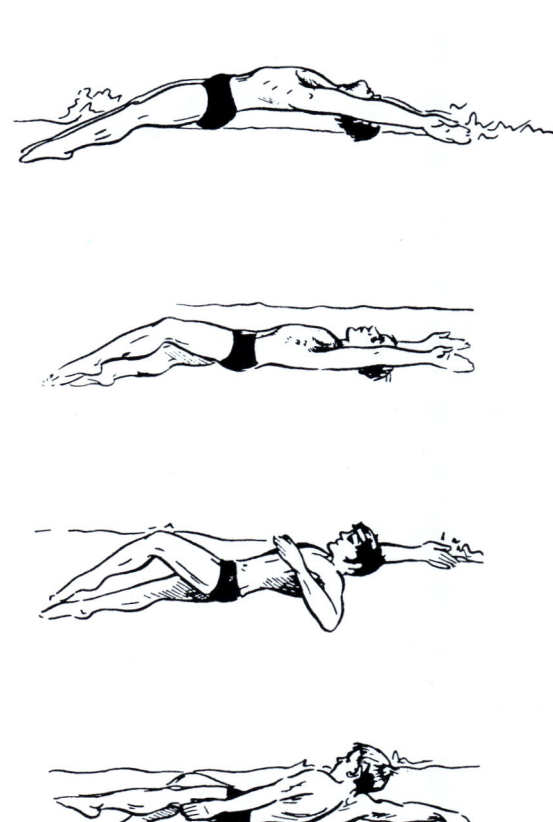

7.2.6 Schwimmen – Kraul- und Brust-Start

Nr.	Fehler der Lernenden / Ziel der Lehrperson	Information an die Lernenden	Hilfsmittel/Material/Hinweise	Wie erfolgt die Rückmeldung?
906	Die Beine schlagen zuerst aufs Wasser Richtiger Eintauchwinkel	Hocke nach dem etwas steileren Absprung deine Beine kurz an und strecke sie wieder kurz vor dem Eintauchen.	2 Leinen: a) ca. 1,50 m hoch b) auf dem Wasser liegend.	Schmerzloses Eintauchen. Leine berührt = Falsch Nicht berührt = Richtig
907	Der Bauch schlägt aufs Wasser Unterstützender Armschwung	Versuche, deine Hände in ihrem Schwung nach oben zu blockieren, bevor Sie die Körperlängsachse erreichen.	Beckenrand: Zwei Partner stehen sich gegenüber und springen mit Armschwung ab. In der Luft schlagen ihre Handflächen gegeneinander.	Schmerzloses Eintauchen. Längere Gleitphase nach dem Eintauchen. Partnerkontrolle.
908	Zu kurze Flugphase Absprung verbessern	Mit Abstoßen der Hände vom Startbock kannst du deinen Absprung wirkungsvoll unterstützen. Hebe dazu deinen Kopf und schaue nach vorne.	Jump-and Reach-Test, mit und ohne Armschwung an Land. Was gibt der Partner für ein Zeichen am gegenüberliegenden Beckenrand (Kopf hoch nach dem Absprung!)	Mit Armschwung komme ich viel weiter. Ich sah das Zeichen (nicht)!
909	Zu langsame Startreaktion Bessere Startposition	Halte dich seitlich am Startblock fest und neige dich weit nach vorne. Schwinge mit dem Kommando die Arme, ohne Ausholbewegung, sofort nach vorne.	Startblock: Lege deine Hände bis zur Hälfte (Finger) an den Startblock und drücke dich zuerst mit ihnen ab. Übe Reaktionsschnelligkeit auch an Land.	Partnerkontrolle. Stoppen der Reaktionszeit. Vergleich mit und ohne Armschwung. Wie bist du schneller?
910	Du tauchst zu tief (flach) ein Der Schwimmart angepasster Eintauchwinkel	Nimm deinen Kopf zum Eintauchen weniger stark (stärker) nach unten und steuere mit ihm weniger früh (früher) gegen die Wasseroberfläche.	Wenn zu flach, dann versuche in die Nähe des 1. Tauchtellers zu springen. Wenn zu steil, dann zum Zweiten.	Welche Form musst Du üben? 1. oder 2. Teller?

7.2.6 Schwimmen – Kraul- und Brust-Start

7.2.7 Schwimmen – Tauchzug

Nr.	Fehler der Lernenden / Ziel der Lehrperson	Information an die Lernenden	Hilfsmittel/Material/Hinweise	Wie erfolgt die Rückmeldung?
911	Überhastetes Vorbringen der Arme Gleitphase nach dem Armzug	Führe einen Tauchzug so aus, dass du mit angelegten Armen durch den Reifen gleitest, ohne diesen zu berühren.	Den Reifen so platzieren, dass der Schüler vor ihm den Tauchzug ausführen kann.	Selbstkontrolle. Reifen passiert = Richtig
912	Du tauchst zu spät auf Regelkonformes Umsetzen	Du musst deinen Kopf anheben, sobald du die Arme nach vorne bringst.	Beobachte mit Hilfe der Brille das Durchbrechen der Wasseroberfläche.	Partnerkontrolle
913	Beinschlag und Armzug zu dicht aufeinander folgend Gleitphase vor und nach dem Zug	Stoße vom Beckenrand ab, gleite durch 1. Reifen und beginne den Tauchzug, gleite durch 2. Reifen und bringe die Arme vor mit gleichzeitigem Schlagen der Beine.	Drei Reifen werden von drei Partnern hintereinander gehalten.	Keinen Reifen berührt = Richtig Berührt = Falsch
914	Arme ziehen gerade und gestreckt Raumgewinnender, effizienter Armzug	Versuche, einen halben großen Brustarmzug übergangslos mit einem symmetrischen Kraul-Armzug zu verbinden: Sanduhr – Schlüsselloch-Muster.	Paddles - Tauchzug. Pullboy - Nur Armzüge. Brille - Zugmuster beobachten. Spiegel - dito.	Zähle die Anzahl der Tauchzüge. Je weniger, desto bessere Tauchzüge sind es.
915	Bremsen beim Vorbringen der Arme Koordinierte Arm-Beinbewegung	Bringe deine Arme dicht am Körper (mit den Fingerspitzen voraus) nach vorne oben.	Spiegel/Brille	Selbstkontrolle. Größere Wirkung des Beinschlages.

7.2.7 Schwimmen – Tauchzug

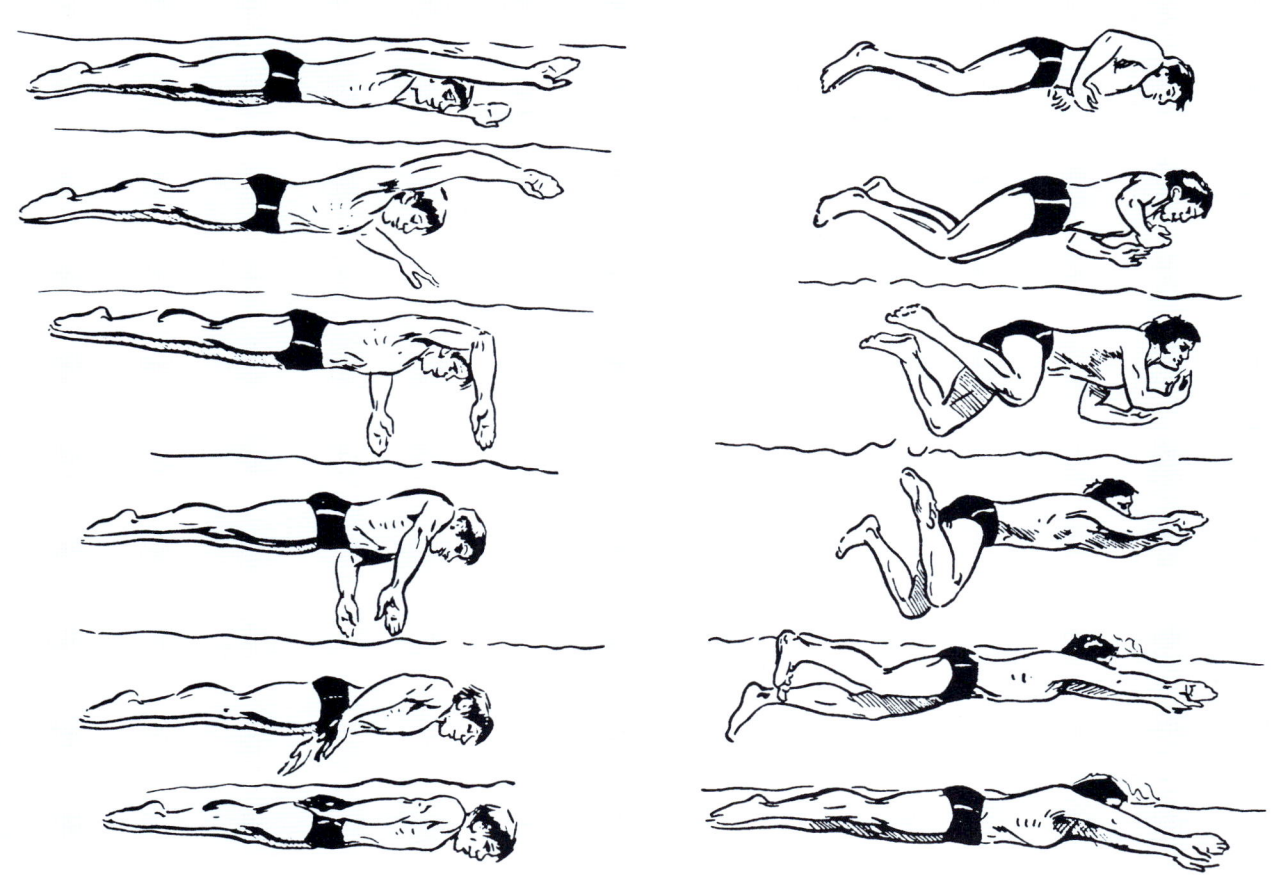

7.2.8 Schwimmen – Rollwende

Nr.	Fehler der Lernenden / Ziel der Lehrperson	Information an die Lernenden	Hilfsmittel/Material/Hinweise	Wie erfolgt die Rückmeldung?
916	Zu frühes (spätes) Drehen Richtiger Abstand zur Mauer	Schwimme an die Mauer. Bei Ertönen des Pfiffes leitest du die Drehung ein. Leite die Drehung ein, wenn du auf der Höhe des Tauchringes bist.	Pfeife (oder anderes akustisches) Signal. Tauchring.	Selbstkontrolle. Gute Abstossposition zur Mauer. Richtige Distanz zur Mauer.
917	Absinken während und nach der Rolle Schnellere Drehung	Du drehst zu langsam. Setze betont Kopf, beide Hände und Füsse zur Unterstützung der Rolle ein. Versuche, mit dem Kopf zwischen deine Beinen zu gelangen.	Schwimmleine: Fasse sie mit ausgestreckten Armen im Kammgriff, ziehe dich darüber und rolle in die Rücken-Seitenlage.	Nach dem Abstossen komme ich gleich an die Wasseroberfläche. Merklich schnellere Rotation.
918	Während der Drehung ist ein Arm seitwärts Rationelle, schnelle Drehung	Setze, mit den Handflächen nach unten, deine Hände kräftig ein. Kreuze sie unter der Brust. Stosse nun ab und strecke die Arme.	Schwimmleine: Wie obere Übung, aber kreuze nun während der Rolle deine Arme.	Arme sind vor dem Abstossen vorne.
919	Wasser in der Nase infolge der Drehung Unangenehmes Gefühl vermeiden	Beim Einleiten der Drehung musst du kräftig durch die Nase ausatmen.	Nasenklammer (verhindert das Eindringen von Wasser in die Nase). ev. Tauchbrille	Kein Nies- und Juckreiz und keine unangenehme Empfindung.
920	Schiefes Abstossen, schräge Lage Drehung um 180°	Versuche, zuerst um deine Breitenachse zu drehen, dann erst um die Längsachse.	Anschwimmen, rollen und abstossen in Rückenlage. Dann in Seitenlage.	Partner- und Selbstkontrolle.

7.2.8 Schwimmen – Rollwende

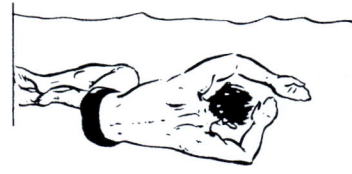

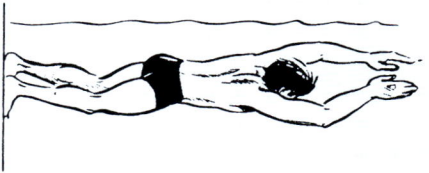

7.2.9 Schwimmen – Kipp-Dreh-Wende

Nr.	Fehler der Lernenden / Ziel der Lehrperson	Information an die Lernenden	Hilfsmittel/Material/Hinweise	Wie erfolgt die Rückmeldung?
921	Zu nah (weit) an der Mauer / Richtiger Abstand	Lasse beim Ertönen des Pfiffes deine Hand hinten auf dem Wasser liegen und schaue über Wasser kurz an die Mauer.	5 m Leine über Wasser gespannt. Zähle deine Züge bis zur Mauer. Übe nur das Anschwimmen, bis der Abstand für deinen „guten" Arm stimmt.	Drehung gelingt leichter. Übergang vom Anschwimmen zum Rollen gelingt fließend.
922	Füße schleifen im Wasser zur Mauer / Füße in der Luft an die Mauer	Schwinge deine Füße so an die Mauer, dass du den Pullboy auf den Beckenrand werfen kannst. Hebe im Moment der Drehung die Unterschenkel leicht an.	Pullboy zwischen den Unterschenkeln.	Pullboy landet auf dem Beckenrand. Unterschenkel werden über Wasser an die Wand geschleudert.
923	Das Becken ist zu tief / Leicht überstreckte flache Wasserlage	Drücke deine Hüfte, kurz bevor du die Mauer berührst, kräftig nach oben.	Partner unterstützt mit einer Hand unter dem Gesäß.	Nach dem Abstoßen kann ich gleich in die Schwimmlage.
924	Schiefes Abstoßen, schräge Lage / Drehung um 180°	Schaue, wie deine Hand an die Mauer greift. Dadurch bekommst du eine bessere Vorspannung.	Wie oben. Taucherbrille	Nach dem Abstoßen kann ich gleich mit dem Schwimmen beginnen. (Beginn des Armzuges mit 1 Arm!)
925	Absinken während und nach der Drehung / Schnellere Drehung	Greife mit den Fingerspitzen nach unten an die Mauer. Versuche, durch Schauen und hohes Becken die Drehung zu beschleunigen.	Vom Beckenboden nach hinten oben abstoßen und mit viel Schwung (eventuell Partnerhilfe) eine Wende durchführen.	Partnerkontrolle. Gutes, schnelles Drehgefühl.

7.2.9 Schwimmen – Kipp-Dreh-Wende

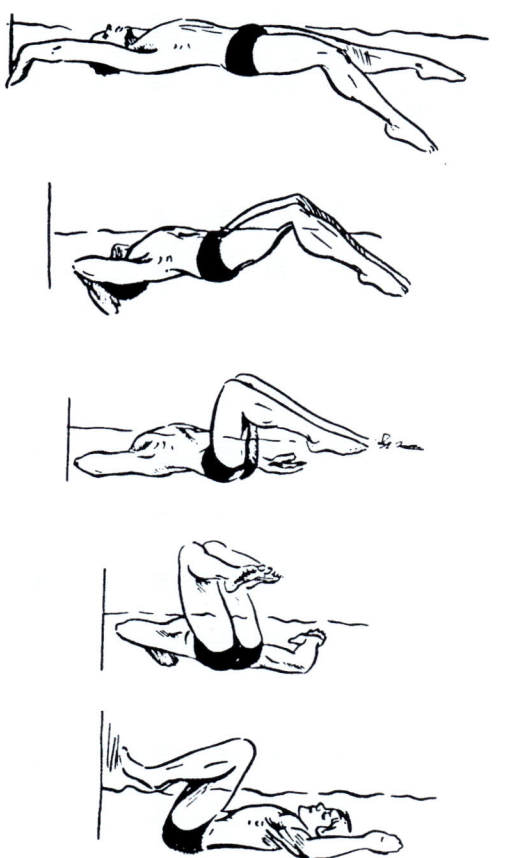
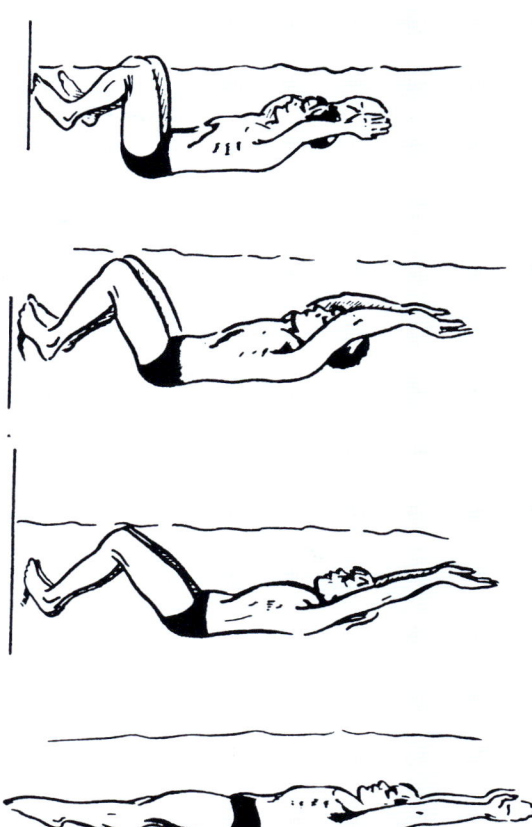

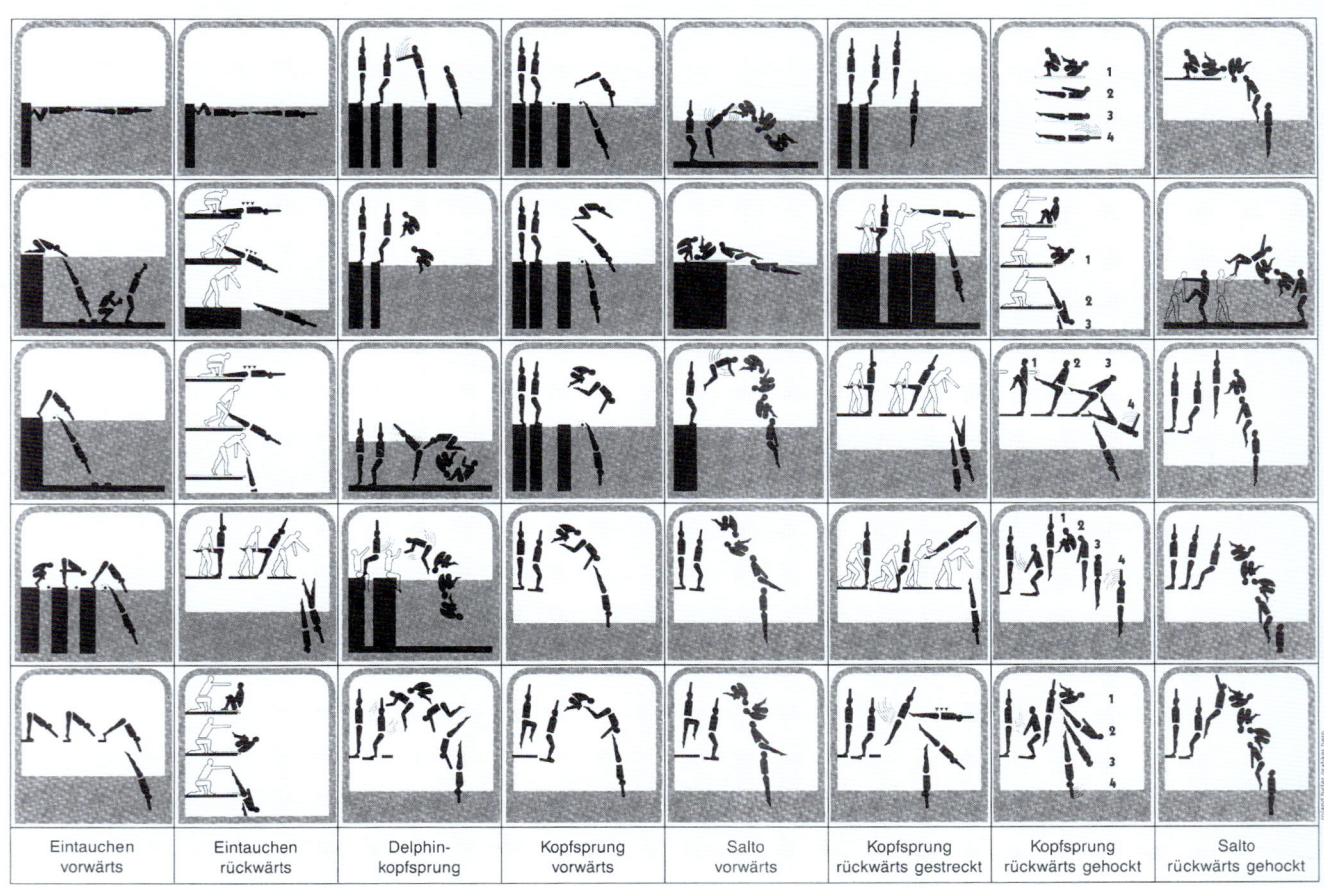

7.3 Wasserspringen
7.3.1 Eintauchen vorwärts vom
 Bassinrand für Anfänger 186
7.3.2 Eintauchen rückwärts und
 Rotation für Fortgeschrittene 187
7.3.3 Anregungen für gute Wasserspringer 188

7.3.1 Eintauchen vorwärts vom Bassinrand für Anfänger

Nr.	Fehler der Lernenden / Ziel der Lehrperson	Information an die Lernenden	Hilfsmittel/Material/Hinweise	Wie erfolgt die Rückmeldung?
926	Hohlkreuzhaltung beim Eintauchen vorwärts vorlings Spannung der Bauch- und Gesäßmuskulatur	Versuche, durch den Reifen einzutauchen, ohne diesen zu berühren.		Reifen nicht berührt = Richtig! Reifen berührt = Falsch, wiederholen!
927	Hohlkreuzhaltung und zu schnelles Auftauchen Sauberes Ein- und Durchtauchen bis zum Bassinboden	Versuche, ohne Berührung durch den Reifen einzutauchen und anschließend in die Tiefe zu gleiten. Triffst du den Tauchring am Bassinboden?	Hebe dich bei all diesen Eintauchübungen zuerst in den Zehenstand. So sind die Beine schon vorgespannt!	Reifen nicht berührt und Tauchring ohne zusätzliche Schwimmbewegung der Arme und Beine getroffen und anschließend heraufgeholt = Richtig. Denke künftig stets daran!
928	Keine Spannung in der Bauchmuskulatur Spannung der Bauchmuskulatur extrem erleben	Versuche, vor Eintauchen die Leine mit gespannten Fußgelenken zu berühren. Tauche anschließend gespannt zum Handstand auf dem Bassinboden.		Leine berührt und bis zum Boden gespannt durchgetaucht = Richtig! Also: Eher etwas gebückt als in Hohlkreuzlage eintauchen.
929	Unkontrolliertes Eintauchen, oft zu weit Der Schüler soll sich selbst einschätzen lernen	Versuche, vor der Leine einzutauchen, ohne diese zu berühren. Wähle deine Distanz selber. Lass dich von deinem Partner beobachten!	leicht mittel schwer	Leine berührt = Falsch. Versuche es zuerst nochmals bei der größeren Distanz. Je näher, desto schwieriger!
930	Der Schüler spürt die Stellung der Beine nicht Erleben, wo Beine und Füße im Moment des Eintauchens sind	Lege die Matte so an bzw. über den Bassinrand, dass beim Eintauchen die gespannten Fußgelenke über das Mattenende gleiten.		Hast du die Matte gespürt? Ja, dann ist es richtig. Nein: Distanz Bassin-Mattenende vergrößern, Bauchmuskulatur mehr einziehen. Schütze deine Wirbelsäule!

7.3.2 Eintauchen rückwärts und Rotation für Fortgeschrittene

Nr.	Fehler der Lernenden / Ziel der Lehrperson	Information an die Lernenden	Hilfsmittel/Material/Hinweise	Wie erfolgt die Rückmeldung?
931	Keine Spannung beim Eintauchen rückwärts Spannung beim Eintauchen bewusst erleben	Lege dich gespannt auf eine Matte an den Bassinrand. Dein Partner hebt dich leicht an und stösst dich rückwärts ins Wasser.		Konntest du deine Spannung beibehalten? (Selbst einschätzen; Beobachtungen des Partners, der dich hineingeschoben hat).
932	Angst vor dem Rückwärtsfallenlassen Sicherheit, Vertrauen zum Lehrer, zum Partner	Strecke ein Bein in Vorhalte. Spanne dich, stehe in den Zehenstand, Blick zu den Händen. Ich (Lehrer/Partner) führe und begleite dich zum Eintauchen.		Konntest du deine Spannung beibehalten und bist du gespannt bis zum Bassinboden getaucht? Ja = Richtig?
933	Angst vor dem Brettende bei Rotationen vw. vl. Sicherheit, Gewissheit, dass nichts passiert	Halte den Partner an den Händen. Gehe in die Knie, wie wenn du auf einen Stuhl sitzen würdest. Springe ab und versuche, die Knie des Partners zu berühren.		Gelungen = Falsch! Du bist zu wenig auf den Stuhl gesessen. Nicht gelungen = Richtig! Deine Hüften waren hinten. So kannst du nicht mehr am Brett- oder Bassinrand aufschlagen!
934	Zu wenig Rotation, z. B. beim Delphinkopfsprung Schneller Einsatz der gestreckten Arme	Versuche, nach dem „flüchtigen Absitzen" (Hüften vom Bassinrand entfernen) dem Partner vor dem Eintauchen (in der Hochstellung) auf die Hände zu schlagen.		Hände berührt = Richtig! Deine Armbewegung war schnell. Versuche nun, diese Bewegung bei allen Rotationen immer so auszuführen.
935	Zu wenig Rotation, Schlechte Auslösung Gleichzeitig: Gesäß hinten hoch; Arme gestr. vw. abw.	Gelingt es dir, im brusttiefen Wasser aus dem Stand in den Handstand oder sogar einen Salto am Ort zu springen. Wassertiefe: Schulterhoch.		Schaffst du einen Salto an Ort, so waren Arm- und Hüfteinsatz optimal. Denke nun bei allen Saltobewegungen vw. daran!

7.3.3 Anregungen für gute Wasserspringer

Nr.	Fehler der Lernenden Ziel der Lehrperson	Information an die Lernenden	Hilfsmittel/Material/Hinweise	Wie erfolgt die Rückmeldung?
936	Keine Orientierung; Zeitpunkt der Öffnung nicht klar Hilfe bei der Orientierung in der Luft	Springe nochmals einen Salto rückwärts. Wenn ich rufe (pfeife), dann streckst du die Beine schnell rückwärts zum Wasser.		Hast du den Zeitpunkt gespürt? Ja: Dann versuche es alleine. Nein: Ich pfeife dir nochmals, bis du den Zeitpunkt selber spürst.
937	Zu langsame Streckung nach Hockstellungen Schnelle und kontrollierte Streckung des Körpers	Gelingt es dir, nach dem Absprung (vorwärts oder rückwärts) zweimal nacheinander anzuhocken und wieder zu strecken?		Wenn du zweimal sauber gehockt und wieder gestreckt hast und zudem noch gespannt eintauchst, dann waren deine Bewegungen schnell. Denke daran bei den Öffnungen!
938	Schlechte Phasentrennung, z. B. beim Kopfsprung rw. geh. Bewegungsabläufe automatisieren	Zähle für dich: 1–2–3–4 1 Rollen 2 Öffnen (strecken), Blick zu den Füßen 3 Kopf hoch 4 Arme hoch		Zuerst ganz langsam, dann immer schneller. Gelingt dies auch bei einem Fußsprung aus dem Stand?
939	Keine oder schlechte Orientierung bei der Öffnung 201 c Fixpunkt als Orientierungshilfe anbieten	Nach dem sauberen Absprung anhocken. Dann den (an einer Schnur befestigten) Ballon mit den Fußspitzen wegstoßen.		Hast du den Ballon wegfliegen sehen? Suche künftig immer einen Fixpunkt (denke an den Ballon) und springe erst dann ab!
940	Schlechtes oder kein Bewegungsgefühl Den eigenen Körper kennen und fühlen lernen	Führe irgendeinen Sprung aus. Sage mir (oder deinem Partner) vor dem Sprung, worauf du dieses Mal achtest, bzw. worauf der Beobachter achten soll.		Ist dir gelungen, was du dir vorgenommen hast? Versuche künftig, deine Bewegungsabläufe selber zu analysieren. Vergleiche mit dem Beobachter!

7.4 Synchronschwimmen

7.4.1 Paddeln und einfache Figuren für Anfänger .. 190
7.4.2 Paddeln und einfache Figuren für Anfänger und Fortgeschrittene 191
7.4.3 Paddeln und einfache Figuren für Fortgeschrittene 192

7.4.1 Paddeln und einfache Figuren für Anfänger

Nr.	Fehler der Lernenden / Ziel der Lehrperson	Information an die Lernenden	Hilfsmittel/Material/Hinweise	Wie erfolgt die Rückmeldung?
941	Der Schüler macht Armzüge anstatt Paddelbewegung Paddeln kopfw. Druck durch richtige Armbewegung	Versuche, das Wasser so von dir wegzutreiben, dass du fast nicht mehr stehen kannst. Die Handinnenflächen zeigen immer von dir weg.	Zeichne mit beiden Händen eine liegende 8! Immer Druck an der Handfläche!	Handinnenflächen immer vom Körper weg = Richtig! Gedrehte Hand = Falsch!
942	Die Füße sind nicht an der Wasseroberfläche Paddeln kw. + fw. in richtiger Wasserlage	Lockere Streckung des Körpers. Fußrist, Hüfte, Gesicht an der Wasseroberfläche (1). Gleichmäßiges Paddeln aus dem Ellbogen (2). Hände tiefer als Gesäß!	Von der Seite Von oben	Füße sinken = Hohles Kreuz, zu starke Streckung. Hüfte sinken = Paddeln falsch, Sitzstellung. Alles wie Bild = Richtig!
943	Beine/Hüften sinken ab Stabiles Liegen in Rückenlage, gespreizt	Versuche, die gestreckten Arme so an die Wasseroberfläche zu heben, dass mehr Gewicht auf die Hände kommt (1). Der Körper (2) bleibt locker gestreckt an der Wasseroberfläche.	Von oben Von der Seite	Der Schüler erlebt die Wirkung einer Waage = Richtig! Die Hüften sinken = Nicht locker Die Füße sinken = Hände/Arme sind zu tief.
944	Zuber – Die Knie kommen aus dem Wasser Haltung und Bewegung beim Zuber verbessern	Setze dich auf einen Stuhl (1) und ziehe die Knie gegen die Brust (2).	„Absitzen!"	Schienbeine bleiben während der Bewegung und Haltung an der Wasseroberfläche (2) = Richtig! Füße sinken = Nur Knie angezogen!
945	Gestreckte Brustlage gelingt nicht Verbessern des Gefühls: Strecken, Spannen, Anspannen	Versuche, in Brustlage die Wasserlinie am Rücken, am Gesäß und an den Zehen zu spüren. Die Ohren sind an der Wasserlinie.		Füße sinken = Gesäß spannen! Hohles Kreuz = Bauch einziehen! Beine sinken = Zehenspitze zur Wasserlinie hochdrücken!

7.4.2 Paddeln und einfache Figuren für Anfänger und Fortgeschrittene

Nr.	Fehler der Lernenden / Ziel der Lehrperson	Information an die Lernenden	Hilfsmittel/Material/Hinweise	Wie erfolgt die Rückmeldung?
946	Auster: Die Füsse kommen nicht über Wasser Klappmesser im Wasser einüben (Grundbewegung)	Versuche, durch Armkreisen unter Wasser soviel Wasser zu schöpfen, dass die gestreckten Beine über Wasser kommen!	Tauchzug rückwärts: Wasser schöpfen! Absitzen!	Füsse und Hände kommen über Wasser zusammen (2) = Richtig! Füsse bleiben unten = Mehr Wasser schöpfen! Hände bleiben unter Wasser = zuviel geschöpft!
947	Flamingo-Haltung: Der Körper sinkt ab Kontrollierte Flamingo-Haltung	Bassinrand als Stütze: Verlasse diesen mit der Zehe erst dann, wenn du das Gleichgewicht und die richtige Paddelstellung gefunden hast.	Suche das Gleichgewicht!	Das gestreckte Bein bleibt nicht senkrecht = 1. Zu kleine Hockstellung = 2. Zu offene Hockstellung = 3. Hände paddeln am falschen Ort = 4. Kopf zu stark eingezogen.
948	Torpedo-Paddeln gelingt nur unter Wasser Körperhaltung und Körperlage verbessern	Versuche, locker ausgestreckt zu liegen und diese Haltung auch während des Paddelns zu halten.	Pullboy	Beine sinken ab = Hohles Kreuz! Oberkörper und Kopf bleiben unter Wasser = Hände paddeln nicht tiefer als der Kopf! Füsse oben, du kannst atmen = richtig!
949	Hechtsalto dreht zu tief unter Wasser Hechtsalto: Ausführung an der Wasseroberfläche	Versuche, durch Schöpfen unter Wasser (Armkreisen wie bei Auster, siehe oben) die Beine schnell über Wasser nach hinten in eine enge Hechthaltung zu bringen.	Schnelle Beinbewegung. Die Hände suchen viel Wasserwiderstand!	Der Kopf bleibt unter Wasser, die Beine kommen über Wasser zum Kopf = Richtig!
950	Delphin: Es gelingt nicht, unter Wasser zu kommen Delphin-Grundmuster vermitteln	Versuche, in Rückenlage einen Kopfsprung rückwärts vom Bassinrand auszuführen. Unterstütze den Abstoss mit kräftigen Armzügen. Wt: Sprungbecken!	Taucherbrille!	Gleicher Startort wie Auftauchort = Richtig! Orientierung unter Wasser verloren = Falsch, wiederholen!

7.4.3 Paddeln und einfache Figuren und Figurenteile für Fortgeschrittene

Nr.	Fehler der Lernenden / Ziel der Lehrperson	Information an die Lernenden	Hilfsmittel/Material/Hinweise	Wie erfolgt die Rückmeldung?
951	Köper hängt nicht in der Senkrechten / Erfahren von Gleichgewicht + Auftrieb im Tisch	Versuche, im Wasser auf den Kopf zu stehen (treiben lassen) ohne Hilfe von Paddelbewegungen.	Die Hände sollten nicht paddeln!	Der Schüler merkt selbst, dass Hohlkreuzhaltung, eingezogener Kopf oder zu großer Winkel der Knie zum Ungleichgewicht und Abkippen führt.
952	American-Paddeln: Falsche Hand-/Armhaltung / Richtige American-Paddelbewegung	Lege beide Hände auf den Kopf (1). Übernehme diese Hand-/Armstellung und bringe die Ellbogen zu den Hüften (2). Paddle in diese Haltung vor dem Körper (3).		Du spürst den Druck des Wassers auf dem Arm. Durch richtiges Paddeln entstehen neben den Händen Wirbel.
953	Mangelhafte Paddelunterstützung beim Ballettbein / Aufbau Ballettbein	Versuche, den abgestützten Fuß immer leicht abzuheben (1). Führe Beugeknie (2) und Ballettbein (3) aus.		Wenn dein Fuß während der ganzen Übung nie den Bassinrand berührt, ist deine Paddelbewegung richtig!
954	Wasserrad: Schlechte Haltung / Selbstständige Kontrolle der Figur	Versuche, an Land (am Boden) die optimale Haltung für das Wasserrad einzunehmen. Kontrolliere diese Haltung im Wasser!		Partnerkontrolle. 1. Winkel möglichst groß 2. Zehenspitzen am Knie. 3. Knie - Zehenspitzen saubere Linie. 4. Hüften und Knie an der Wasseroberfläche. 5. Schultern und Füße horizontal.
955	Kein Gefühl für Rhythmus + Musik / Im Takt zur Musik schwimmen	In Reihen, Formationen, etc. im Takt zur Musik schwimmen.	Walzermusik für Brust-, Jazz etc. für Kraul/Rücken – Disco-Musik für Kürprogramme – Orchester-Musik besser als Solo-Musik!	Wenn Figuren, Formationen und Küren klappen, herrscht auch Stimmung in der Klasse!

7.5 Wasserball
7.5.1 Übungen für mittlere Schwimmer 194
7.5.2 Übungen für gute Schwimmer 195
7.5.3 Übungen für sehr gute Schwimmer 196

7.5.1 Übungen für mittlere Schwimmer

Nr.	Fehler der Lernenden / Ziel der Lehrperson	Information an die Lernenden	Hilfsmittel/Material/Hinweise	Wie erfolgt die Rückmeldung?
956	Untertauchen beim Wassertreten, unruhiger Oberkörper / Richtiges Wassergefühl, richtiger Krafteinsatz	Arme seitlich auf je ein Schwimmbrett stützen oder Schwimmgurt (Kork) um den Bauch binden: Kannst du wassertreten mit möglichst ruhigem Oberkörper?	Versuche, den Druck auf die Schwimmbretter immer zu verkleinern.	Oberkörper bleibt ruhig, Schwimmer bleibt am Ort, kein Auf- und Abwippen. Kontrolle durch Partner.
957	Wasserballkraul: Der Kopf ist nicht über Wasser / Korrekter Wasserballkraul	Schwimme mit einem Ring auf dem Kopf, ohne dass er weggeschwemmt wird. Schaue dabei gerade aus!	Kopf ruhig!	Ring bleibt auf dem Kopf liegen. Aufgaben des Partners können gesehen und nachgemacht werden. Selbstbeobachtung im Spiel.
958	Schüler gibt keine genauen Pässe / Exaktes Zuspiel	Zuspiel zu zweit. Ein dritter hält einen Reifen. Wirf den Ball durch den Reifen, aber so, dass der dahinterstehende Partner den Ball noch fangen kann.	Reifen eventuell aufhängen.	Ziel getroffen. Ball durch den Reifen so scharf schießen, dass er bis zum zweiten Partner fliegt (keine Bogenbälle!)
959	Fehlende Beweglichkeit im Wasser / Verbessern der Beweglichkeit	Schwimme so schnell wie möglich um die Markierungen herum mit und ohne Ball (Wasserballkraul).	Es wird ein beliebiger Parcours aufgebaut. Mit und ohne Ball.	Die Markierungen werden nicht berührt. Der Kopf ist nie unter Wasser.
960	Keine präzisen Torwürfe / Präzise Torwürfe	Werfe aus dem Dribbling auf die verschieden großen Ziele an der Wand.	Eventuell Ballone an der Wand als Ziel.	Ziele getroffen, möglichst viele Punkte geholt und alle schnell nacheinander getroffen.

7.5.2 Übungen für gute Schwimmer

Nr.	Fehler der Lernenden / Ziel der Lehrperson	Information an die Lernenden	Hilfsmittel/Material/Hinweise	Wie erfolgt die Rückmeldung?
961	Wassertreten: Der Oberkörper kommt nicht aus dem Wasser Technik des Wassertretens verbessern	Die Hände unterstützen das Wassertreten. Kannst du während 10–20 Sekunden eine schräg gespannte Leine immerzu mit dem Kopf berühren.	Bis zu welchem Ballon schaffst du es?	Kopf berührt Leine/Stange während der vorgeschriebenen Zeit und Höhe. Je höher, desto besser.
962	Keine Übersicht beim Wasserballkraul. Verbesserung der Übersicht (peripheres Sehen)	Schwimme Wasserballkraul mit Blick zur Front, während du die markierten Punkte anschwimmst.	Blick immer nach vorn!	Schüler sieht die Front währenddem er auf die markierten Punkte hinzuschwimmt. Als Front kann ebenfalls ein Markierungspunkt oder der Lehrer dienen.
963	Nabgelnde Treffsicherheit bei weitem Zuspiel. Bessere Treffsicherheit und Flugbahn	Versuche mit einem Bogenballwurf in die schwimmenden Reifen oder Körbe zu treffen. Als Ziele können auch Schwimmbretter, Partner oder Ähnliches dienen.	Wer trifft am meisten in Serie?	Ziele getroffen (möglichst viele Treffer mit z. B. 10 Schüssen).
964	Keine Variationen, Spieler noch ungeschickt Verbesserte Gewandtheit, variationsreiches Spiel	Durchschwimme einen Parcours möglichst schnell und fehlerfrei mit Wasserballkraul – Rückenkraul-Dribbling.	Übung aus Wasserballtest 4 des swimsports.ch	Schnelles Wechseln der verschiedenen Techniken. Ziele getroffen, Pässe waren genau.
965	Schlechte Treffsicherheit beim Zuspiel Verbesserung der Treffsicherheit beim Zuspiel	Versuche, die nummerierten Felder an der Wand oder im Tor nacheinander zu treffen (aus dem Zuspiel direkt und indirekt).	Wand Tor Wand	Ich habe die Nummern der Reihe nach getroffen. Ich habe sie ohne Verzögerung (d. h. mit Direktschuss) getrofen.

7.5.3 Übungen für sehr gute Schwimmer

Nr.	Fehler der Lernenden / Ziel der Lehrperson	Information an die Lernenden	Hilfsmittel/Material/Hinweise	Wie erfolgt die Rückmeldung?
966	Wassertreten: Oberkörper und Arme nicht aus dem Wasser. Technik und Kraft in den Beinen verbessern	Halte einen mit Wasser gefüllten Eimer mit gestreckten Armen über Wasser. Versuche, die Oberkante der Torlatte ohne Unterbrechung auf ihrer ganzen Länge zu berühren.		Die Ellenbogen bleiben über der Wasseroberfläche. Die Latte kann auf der ganzen Länge berührt werden.
967	Wasserballkraul: Keine Übersicht nach rechts/links. Peripheres Sehen (Zurückschauen, seitl. Schauen)	Schwimme Wasserballkraul in die Richtung, die ich dir anzeige, und schaue mich dabei immer an.	Trainer/Partner bewegt sich rund um das Becken und zeigt mit der Fahne die Schwimmrichtungen an (Schwimmer muss so auch zurückschauen).	Blickkontakt. Richtige Richtung wurde gewählt. Es ergeben sich keine Zusammenstöße!
968	Weite/direkte Zuspiele: zu wenig scharf/Bogenball. Hartes, gerades Zuspiel ohne Bogenball	Spiele deinen Partner so an, dass der Ball unter der gespannten Leine hindurchfliegt. Distanz allmählich vergrößern.	Leine über die ganze Beckenbreite (anfänglich auf circa 1,5 m Höhe) spannen.	Der Ball fliegt unter der Leine durch und kann vom Partner noch gut abgefangen werden.
969	Stressbedingungen: Schlechtes Reagieren. Stress-Situationen meistern, Cleverness verbessern	Durchschwimme den Parcours mit dem Ball, ohne dass er dir vom kurz nach dir startenden Partner weggeschnappt werden kann.		Ich wurde vom Partner nicht eingeholt und habe trotz Behinderung die Aufgaben fehlerfrei erfüllt.
970	Fixierung eines Ziels. Sich von fixierten Torschussideen befreien	Während des Zuspiels werden dir die Nummern, auf welche du schießen musst, zugerufen. Schieße indirekt oder direkt darauf.	Vier!!!	Die aufgerufenen Nummern wurden getroffen.

7.6	**Sporttauchen**	
7.6.1	Abtauchen fußwärts	198
7.6.2	Entleeren der gefüllten Maske	199
7.6.3	Richtungsänderungen und Orientierung unter Wasser	200

7.6.1 Abtauchen fußwärts

Nr.	Fehler der Lernenden / Ziel der Lehrperson	Information an die Lernenden	Hilfsmittel/Material/Hinweise	Wie erfolgt die Rückmeldung?
971	Körperschwerpunkt nicht über Wasser / Körperschwerpunkt über Wasser (möglichst hoch)	Versuche, deinen Oberkörper eventuell mit Armunterstützung und kräftigem Flossenschlag aus dem Wasser zu bringen!	Leine zwischen den Einstiegsleitern.	Leine mit dem Kopf berührt = Gut. Leine nicht berührt = Nicht erfüllt (mit kräftigem Flossenschlag wiederholen).
972	Spannungsloses Eintauchen / Vertikales Eintauchen	Versuche, mit gestrecktem Körper und gestreckten Beinen abzutauchen.		Selbstkontolle mit Blick gegen die Bassinwand. Tauche deshalb ganz nahe am Bassinrand ab!
973	Bremswirkung durch offene Beinstellung / Abtauchen bis zum Bassinboden	Strecke beim Abtauchen Beine und Füße (Flossenspitzen!).	Druck nach unten / Druck nach oben	Mit Flossenspitzen durch Ring = Gut. Ring nicht erreicht = Nicht erfüllt.
974	Armzug zu früh, zu schwach / Abtauchen bis zum Bassinboden	Beginne mit dem Armzug erst, wenn du die Tafel unter Wasser siehst, drehe die Handflächen (Teller) nach oben.	Tafel oder Ähnliches unter Wasser am Bassinrand. Armzug mit Tauchtellern in der Hand unterstützen. Eventuell Paddles verwenden.	Armzug unter Wasser = Gut. Oder zu früh = Wiederholen. Grund nicht erreicht = Stärkerer Armzug.
975	Zu hastiges, panikartiges Auftauchen / Kontrolliertes Auftauchen	Versuche, mit Blick nach oben und langsamen Drehen um die Längsachse aufzutauchen, ohne den Ball (Markierung) zu berühren.	Leine, Ball oder Ähnliches kopfhoch über Wasser, 5 m vor Ausstiegsstelle.	Leine (Markierung) nicht berührt, ruhig mit Schnorchelatmung zum Ausgangspunkt zurückgeschwommen = Gut. Alles andere = Wiederholen.

7.6.2 Entleeren der gefüllten Maske

Nr.	Fehler der Lernenden / Ziel der Lehrperson	Information an die Lernenden	Hilfsmittel/Material/Hinweise	Wie erfolgt die Rückmeldung?
976	Wasser in der Maske Leeren der Maske ohne ein unangenehmes Gefühl	Beginne die Maske zu leeren mit gerader Kopfhaltung, bis dir dein Partner das Zeichen zum Rückwärtskippen des Kopfes gibt.	Bei halbleerer Maske nimmt der Partner die Hand weg.	Kopf rückwärts gekippt nach zeichen = Richtig. Kopf rückwärts gekippt vor Zeichen = Nicht richtig (Wasser in der Maske). o. K.-Zeichen durch Partner
977	Bläst Luft aus Nase und Mund Nur Ausblasen durch die Nase	Beim Entleeren der Maske nur durch die Nase ausatmen, Mund schließen, Schnorchel später einsetzen.	Nur ganz leicht drücken!	Durch Partner: Erfüllt/Nicht erfüllt! o. K.-Zeichen!
978	Wasserrest in der Maske Vollständiges Leeren der Maske	Zum vollständigen Leeren der Maske Kopf nach hinten neigen und eventuell zusätzlich (je nach Maskentyp) nach rechts und links neigen.	Markierung (Boje, Ring, etc.) an der Wasseroberfläche fixieren.	Hast du die Markierung gesehen? Partner kontrolliert von der Wasseroberfläche aus.
979	Leeren der Maske mit beiden Händen Nur eine Hand benützen	Versuche es mit einem Ballastring in der einen Hand, mit der anderen die Maske zu leeren.		Selbstkontrolle.
980	Braucht zu viel Luft, um die Maske zu leeren Die Luft muss zum Leeren der Maske/Schnorchel reichen	Mit dosierten, kurzen Luftstößen durch die Nase ausatmen. Gib einen leisen Summton von dir, während du durch die Nase ausatmest.	Eimer in Schwebe unter Wasser. Restluft durch Schnorchel in den Eimer blasen.	Eimer steigt = Erfüllt. Eimer bewegt sich nicht = Wiederholen. Wenn es gelingt, die Brille zweimal hintereinander zu entleeren (in einem Tauchgang!).

7.6.3 Richtungsänderungen und Orientierung unter Wasser

Nr.	Fehler der Lernenden / Ziel der Lehrperson	Information an die Lernenden	Hilfsmittel/Material/Hinweise	Wie erfolgt die Rückmeldung?
981	Richtungsänderungen seitwärts mit den Armen / Richtungsänderung ohne Arme	Versuche, den Slalom mit angelegten oder in der Verlängerung der Körperachse gehaltenen Armen zu durchschwimmen. Schwimmlage: Seitwärts.	Slalomstangen (Malstäbe) auf Bassinboden: Kopfsteuerung.	Selbstkontrolle. Keine Armbewegung = Gut.
982	Bei der Rolle vorwärts kippt der Körper zur Seite. / Einhalten der Drehebene	Knie bis zur Brust anziehen resp. Kopf in den Nacken drücken, mit beiden Armen gleichmäßig ziehen und stabilisieren, Beine anziehen.	Markierung auf dem Bassinboden (Ring, Teller, Beckenmarkierung).	Rolle über Markierung beendet = Richtig.
983	Tauchen in Rückenlage: Tiefe wird nicht eingehalten / Richtige Orientierung in Rückenlage	Abtauchen kopfwärts, vorwärts und Übergang in Rückenlage, Parallelschwimmen zum Grund.	Bassinboden: Leine 1 m über Grund.	Tiefe gehalten = Richtig. Tiefe nicht gehalten = Wiederholen. Eventuell Leine mit einer Hand leicht berühren.
984	Stehender Kreis: Nichteinhalten der Kreisbahn / Einhalten der vorgegebenen Kreisbahn	Versuche, mit möglichst gestreckten Beinen alle fixierten Reifen ruhig zu durchschwimmen.		Kreis ruhig und ohne Berührung der Reifen durchschwommen = Gut.
985	Nichteinhalten der vorgegebenen Figur / Orientierung im freien Wasser	Durchschwimme eine stehende Acht (8) mit Abtauchen vorwärts/kopfwärts resp. rückwärts/kopfwärts mit Schnittpunkt im fixierten Reifen.		Durchschwimmen der Acht und korrektes Ab- und Auftauchen auf der vorgegebenen Bahn = Richtig.

8 Kombinationsmöglichkeiten

Zur Idee des Bandes „1015 Spiel- und Kombinationsformen in vielen Sportarten"
Dieser Band soll als Experimentierfeld im Bereich des fächerübergreifenden Sportgedankens verstanden werden. Er soll anregen, Sport umfassender zu verstehen: sportartübergreifend! Bestehende Übungsformen verschiedener Sportarten werden, sofern dies sinnvoll ist, geschickt miteinander verbunden. Dabei wird das Lernziel auf zwei Sportarten aufgeteilt. Die eine wird als Schwerpunkt-, die andere als Ergänzungssportart bezeichnet. Während das Schwergewicht der Unterrichtssequenz in der Schwerpunktsportart liegt, sollen in der Ergänzungssportart lediglich Impulse vermittelt werden. Diese Kombinationen ermöglichen es, u. a. organisatorische Probleme bei großen Gruppen oder wenig Material besser zu lösen. Ferner können Unterrichtsinhalte, die ein häufiges und langes Üben notwendig machen, durch Zusatzübungen aus anderen Sportarten abwechslungsreicher angeboten werden. Es enstehen neue Übungsformen, vielleicht sogar neue Sportarten!

Diese Denkweise soll am folgenden Beispiel aus dem Schwimmunterricht verdeutlicht werden: Lernziele sind Retten (Rettungsgriffe) als Schwerpunktsportart und Synchronschwimmen (Paddeln in Rückenlage) als Ergänzungssportart.

 **Schwerpunktsportart**  **Ergänzungs-sportart**

Abb.: Modell der Verbindung zwischen Schwerpunkt- und Ergänzungssportart.

In erster Linie wird das Retten im Wasser geübt und trainiert, Synchronschwimmen dient als Ergänzung. Diese Unterrichtssequenz soll zudem Spaß machen.

Üblicherweise wird nun die Unterrichtsplanung so vorgenommen, dass während einer gewissen Zeit Rettungsschwimmen und, nebenbei, vielleicht am Schluss der Stunde, noch ein wenig Synchronschwimmen geübt wird. Dieses Modell schlägt nun vor, dass die beiden Lerninhalte sinnvoll gleichzeitig miteinander verknüpft werden, ohne dass dabei die Realisierung der beiden Teilziele vernachlässigt wird. Im Gegenteil! Während beim Rettungsschwimmen der kräftige Beinschlag wichtig ist, bedeuten die gute Körperspannung und eine optimale Paddeltechnik wichtige Voraussetzungen für das Synchronschwimmen. Diese beiden Techniken, isoliert voneinander trainiert, können eintönig, langweilig und – vor allem für den Anfänger – sehr anstrengend sein. Verbinden wir diese beiden Übungen, so können wir dem Unterricht neue Dimensionen verleihen.

Schwerpunktsportart

Die Rettungsgriffe üben... und gleichzeitig

Ergänzungssportart

... immer wieder das (verflixte) Paddeln üben.

Abb.: Praktisches Beispiel einer Kombinationsmöglichkeit zweier Wassersportarten.

Übungsbeispiel:

A und B bilden zusammen eine Übungsgruppe. A zieht B über eine bestimmte Streckenlänge. Während A den korrekten Beinschlag ausführt, liegt B in gespannter Rückenlage und unterstützt durch ein leichtes Paddeln die Anstrengungen von A. Dann wechselt die Aufgabenstellung. Es ist klar, dass der wirklich Ertrinkende nicht in der Lage ist, zu paddeln oder sich sogar zu spannen. Dies kann immer noch wirklichkeitsnäher – aber nicht nur so – geübt werden.

Bestimmt wurden schon vielerorts, zufällig oder gezielt, solche Kombinationsformen durchgespielt. In diesem Band wird versucht, Sportarten, die sich eignen, gegenseitig in einen Bezugsraster zu bringen:

- Wie lässt sich die Schwerpunktsportart B sinnvoll mit der Ergänzungssportart C kombinieren?
- Welche Übungsformen bieten sich aus dieser Kombination an?

Unser Ziel ist es, durch die vorliegende Sammlung vor allem Denkprozesse in Richtung des fächerübergreifenden Sportunterrichts anzuregen.

Eine wissenschaftlich fundierte Begründung können wir zwar nicht vorlegen. Trotzdem sind wir von unserer Idee

Abb.: Alle Wassersportarten lassen sich beliebig miteinander kombinieren.

überzeugt und hoffen, dem Sportunterricht in Schule und Verein einen weiteren Impuls geben zu können. Sicher werden mit unseren Bemühungen die viel genannten Forderungen der **Vielseitigkeit im Sportunterricht** unterstützt, ja geradezu provoziert. Ob dadurch eine beschleunigte Förderung der Grundfähigkeiten und Grundfertigkeiten, aber auch der speziellen Geschicklichkeit in den einzelnen Sportarten erfolgt, wird die Erfahrung mit dieser Unterrichtsweise zeigen. Wir sind davon überzeugt!

Nicht (nur) Sportarten lernen, sondern mit Hilfe von Sportarten SPORT treiben!

Walter Bucher (Hrsg.)

1015 Spiel- und Kombinationsformen in vielen Sportarten

5., unveränderte Auflage

**Autorenkollektiv
Redaktion
Walter Bucher**

Verlag Hofmann Schorndorf

Einige Beispiele für den Schwimmsport

Einige Beispiele für den Schwimmsport

Nr.	Schwerpunktsportart	Ergänzungssportart	Beschreibung	Hinweise / Organisation
986	Delphinschwimmen ermöglichen und erleichterte Rumpfbewegung spüren.	Flossen als Lernhilfe erleben; an Brille und Schnorchel gewöhnen.	Verschiedenste Formen von Delphinbewegungen unter und über dem Wasser schwimmen. Delphinkoordinationsformen (z. B. mit den Armen langsam Kraul, mit den Beinen Delphinbewegungen) ausführen.	
987	Technik an sich selbst beobachten.	Taucherbrille als Instrument zur eigenen und fremden Bewegungskontrolle anwenden.	A schwimmt mit der ABC-Ausrüstung; B nur mit der Brille. Nach 2–3 Längen (je nach Trainingszustand) wird die Technik von A (z. B. der Brustbeinschlag) diskutiert, verglichen und ... verbessert.	B und A beobachten den Beinschlag.
988	Erleben des dynamischen Auftriebes und einer guten Wasserlage.	Flossen als (mögliches) Instrument des (Ausdauer-)Trainings entdecken.	Delphin, Rücken und Kraul mit hohem Tempo schwimmen. Fahrtspiel; dabei besonderes Augenmerk auf die Veränderung der Wasserlage legen.	Dynamischer Auftrieb.
989	Training unter spielerischem Aspekt Schulung der Schnelligkeit.	Tempo- und Zeitgefühl unter Verwendung von Flossen schulen.	A und B (er-)finden Handicap-Formen z. B. A schwimmt Brust; B darf dann wegtauchen, wenn er glaubt, A noch einholen zu können. Nur kurze Distanzen. Neue Handicap-Formen diskutieren (Erholung für A). Nach 4–6 Durchgängen Aufgabe wechseln.	
990	Relation zu absoluten Spitzenleistungen erleben.	Flossen als Trainingsgerät einsetzen.	Tempojagd: Wer schwimmt schneller als der 1500 m-Weltmeister? Welche Gruppe schlägt als Staffel den 1500 m-Freistil-Weltrekord von Grant Hackett (AUS): 14:34:56 (Stand: 29. 7. 2001).	

Einige Beispiele für den Schwimmsport

Nr.	Schwerpunktsportart	Ergänzungssportart	Beschreibung	Hinweise / Organisation
991	Schnelleres Starten trainieren. Sich vom „Gegner" lösen.	Sofort reagieren und starten lernen.	Zu zweit: A zieht B in einem (gelernten) Rettungsgriff. B darf sich plötzlich ruckartig befreien und versucht, bis zu einer vorher abgemachten Marke zu schwimmen. A reagiert sofort und schwimmt B nach.	
992	Schulung des allgemeinen Dauerleistungsvermögens.	Waserball als Rettungs-, bzw. Auftriebsgerät benützen.	Zu zweit: A schwimmt mit dem Ball: gestreckte Arme, nur Wassertreten. B schwimmt mit Kraul so lange, bis er A wieder eingeholt hat. Wechsel. Auch Wechsel der Schwimmarten.	
993	Für gutes Zusammenspiel belohnt werden.	Trotz Niederlage helfen. Rettungsgriffe automatisieren.	Zwei Manschaften spielen gegeneinander. Erzielt eine Mannschaft ein Tor, so muss jede(r) der Gegenpartei ein Mitglied der siegreichen Partei über eine vorher bestimmte Strecke ziehen oder stoßen. Anschließend beginnt das Spiel von neuem.	Spielfeld
994	Treffsicherheit im Bogenball üben.	Rettungsschwimmen als Spiel erleben.	Rettungsschwimmer gegen Wasserballer: A zieht B, B schleppt einen Reifen mit, der als Ziel dient. Die Werfer bleiben hinter einer betimmten Abschrankung und holen die Bälle selber. Treffer zählen. Wechsel nach 1/2/3 Minuten.	Rettungsschwimmer / Wasserballer
995	Sprint gegen einen „ungewohnten" Gegner	Retten unter „Zeitdruck" trainieren.	Wer ist schneller? A und B gegen C. A zieht B in einem Rettungsgriff über eine Länge. Gelingt es C, mit einem Wasserball schwimmend, die doppelte Strecke zurückzulegen? Sucht eigene Handicap-Formen: Wasserball „gegen" Rettungsschwimmen!	

**Spielen mit der Zeit, dem eigenen Puls
und dem eigenen Gefühl**

Wenn es gelingt, dem Trainieren und Leisten im Schul- und Vereinssport einen spielerischen Ansatz zu verleihen, so ist die Chance größer, dass diese Tätigkeit nach Wiederholung ruft.

Seit den Anfängen einer Theorie des Sports gibt es Bestrebungen, die sportliche Aktivität auf das Phänomen des Spiels zurückzuführen. Daraus resultiert leider die Vorstellung einer Polarität von Spiel und Leistung bzw. von spielhaftem Sport und Arbeit. Für zu viele Sporttreibende bedeutet Training harte Arbeit. Zumindest scheint es so.

Training ist aus sportpädagogischer Sicht ein komplexer Handlungsprozess mit dem Ziel der planmäßigen Einwirkung auf die sportliche Leistungsentwicklung.

Dieser komplexe Handlungsprozess wird oft zu sehr auf die sportliche Leistungsentwicklung ausgerichtet. Die Fluktuation, z. B. im Schwimmsport in Kreisen jugendlicher Wettkampfschwimer(innen) ist alarmierend. Vierzehnjährige geben ihre sportlichen Aktivitäten auf mit der Begründung, das Training sei zu langweilig, nur leisten und somit nur trainieren würde sie nicht mehr motivieren. Einzelne Trainerinnen und Trainer haben diese Situation erkannt und beginnen nun mit Erfolg, diesen erwähnten komplexen Handlungsprozess Training auszuweiten, z. B. durch Mitbestimmung der Jugendlichen in der Trainingsgestaltung, im Trainingsumfang und in der Trainingsintensität, aber auch vermehrt mit der Integration von spielerischen Formen während des Trainings.

Besonders in den Ausdauersportarten ist es wichtig, Abwechslung und Spannung in den Übungs- und Trainingsbetrieb einzubeziehen, und dies sollte nicht nur ausschließlich mit der Stoppuhr erfolgen. Wenn es Anliegen ist, insbesondere im Schul- und Freizeitsport, aber auch in den Jugendabteilungen der Sportvereine, die Kinder zu lebenslangem (Ausdauer-)Sport zu motivieren und anzuleiten, so muss der Sportunterricht in der Schule und das sportliche Training im Verein diesbezüglich spannend, erregend, lust- und freudvoll (um nur einige spielerische Akzente zu nennen) angeboten werden.
Besonders deshalb, weil längerdauernde Belastungen und gleiche Wiederholungen in großer Zahl nicht dem kindlichen Eigenleben entsprechen. Mit der Zeit braucht es diese zusätzliche (extrinsische) Motivation nicht mehr.

Wenn es nämlich einmal gelint, eine anfänglich unüberwindbar scheinende Leistung (z. B. 30 Minuten ohne Unterbrechung zu laufen, 400 m Kraul zu schwimmen oder 60 km mit dem Rad zu fahren) zu erbringen, dann wächst in den meisten Fällen das Bedürfnis von selbst, diese Leistung zu wiederholen oder sogar zu überbieten.

Der Versuch, Jugendliche nur über die Gesundheit oder mit Überlegungen aus der Tariningslehre zu motivieren und zu überzeugen, dürfte in den wenigsten Fällen erfolgversprechend sein. Spielerische Trainingsformen können bei Kindern und Jugendlichen helfen, die Brücke von äußerer Aufforderung zu innerem Bedürfnis zu schlagen, bis schließlich der Virus, z. B. des Lauffiebers, eingefleischt ist.

Was heißt nun aber konkret „spielerische Trainingsformen"?

Es ist möglich, mit den drei wichtigen Elementen der Dauerleistungsfähigkeit zu "spielen", nämlich mit dem

– Pulsgefühl
– Belastungsgefühl
– Zeitgefühl

Dieser Trainingsansatz lässt sich sinngemäß auf alle Ausdauersportarten übertragen. In der Folge sollen konkrete Anregungen für die drei Triathlon-Sportarten Schwimmen, Laufen und Rad fahren die Idee illustrieren (siehe S. 211).

Solche Übungs- und Trainingsformen lassen sich leicht als „alternative Wettkampfformen" umwandeln.
„Wetten dass ...!"
Vielleicht erinnern sich einige an die in der Sendung „Wetten dass" verlorene Wette, als ein Läufer ansagte, er würde einen Kilometer auf einige Sekunden genau laufen können. Millionen fieberten am Bildschirm mit, als ein Läufer versuchte, mit seinem Zeitgefühl zu spielen ...

Ziel des Schul- und Freizeitsports ist nicht nur, Sportarten kennen und betreiben zu lernen, sondern vermehrt mit Hilfe der Sportarten Sport zu betreiben, mit welchen Formen und sportlichen Inhalten auch immer. Und wenn es gelingt, dieses Anliegen in einer fröhlichen – eben: spielerischen – Atmosphäre zu realisieren, dann haben wir unser Möglichstes getan, Kinder und Jugendliche, aber auch erwachsene Freizeitsportler für „unsere Sache", nämlich: Sport für's Leben, zu gewinnen.

Beschreibung der Übungsformen in 3 Ausdauersportarten

Nr.	Absicht	Schwimmen	Rad fahren	Laufen
996	**Gefühl** Was heißt für mich langsam, mittel oder schnell, was heißt stark und schwach, viel oder wenig...	Schwimme Kraul. Der rechte Arm zieht stark, der linke schwach – Schwimme für dich mittelschnell, dann ein wenig langsamer, bzw. ein wenig schneller – Schwimme mit verschiedenen Techniken gleichschnell.	Fahre am Berg in derselben Übersetzung, mal im Sattel, mal stehend. Wie geht es besser? – Fahre eine Strecke von ... km mit derselben, dann mit verschiedensten Übersetzungen mit dem Ziel, gleich schnell zu sein! – Versuche, eine dir bekannte Strecke bewusst in verschiedenen Tempi zu fahren!	Laufe eine Runde mit verschiedenen Schrittlängen, verschiedenen Tempi, dann eine längere Strecke im gleichen Tempo. Wie geht es besser? – Variiere dein Tempo so, wie du willst, unter der Voraussetzung, dass du die gestellte Aufgabe erfüllen kannst.
997	**Zeit** Wie gut kann ich die Zeit einschätzen, voraussagen ... Fühle ich, wie lange ich eine Belastung ausgeführt habe ...	Schwimme x Breiten oder Längen. Wieviel Zeit brauchst du? Kannst du mit einer anderen Schwimmtechnik gleichschnell schwimmen, 5 Sek. Schneller, 5 Sek. langsamer ... – Tauche 5, 7, 10 Sek. – Tauche eine beliebige Zeit und schau auf der Trainingsuhr, ob deine Schätzung mit der effektiven Zeit übereinstimmt.	Fahre 10 Min., ohne auf die Uhr zu schauen. Kontrolliere dich! – Versuche ein andermal, die gleiche Strecke in 9/11 Min. zu fahren. – Spurte 30 Sek.; schau nach den „vermeintlichen 30 Sek." auf die Uhr! – Starte, schätze nach einer gewissen Zeit, wie lange du schon im Sattel sitzt. Kontrolliere auf deiner Uhr.	Laufe 1 Min. kreuz und quer und halte nach einer Min. die Hand hoch, laufe weiter – Laufe eine Runde in einer von dir festgesetzten Zeit – Laufe während z. B. 40 Sek. in eine bestimmte Richtung, , dann wieder zurück. Bist du nach weiteren 40 Sek. wieder beim Ausgangspunkt?
998	**Puls** Kann ich meinen Puls schätzen? Gelingt es, durch verschiedene Balastungsformen gleiche Pulswerte zu erhalten? Puls wahrsagen!	Schwimme mit gefühlsmäßig 80%iger Belastung. Miss deinen Puls. – Schwimme mit einer anderen Technik, mit dem Ziel, den gleichen Puls zu erhalten – usw.	Belaste dich (am Berg) mit 70/80/90%, vgl. deinen Puls; vgl. auch mit dem selben Gefühl beim Schwimmen und beim Laufen! Versuche, mit dem gleichen Puls eine längere Strecke zu fahren (circa alle 10' Pulskontrolle)	Laufe in mittelmäßigem Tempo. Miss deinen Puls – Laufe so schnell, dass du 10% mehr/ weniger Puls hast – Puls wahrsagen, dann laufen, Puls messen. Stimmt's? – usw.

24-Stunden-Etappen-Triathlon

Idee: Brücken schlagen zwischen Schulsport und Freizeitsport

Teilnahmebedingungen:
3er-Gruppen (Großväter, Mütter, Freund/in, Onkel, Tante, Lehrerin oder Lehrer ... usw.). Alle Sportbegeisterten, wobei mindestens 1 Gruppenmitglied im Alter von 9–13 Jahren sein soll. Ansonsten einfach 3er-Gruppen.

Durchführung:
Außerhalb der obligatorischen Schulzeit, innerhalb von 3 Monaten.

Regeln:
Pro Etappe mindestens 10 Minuten (oder länger) laufen, schwimmen oder Rad fahren, ohne anzuhalten. Die zurückgelegte Strecke ist nicht entscheidend. Die entsprechende Zeit in das Kontrollblatt eintragen (mittels Ankreuzen der 5-Minuten-Felder). Es sind auch andere Sportarten-Kombinationen möglich!
Die Zeiten der einzelnen Gruppenmitglieder werden addiert, bis eine der drei Tabellen voll ist. In der „Lauf-Tabelle" darf nur die gelaufene Zeit eingetragen werden, in der „Schwimm-Tabelle" nur die geschwommene Zeit usw. Es gibt keine Einzelsieger, das Gesamtergebnis der ganzen Gruppe zählt am Schluss.

Preise:
Alle eingesandten und vollständig ausgefüllten Protokollblätter werden ausgelost. Siegerpreis: 1 vollständige Triathlon-Ausrüstung für jeden der Siegergruppe (1 Fahrrad, 1 Badehose, 1 Lauf- und Radausrüstung). (... als Idee: Sponsoren suchen!).

Auskunft/Sammelstelle:
Das ausgefüllte Kontrollblatt muss bis spätestens zum _____ an

_____ gesandt werden!

(Adresse des Initiators)

Kontrollblatt: 24-Stunden-Triathlon

Beginn der ersten Etappe: _____   Letzte Etappe: _____

1. Name: _____   Adresse: _____   Alter: _____

2. Name: _____   Adresse: _____   Alter: _____

3. Name: _____   Adresse: _____   Alter: _____

Die gelaufenen, geschwommenen bzw. gefahrenen Zeiten ins Protokoll eintragen. Pro 5 Minuten ein Feld ankreuzen. Es muss mindestens 10 Minuten pro Etappe trainiert werden!
Viel Spaß!!!

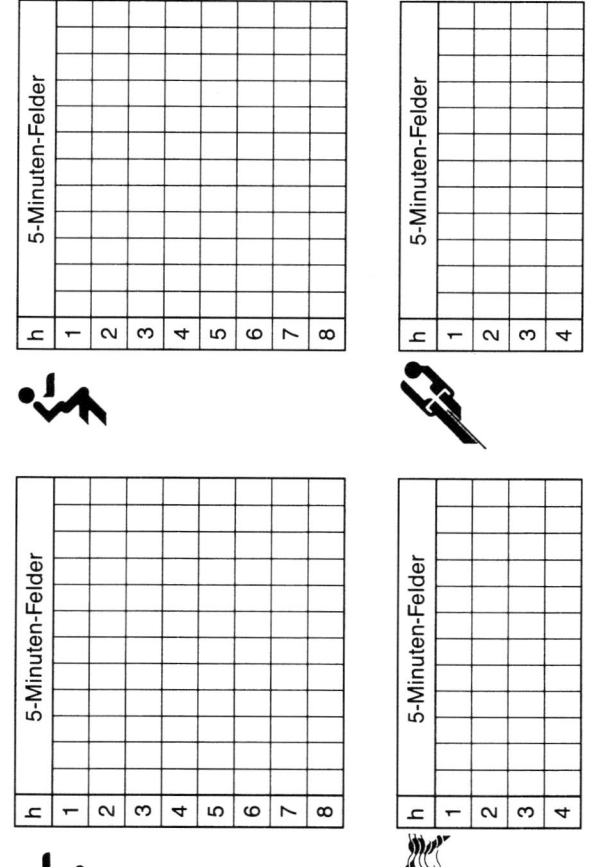

Wir haben alle Spielregeln genau erfüllt!

Datum: _____

1. Unterschrift: _____   2. Unterschrift: _____   3. Unterschrift: _____

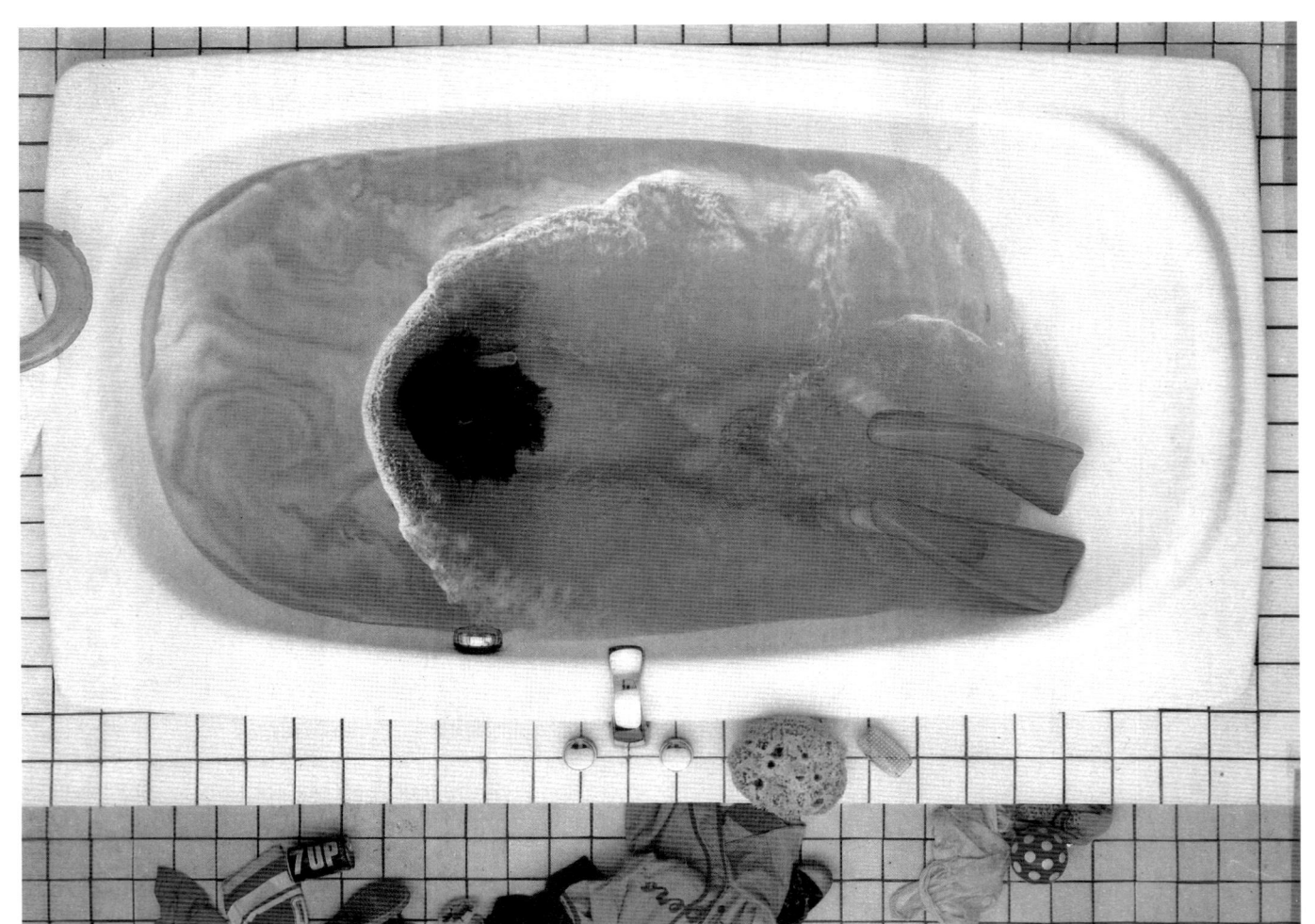

9   Anlässe + Feste

Weih-Nachts-Schwimmen

„Man muss die Feste feiern, wie sie fallen!" Warum soll die Weihnachtszeit nicht auch, von ihrer Stimmung her gesehen, in den Sportunterricht einbezogen werden? Warum also nicht ein Weih-Nachts-Schwimmen organisieren? Das folgende, schon oft realisierte Beispiel soll Anregungen vermitteln, wie mit einer großen Zahl von Teilnehmern während 1 1/2–2 Stunden ein fröhlicher Wettkampf durchgeführt werden kann.

Voraussetzungen:

– Das ganze Hallenbad steht zur Verfügung. Im Idealfall mit mehreren Schwimm- bzw. Sprungbecken (das dürfte in einer Nacht möglich sein).
– Das Schwimmbadpersonal steht der Idee positiv gegenüber und ist sogar bereit, ein einfaches Morgenessen bereitzustellen.
– Viele Helfer (z. B. Eltern, Lehrer- oder Trainer-Kollegen, ältere Schüler usw.) machen mit.
– Das Einverständnis der (Schul-)Behörden und der Eltern liegt vor.

Wertung:

– Es wird mit Rangpunkten gewertet:
  Sieger = 6 Punkte, 2. Rang = 5 Punkte, usw.
– 1 Siegerpreis wird am Schluss der Veranstaltung unter der Siegergruppe ausgelost.

Hinweis:

Die folgenden Spielformen lassen sich auch in den regulären Schwimmunterricht integrieren.

Abb.: 100 Teilnehmende eines Weihnachts-Schwimmfestes.

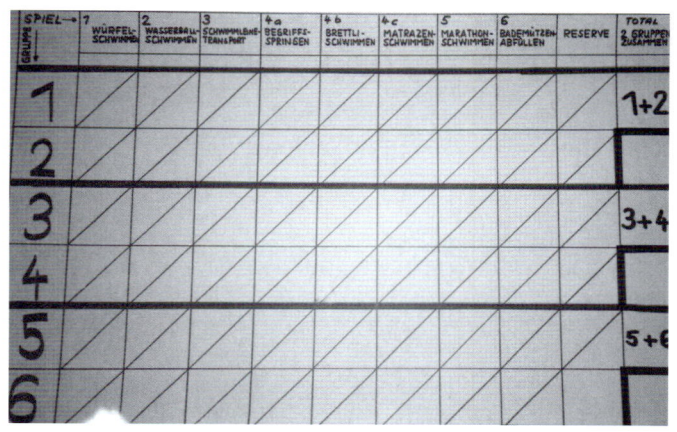

Abb.: Auf dieser großen Tafel werden die Resultate laufend notiert.

Vorschläge zum Schwimmfest

Nr.	Idee / Beschreibung	Material	Hinweise / Organsiation
999	**Würfelschwimmen:** Jede Gruppe hat einen eigenen Würfel in einem Eimer. Pro geschwommene Länge darf jeder Schwimmer 1x würfeln. Schwimmt er in der Delphin-Technik, dann darf er 1x würfeln. Alle so gewürfelten Zahlen werden zusammengezählt. Welche der 6 Gruppen hat zuerst genau 222? Wir schwimmen im Einbahnverkehr; zurück um das Becken marschieren.	– 12 Würfel (je 1 pro Gruppe; je 1 Reserve) – 6 Eimer – Schwimmleinen – Bleistifte; Papier	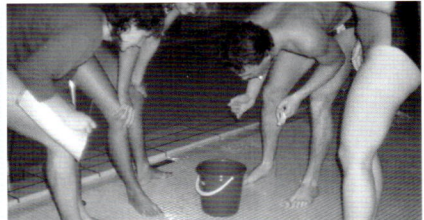
1000	**Hindernisschwimmen mit Wasserbällen:** Die 6 Gruppen verteilen sich auf der Breitseite des Schwimmbeckens. Der Ball muss über die in der Mitte längs gespannte Leine geworfen werden, der Schwimmer muss unten durch. Für jede so geschwommene Breitseite erhält die Gruppe einen Punkt. Der Wettbewerb dauert 5 Minuten. 2 Bälle pro Gruppe.	– 12 (Wasser-) Bälle – 1 Schwimmleine – Bleistifte, Papier, Stoppuhr	
1001	**Schwimmleinen-Transport:** Die Schwimmleine muss von der einen auf die andere Seite möglichst schnell transportiert werden. Welche Gruppe benötigt dafür am wenigsten Zeit? (Nur eine Gruppe, die anderen sind Zuschauer).	– 1 Schwimmleine – 1 Stoppuhr, Bleistifte, Papier	
1002	**Begriffs-Springen:** Pro Gruppe werden eine Anzahl Teilnehmer bestimmt. Sobald ein Teilnehmer auf dem Sprungbrett eine vorher bestimmte Marke überschreitet, wird ihm ein „Überbegriff" zugerufen. Nun muss der Teilnehmer während des verbleibenden Anlaufes und in der Luft möglichst viele passende Begriffe nennen.	– Begriffe: z.B. Farben, Länder, Blumen, Tiere, Automarken, Mädchen-Namen, Knaben-Namen, Schwimmarten, Sportarten, Politiker, Musiker, Bäume Vögel, Fische, Berge, Flüsse, Meere, Sprachen	

Vorschläge zum Schwimmfest

Nr.	Idee / Beschreibung	Material	Hinweise / Organsiation

1003 Schwimmbrett-Schwimmen:
Pro Bretie, die auf dem Schwimmbrett stehend geschwommen wird, erhält die Mannschaft einen Punkt. Start: Auf dem Bassinrand sitzen, dann auf das Schwimmbrett stehen und schließlich schwimmen. Wenn das Brett „verloren" geht, so darf diese Breite nicht gezählt werden! Zurück um das Becken marschieren.

– Genügend Schwimmbretter
– Papier und Bleistifte

1004 Luftmatratzen-Schwimmen:
Welche Gruppe schafft in 5 Minuten am meisten Bassinbreiten auf den Luftmatratzen? Die Paddel-Technik ist frei wählbar. Welche ist die schnellste?

– 8–10 Luftmatratzen (diese werden von den Teilnehmern selbst mitgebracht).

1005 Marathon-Schwimmen:
Wir schwimmen gemeinsam eine Strecke von 42 Kilometern. Vor Beginn werden durch den Leiter 4–10 Zwischenzeiten fixiert. Bei den jeweiligen Zwischenzeiten wird ein lautes Signal gegeben: Wer genau zu dieser Zeit wendet, erhält am Schluss einen kleinen Preis. Wir schwimmen im Rechtsverkehr.

– Kleine Preise für die „Zwischen-Zeiten-Sieger" – Großes Plakat, auf dem die Gesamtstrecke laufend addiert wird. (In jeder Schwimmbahn wird gezählt; nach jedem Kilometer wird gemeldet). – Papier, Bleistifte

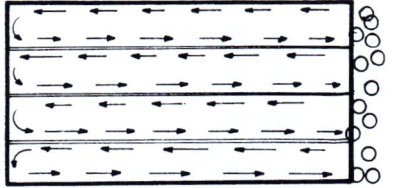

1006 Badehauben-Füllen:
Wie viele Liter Wasser könnt ihr in eine normale Gummi-Badekappe gießen?

– 1 Gummi-Badehaube pro Gruppe
– 2 Eimer
– Nicht zu spitze Fingernägel!

Seeüberquerung

Wer schon einmal selbst an einer Seeüberquerung teilgenommen hat, der wird dieses Erlebnis nicht so schnell vergessen.

Wer aber schon als Organisator einen solchen Anlass angeregt und schließlich durchgeführt hat, der kennt die Umtriebe, aber vor allem die Verantwortung, denn jede Seeüberquerung, ist sie auch noch so gut vorbereitet und gut organisiert, ist und bleibt ein kleines Abenteuer.

Mit der Absicht, möglichst jedes Risiko auf ein Minimum zu beschränken, wurde versucht, in Form einer Checkliste den möglichen Ablauf einer Seeüberquerung mit großen Gruppen zusammenzufassen. Vielleicht gelingt es dadurch, den einen oder anderen Organisator zu animieren, auch einmal einen solchen Anlass zu starten.

Viel Spaß!

Abb.: Start zur „ersten Seeüberquerung der Turn- und Sportlehrerausbildung" an der ETH in Zürich. Das sind die Absolventen des Studienlehrganges 1976–1978, welche viele Ideen zur Übungssammlung „1001 Spiele im Wasser" zusammengetragen haben.

Seeüberquerung

Vorher

LANGFRISTIG
- Ausschreibung mit: Ort, Datum (Verschiebedatum), Teilnahmebedingunger
- Schriftliche Gesuche an: Seepolizei oder Seerettungsdienst, Notfallarzt Badeverwaltung
- Suche nach Begleitpersonen (Rettungsschwimmer)
- Nummerierte Badekappen o. Ä. bestellen
- Mitteilung an Presse, eventuell als Einladung für weitere Teilnehmer

KURZFRISTIG
- Kontrolle der eingegangenen Bestätigungen
- Warme Getränke vorbereiten (ca 2dl pro Person)
- Genügend Wolldecken (z. T. für die Begleitboote)
- Begleitboote mit Rettungsbällen bereitstellen
- Zusammenzug aller Helfer am Durchführungsort
- Umgang mit allen Rettungsgeräten üben (Rettungsball werfen, rudern, LESOMA)
- Letzte Informationen an alle Teilnehmenden (eventuell schriftlich oder durch einen Anschlag, z. B. in der Schule)
- Letzte Information an die regionale Presse

Durchführung

UNMITTELBAR DAVOR
- Studium der kurzfristigen Wetterprognosen, Rücksprache mit Seepolizei
- Wassertemperatur messen (mind. 19°)
- Mitteilung auf Tel. Nr. ...: Findet statt. oder wird verschoben auf ...
- Rettungsboote kontrollieren und ausrüsten
- Warme Getränke am Ziel bereitstellen
- Badekappennummern kontrollieren und in die Teilnehmerliste eintragen
- Teilnehmer auf der Liste eintragen
- Badekappen unmittelbar danach beziehen
- Umziehen, Kleider in eigene Sporttasche versorgen und am bestimmten Ort deponieren.
- Wenn nötig einfetten
- Letzte Informationen durch den Chef des Rettungsdienstes (Verhaltensregeln)
- Bildung von Zweiergruppen, die bis zum Ziel zusammenbleiben müssen.

START
- Start in Zweiergruppen (also kein Wettkampf!)
- Keine unnötigen Späße während des Schwimmens
- Beobachtung des Partners
- Immer Sichtkontakt zum Begleitboot
- Bei Not sich genau an die vereinbarten Verhaltensregeln halten
- Das Erlebnis genießen...

Helfer: Alle bereitgelegten Säcke sofort in Autos oder Boote tragen

Seeüberquerung

Durchführung | Danach

DIE ERSTEN TREFFEN EIN
- Badekappen beim Verlassen des Wassers abgeben (... und auf der Teilnehmerliste streichen)
- Hinweis auf warme Getränke und Kleiderdepot
- Betreuung wenn nötig (z. B. Unterkühlung o. Ä.)
- Versammeln aller Teilnehmenden an einem gemeinsamen Platz
- Erlebnisberichte...

UNMITTELBAR DANACH
- Rettungsmaterial kontrollieren und zurückgeben, Teilnehmerlisten kontrollieren!
- Dank an alle Helfer
- Kurze Zusammenkunft aller Helfer und Begleitpersonen: Meinungsumfrage, Verbesserungsvorschläge für die nächste Seeüberquerung
- Eventuell kleines Fest mit allen Teilnehmenden?

SOBALD WIE MÖGLICH
- Schriftlicher Dank an alle offiziellen Stellen
- Badekappen (trocken) zurücksenden
- Kurzer Bericht in die lokale Presse, Einladung für nächstes Jahr (Termin schon wieder bekannt geben)
- Schlussprotokoll mit Verbesserungsvorschlägen für nächstes Jahr
- „Akte Seeüberquerung" versorgen oder dem nächsten Organisator übergeben.

10 Schnorcheln

10.1 Wissenswertes und Materialhinweise **224**
10.2 Individuelle Formen der Basisausrüstung .. **234**
10.3 Gruppenformen mit der Basisausrüsteung . **234**
10.4 Individuelle Formen mit Spielmaterial **240**
10.5 Gruppenformen mit Spielmaterial **248**

10.1 Wissenswertes und Materialhinweise

Für jedes Kind und jeden Erwachsenen ist der erste Tauchversuch mit einer Taucherbrille eine aufregende Erfahrung: plötzlich ist alle Trübheit verschwunden. Die Unterwasserwelt scheint glasklar zu sein! Das Interesse, mit dieser Unterwasserswelt näher Bekanntschaft zu schließen, kommt dann spontan. Das Erobern der Welt unter Wasser ist allerdings bedingungslos mit dem Beherrschen einer Zahl von (Tauch-)Techniken verbunden. Dem sich beim Schnorcheln Erholen geht also eine Periode des Lernens und Übens voraus. In dieser Zeit entscheidet es sich, ob das Interesse anhält oder wieder verschwindet. Ganz kurz wird darum auch auf die vier Komponenten eingegangen, welche eine erfolgreiche Schnorchelinstruktion beeinflussen:

– Sicherheit
– Organisation und Methodik
– Abwechslung

Sicherheit

Ausrüstung: Sicher und komfortabel Schnorcheln ist nur mit einer Ausrüstung möglich, die gewisse Anforderungen erfüllt. Kaufen Sie darum, eine Schnorchelausrüstung (in der Schweiz: ABC-Ausrüstung) nur beim Spezialisten für Unterwassersportartikel oder lassen Sie sich von einem Fachmann beraten.

Tauche nie allein! Aktivitäten unter Wasser unternehmen wir nur dann, wenn jemand in unmittelbarer Nähe ist, der beurteilen kann, ob etwas falsch läuft und der zugleich in einem solchen Moment fähig ist, einzugreifen. Die Möglichkeit der Unfälle – insbesondere in einem Hallenbad ist zwar klein, doch nicht ausgeschlossen.

Druckausgleich: Wer taucht, fühlt, dass seine Brille fest auf sein Gesicht gedrückt wird. Ein wenig Luft durch die Nase in die Brille blasen hilft, den unangenehmen Druck zu beseitigen. Schmerzen am Trommelfell verschwinden meistens, wenn man leer schluckt oder Luft in die mit Daumen und Zeigefinger zugekniffene Nase presst. Gelingt es nicht, den Schmerz zu beheben, dann darf nicht getaucht werden.

Hyperventilieren: Lange tief ein- und ausatmen vor einem Tauchversuch kann Bewusstlosigkeit zur Folge haben. Vier oder fünf Mal kräftig einatmen genügt und ist ungefährlich. Hyperventilieren ist somit **verboten!**

Ohrverschlüsse: Ohrverschlüsse helfen nicht, den Schmerz in den Ohren zu beseitigen. Beim Tauchen dürfen sie nie gebraucht werden. Lernen Sie den Schmerz zu beseitigen, wie es unter „Druckausgleich" beschrieben ist!

Zusammenfassung: Wenn all diese einfachen Regeln befolgt werden, ist Schnorcheln absolut sicher. Ein Sport, der sehr viel Freude und Genugtuung bietst und der jahrelang ausgeübt werden kann.

Organisation und Methodik

Erfolg oder Misserfolg von Schnorchelaktivitäten werden weitgehend durch die Organisation bedingt. Ein sorgfältiges Zusammenstellen der Gruppen, schnelle Materialausgabe an die Teilnehmenden, Kontrolle auf Schäden am Material, Bereitstellen von Hilfe beim Anziehen der Ausrüstung, zählen zu den wichtigsten Faktoren, die für das Gelingen von Schnorchelaktivitäten bestimmend sind. Bieten Sie den Lehrstoff in kleinen Einheiten an. Beginnen Sie nicht mit anderen Techniken, wenn die vorige noch nicht beherrscht wird. Die erfolgreichste Reihenfolge, den Lehrstoff anzubieten ist

– mit Schwimmflossen schwimmen lernen, dann
– schwimmen mit Flossen und Taucherbrille und schließlich
– mit dem Schnorchel umgehen lernen.

Eine eigene Ausrüstung für jeden Kursteilnehmer bringt bei Beginn der Unterrichtsstunde viel Zeitgewinn. Nach einer gewissen Einführungszeit sollen daher die Teilnehmenden motiviert werden, eine eigene und gut passende Ausrüstung zu kaufen.

Abwechslung

Das Schnorcheltauchen bietet selbst schon zahllose Möglichkeiten, um mit Freude bei der Sache zu sein. Der Gebrauch von allerlei Spiel-Materialien vergrößert jedoch die Begeisterung enorm und bietet die Möglichkeit endloser Abwechslung. Im vorderen Teil dieses Buches werden bereits viele Materialien vorgestellt Einige davon gebrauchen wir beim Schnorcheln ebenfalls. Die meisten der folgenden Übungsformen sind allerdings rund um Materialien aufgebaut, die in diesem Buch noch nicht vorkommen. Sie sind entweder zu kaufen oder selber herzustellen. Zwar etwas zusätzliche Arbeit, aber die Mühe wird belohnt. Die Anzahl der anzuschaffenden Exemplare ist von der Größe der Gruppe, mit denen normalerweise gearbeitet wird, abhängig. In der Folge werden die einzelnen Gegenstände kurz beschrieben:

Wäscheklammern

Einfaches Material, billig und besonders für unsere Zwecke gut geeignet. Wir benutzen Kunststoffexemplare in drei oder vier Farben.

Seilchen

Aus flexiblem Nylonseil mit einem Durchmesser von 4 mm schneiden wir Stücke von einem Meter Länge. Um zu vermeiden, dass diese ausfransen, versengen wir sie an den Enden (mit einem Lötkolben oder mit einer Kerzenflamme).

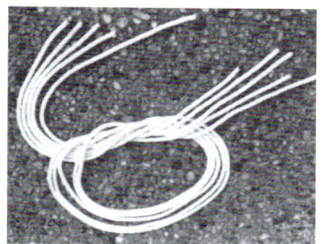

Zahlentäfelchen

Aus einer weißen Kunststoffplatte sägen wir 4 x 10 Täfelchen von 9x 9 cm. In vier verschiedenen Farben schreiben wir darauf die Zahlen von 0 bis einschließlich 9 (wasserfeste Filzstifte o. Ä. verwenden).

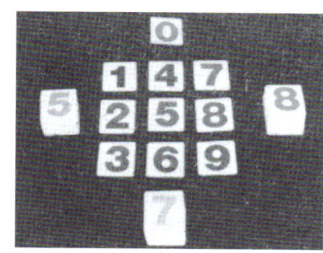

PVC-Ringelchen

Von 4 PVC-Röhrchen, die einfach ineinander geschoben werden können, sägen wir Ringelchen von einem halben Zentimeter Dicke. Jede Größe erhält ihre eigene Farbe. Ordentlich aufräumen kann man sie am besten, indem man sie an eine Leine reiht.

Kettchen

Für nervenaufreibende Entwirrungsaufträge unter Wasser benutzen wir WC-Kettchen aus Messing. Wir machen Stücke von 1 m Länge mit ziemlich großen Kettengliedern.

Plastikflaschen

Für unsere Zwecke sind 1,5-liter-Flaschen von Erfrischungsgetränken mit einem „Kragen" am besten geeignet. Um diesen können wir nämlich ohne viel Mühe eine Leine befestigen. Auch den Schraubverschluss können wir gut gebrauchen. Eine Flasche für 2 Personen.

Gartenschlauch

Spannenden und dadurch sehr motivierenden Übungsstoff stellen wir im Themenbereich Gartenschlauch vor. In Kombination mit hohlen Gegenständen bieten Gartenschlauchstücke von 60 cm Länge mehr und andere Möglichkeiten als der weniger biegsame Schnorchel. Wir schaffen auch einige Stöcke von 6 m an und vervollständi-

Buchstabentäfelchen

Viele Arten von Sammelaufträgen und Wortspielen sind mit 4 verschiedenen Serien von 12 Buchstaben möglich. Wir machen sie gleich groß und aus demselben Material wie die Zahlenplättchen.

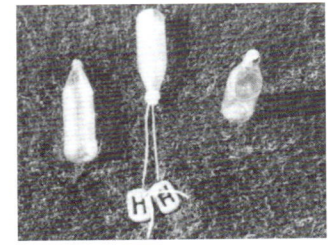

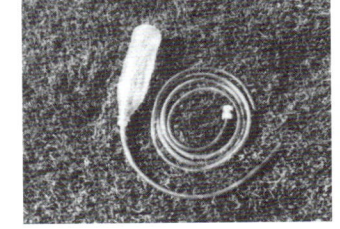

gen den Satz mit einigen Verbindungsstücken.

Montageplatten und Montagestreifen

Die Montageplatte verfertigen wir aus Kunststoff mit einer Dicke von 2 cm. In die quadratische Platte von 15 x 15 cm bohren wir in regelmäßigen Abständen voneinander 9 Löcher mit einem stets größer werdenden Durchmesser. In jedes Loch passt genau eine Schraube mit einer dazugehörigen Mutter als Gegenstück. Aus einer dünnen Kunststoffplatte machen wir Streifen von 25 x 5 cm. Darin bohren wir 12 Löcher mit demselben Durchmesser, worin Schrauben und Muttern aus rost-

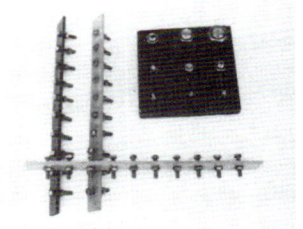

freiem Stahl passen. Weitere Möglichkeiten bieten diese Streifen, wenn wir die Löcher oben und unten mit, Bezug nehmend mit den Zahlen 1–10 und den Buchstaben von einem Wort mit 12 Buchstaben, markieren, z. B.: TAUCHSTATION

Gewichte

Um unter Wasser an Ort an einem Auftrag arbeiten zu können, brauchen wir Gewichte. Ein Bleiblock (Tauchring) von 5 kg ist eine gute Lösung. Diesen versehen wir mit einer Armschlinge. Wer hier seinen Arm durchsteckt, treibt nicht mehr an die Oberfläche und hat zudem beide Hände zum Arbeiten frei. Außerdem benötigen wir Bleiblöcke von 1 kg, die in

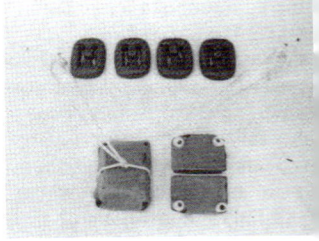

einem Spezialgeschäft für Unterwassersportartikel gekauft oder selber gegossen werden können.

Röhrenmontageset

PVC-Röhrchen mit einem Durchmesser von 4 cm bilden das Basismaterial für einen vierfarbigen Set, womit im Gruppenverband auf dem Bassinboden attraktive Montagearbeiten verrichtet werden können. Der Set besteht aus 4 verschiedenfarbigen Serien. Jede Serie umfasst 8 Röhrchen von 25 cm, 8 Rechtskurven, Kurven um 45° und Verbin-

dungsstücke, 2 T-Stücke und 2 Röhren von 80 cm.

Unterwasserball

Mit ein wenig Geschick und Geduld fertigen wir einen Ball an, der auf dem Bassinboden unter Wasser springt. Mit Hilfe einer dünnen Holzschraube ziehen wir das Ventil aus einem Plastikball. Ein, mit Waschbenzin und Pfeifenreiniger sauber gemachtes, Stückchen von einer Kugelschreibermine machen wir mit Hilfe eines Dornes auf der einen Seite als kleiner Trichter etwas weiter. Hier hinein passt ein Trichterchen aus festem Papier. Durch diesen Trichter füllen wir mindestens 300 g sehr trockenes Salz in den Ball. Mit einem feinen Strahl einer selbst hergestell-

ten Düse (Düse an ein Schlauch-Kupplungsstück anlöten) lassen wir anschließend den Ball voll Wasser laufen, bis dieser sein ursprüngliches Volumen wieder erreicht hat. Zuletzt setzen wir das Ventil wieder auf seinen Platz und der Ball ist fertig für den Gebrauch ... unter Wasser!

Raketen

Dies ist ein sehr spektakuläres Unterwasserspielzeug! Sie werden nach einer korrekten Montage auf dem Schwimmbadboden an die Oberfläche „gefeuert". Eine genaue Bauanleitung ist beim Autor des Kapitels Schnorcheln, Jo van Schalen, erhältlich!

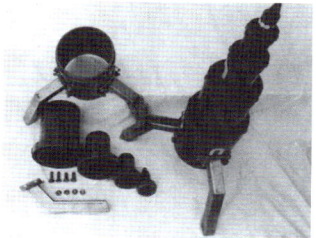

Große hohle Gegenstände

In das Halsstück eines stabilen 20-Liter-Fasses oder -Eimers bohren wir 4 Löcher, wodurch wir unsere Seilchen stecken können. Belastet mit Gewichten, schaffen wir so auf dem Schwimmbadboden eine über dem Bassinboden schwebende Luftblase, aus der wir atmen können. Mit ein wenig Übung können wir bald länger unter Wasser bleiben. **Nur mit geübten ABC-**

Tauchern anwenden! Beim Auftauchen immer Luft ausblasen, sonst besteht schon bei geringer Tiefe die Gefahr eines Lungenrisses!

Auskunft bezüglich Herstellung der Rakete (siehe rechts oben) oder anderer hier beschriebener Tauchgegenstände bei:
Jo van Schalen, Binderseind 20, 5421 JM Gemert, Niederlande

10.2 Individuelle Formen mit der Basisausrüstung
10.2.1 Schnorchelübungen
an der Wasseroberfläche 229
10.2.2 Lernen, den Schnorchel zu entleeren 230
10.2.3 Tauchen und Schwimmen unter Wasser 231
10.2.4 Ins Wasser „steigen" 232
10.2.5 Besondere „Kunststückchen" 233

10.2.1 Schnorchelübungen an der Wasseroberfläche

Nr.	Idee / Beschreibung	Hinweise / Organsiation
1007	Schnorchele vier Minuten kreuz und quer von Wand zu Wand. Deine Aufgabe ist es, allen Mitschwimmern völlig auszuweichen. Bleibe die ganze Zeit mit der Taucherbrille unter Wasser und atme nur durch den Schnorchel.	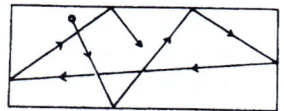
1008	Ziehe eine Schwimmflosse aus und halte diese quer vor dir unter Wasser. Schnorchle nun eine oder zwei Bahnen so schnell wie du kannst. Wechsle den Fuß.	
1009	Setze die Taucherbrille auf die Stirn, nimm den Schnorchel aus dem Mund und schwimme auf dem Rücken einige Bahnen. Dabei ist ein Arm gestreckt hinter oder über dem Kopf im Wasser (Sicherheit vor Zusammenstößen mit anderen Tauchern oder der Wand).	
1010	Schwimme in Rückenlage mit der Delphintechnik, danach in der Bauchlage und schließlich unter Wasser. Achte beim Schwimmen in Rückenlage, dass du nicht an die Wand schwimmst. Beim Schwimmen in Brustlage liegen beide Arme locker am Körper.	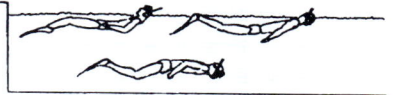
1011	Schwimme vier Minuten lang hin und zurück. Auf dem Hinweg mit Brustkraul, auf dem Rückweg in Seitenlage mit der Schnorchelseite nach oben.	
1012	Schnorchle auf dem Hinweg und schwimme auf dem Rückweg in Rückenlage (in Rückenlage den Schnorchel immer aus dem Mund nehmen und die Brille auf die Stirn setzen!). Schwimme diese Serie 3-mal oder eine bestimmte Anzahl von Minuten. Auch an den Wendepunkten solltest du nicht anhalten.	
1013	Führe während des Schnorchelschwimmens abwechselnd eine schraubenförmige Bewegung nach links und nach rechts aus. Bleibe stets mit der Brille unter Wasser und blase nach jeder Schraube den Schnorchel vollständig leer.	

10.2.2 Lernen, den Schnorchel zu entleeren

Nr.	Idee / Beschreibung	Hinweise / Organsiation

1014 Nimm, auf dem Rand sitzend oder im Wasser stehend, den Schnorchel lose in die Hand. Die Brille sitzt auf der Stirn. Schöpfe das Mundstück nun mit Wasser voll, hole tief Luft, nimm das Mundstück in den Mund und spucke es auf dieselbe Art und Weise leer, wie ein Trompetenbläser in sein Mundstück bläst.

1015 Setze die Brille auf und stelle dich in flaches Wasser. Tauche den Schnorchel halb unter Wasser, hole tief Luft, nimm das Mundstück unter Wasser in den Mund und blase den Schnorchel leer. Wenn er nicht ganz leer ist, dann atme wieder tief, aber vorsichtig und blase nochmal.

1016 Alle haben den Schnorchel lose in der Hand, stecken den Schnorchel in den Mund und legen sich auf den Bauch. Alle 10 Sekunden erhalten sie ein Geräuschsignal (tippen gegen das Treppchen) und halten dann den Schnorchel über Wasser, um ihn anschließend wieder in den Mund zu stecken.

1017 Lass den Schnorchel auf den Boden sinken. Bringe ihn an die Oberfläche, nimm ihn in den Mund und blase ihn an der Oberfläche leer, ohne mit dem Kopf über Wasser zu kommen.

1018 Werfe den Schnorchel so weit weg, wie du es wagst. Warte bis er auf dem Boden liegt und schwimme dann unter Wasser zu ihm hin. Nimm den Schnorchel in den Mund, blase ihn leer und schnorchle zum Startplatz zurück, ohne mit der Brille über Wasser zu kommen.

1019 Werfe den Schnorchel so weit weg, wie du es wagst. Tauche sofort unter Wasser und probiere den Schnorchel zu greifen, bevor er auf den Boden gesackt ist. Nimm ihn unter Wasser in den Mund und blase ihn an der Oberfläche leer, ohne mit der Brille über Wasser zu kommen.

1020 Schnorchle mit dem Schnorchel lose in der Hand. Atme tief ein, nimm den Schnorchel mit der linken Hand aus dem Mund und gebe ihn über den Rücken in die rechte Hand. Nimm den Schnorchel wieder in den Mund und blase ihn leer. Atme einmal und wiederhole die Übung.

10.2.3 Tauchen und Schwimmen unter Wasser

Nr.	Idee / Beschreibung	Hinweise / Organsiation

1021 Schwimme unter Wasser so weit weg, dass du auch die Zurücktour noch schaffen kannst, ohne an die Oberfläche zu kommen. Schwieriger wird es, wenn du am Endpunkt erst den Schnorchel leer blasen musst, bevor du mit dem Gesicht über Wasser kommst.

1022 Schwimme eine abgesprochene Zeit lang und mache dabei so viele Tauchversuche wie möglich zum Boden. Bei Schmerzen in den Ohren kneifst du die Nase zu und presst dann allmählich, aber ziemlich kräftig die Luft in deiner Nase zusammen. Hält der Schmerz an, dann tauche an diesem Tag nicht mehr.

1023 Tauche zum Boden und schwimme in ungefähr 1 m Abstand vom Rand eine Runde unter Wasser. Komme nur nach oben, um Luft zu holen. Wer hat die wenigsten Atempausen nötig?

1024 Tauch im tiefen Schwimmbecken. Steige, mit stark nach hinten gebeugtem Kopf, in schräger Richtung nach hinten auf. Beim Erscheinen an der Oberfläche muss der Schnorchel von selbst leer gelaufen sein. Wer schafft das? Lass dich dabei beobachten!

1025 Wie viele Meter kannst du unter Wasser schwimmen? Achtung: Distanzschwimmen führst du unter Aufsicht von jemandem durch, der dich beobachtet und, wenn es nötig ist, aus dem Wasser holen kann.

1026 Schwimme unter Wasser von der Wand weg. Komme zurück, wenn du das Ticken gegen das Treppchen hörst und probiere erst dann nach oben zu kommen, wenn du am Startpunkt zurück bist. Wer lange unter Wasser bleiben kann, schwimmt schnell. Kannst du das nicht, dann schwimme etwas langsamer.

1027 Schätze den Abstand, den du denkst unter Wasser zurücklegen zu können. Schnorchle an der Oberfläche zu dieser Stelle hin und schwimme dann, unter Wasser, zum Startpunkt zurück. Wer kann seine Vorhersage bestätigen?

10.2.4 Ins Wasser „steigen"

Nr.	Idee / Beschreibung	Hinweise / Organsiation

1028 Versuche mit einem senkrechten Sprung bis auf den Boden zu kommen. Strecke, nachdem du dich vom Boden abgesetzt hast, die Schwimmflossen gerade nach unten, halte mit einem Arm die Taucherbrille fest gegen dein Gesicht und den anderen Arm gestreckt neben deinem Körper.

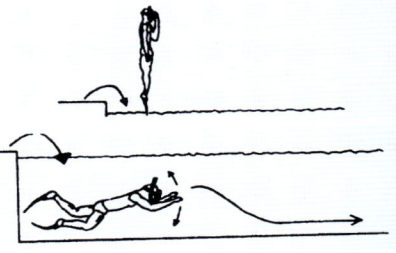

1029 Schwimme, nach demselben senkrechten Sprung wie oben, so weit unter Wasser wie du kannst. Blase erst deinen Schnorchel leer, bevor du wieder mit der Brille über Wasser erscheinst.

1030 Gehe mit einem Schrittsprung ins Wasser. Das ist ein großer Schritt nach vorne, wobei die hintere Schwimmflosse mit der Oberseite als erstes das Wasser berührt. Eine Hand drückt die Brille gegen das Gesicht, die andere Hand schlägt kräftig auf das Wasser. Schließe im Wasser schnell die Beine. Bleibt nun dein Kopf über Wasser?

1031 Setze dich in die Hocke mit dem Rücken zum Wasser, an den Rand des Schwimmbades. Gucke stets weiter nach deinem Bauch und rolle rückwärts ins Wasser. Stoße dich nicht mit den Füßen ab und halte, sicher die ersten Male, mit einer Hand deine Brille fest.

1032 Setze dich in die Hocke an den Rand, aber mit dem Gesicht zum Wasser. Halte deine Brille fest, gucke stets weiter nach deinem Bauch und rolle vorwärts ins Wasser. Wenn du genau auf deinen Hinterkopf ins Wasser fällst, ist es nicht einmal nötig, dass du deine Brille festhält.

1033 Nimm deine ganze Ausrüstung in die Hand. Gehe aus der Hocke ins Wasser und ziehe wassertretend deine Ausrüstung wieder an. Beginne mit deinen Schwimmflossen, dann die Brille und schließlich der Schnorchel.

1034 Nimm deine ganze Ausrüstung in die Hand. Gehe mit einem senkrechten Sprung ins Wasser. Strecke beide Arme nach oben, damit du weit unter Wasser eintauchst. Versuche nun auf dem Boden alle Ausrüstungsteile anzuziehen. Erst die Schwimmflossen, damit du nach unten schwimmen kannst, wenn du drohst nach oben zu treiben.

10.2.5 Besondere „Kunststückchen"

Nr.	Idee / Beschreibung	Hinweise / Organsiation

1035 Sinke, mit deiner Brille auf der Stirn, senkrecht unter Wasser. Setze unter Wasser deine Brille wieder auf. Schaue schräg nach oben, hebe mit beiden Händen die Unterseite deiner Brille ein Stückchen von deinem Gesicht ab und blase, mit etwas Luft aus deiner Nase, das Wasser aus der Brille.

1036 Stecke den Schnorchel in deinen Badeanzug und werfe die Brille ein Stückchen von dir weg. Tauche dahin, setze sie auf und blase sie unter Wasser schwimmend leer! Denke daran, dass dies nur gelingt, wenn du den Kopf stark nach hinten beugst.

1037 Mache die Brille an der Innenseite mit einem Stückchen schwarzem Plastik undurchsichtig. Schnorchle nun so geradlinig wie möglich zur gegenüberliegenden Seite. Wer kommt seinem Ziel am nächsten? Wichtig: Mit gestreckten Armen in Hochhalte schwimmen.

1038 Schorchle mit der undurchsichtig gemachten Brille von der langen Seite des Beckens zur Mitte. Tauche da zum Boden und mache zugleich eine Vierteldrehung nach links. Schwimme nun am Boden zur Mitte der kurzen Wand. Wie nahe bist du bei deinem Ziel? Lass dich dabei beobachten.

1039 Wir schnorcheln nun auf dem Kopf. Die Brille bleibt auf ihrem Platz. Das Mundstück des Schnorchelns wird um 180° gedreht und mit der Hand in den Mund gehalten. Schwimme in dieser Haltung, so schnell wie du kannst, zur gegenüberliegenden Seite.

1040 Versuche auf dem Rücken über den Boden zu schwimmen. Die Oberseite des Schnorchels drücken wir bis auf Kopfhöhe. Tauche zum Boden. Dort drehst du dich auf den Rücken und beugst den Kopf nach hinten, dass du den Boden sehen kannst. Schwimme in einer geraden Linie.

1041 Schnorchle auf und ab mit der Taucherbrille auf der Stirn. Halte den Schnorchel im Mund mit der Hand fest. Wer kann das zwei Minuten durchhalten, ohne mit dem Kopf übers Wasser zu kommen? Auch ausführen, indem du den Schnorchel in den Mund nimmst.

10.3 Gruppenformen mit der Basisausrüstung
10.3.1 Schnorcheln paarweise 235
10.3.2 Wettkämpfe für mehr als zwei Personen
pro Gruppe 236
10.3.3 Tauchen und Distanzen schwimmen
unter Wasser 237
10.3.4 Spielformen 238
10.3.5 Besondere Kunststückchen 239

10.3.1 Schnorcheln paarweise

Nr.	Idee / Beschreibung	Hinweise / Organsiation

1042 Stoße schnorchelnd deinen Partner, der auf seinem Bauch, seinem Rücken oder quer zur Schwimmrichtung liegt. Du kannst ihn auch auf vielerlei Arten ziehen, wobei du auf dem Bauch liegst und er auf seinem Rücken oder umgekehrt.

1043 A bekommt von B einen Vorsprung, der so groß ist, dass B denkt seine „Beute" noch einholen zu können, bevor dieser die gegenüberliegende Seite erreicht. A schwimmt nur mit Beinschlag, B mit vollständigem Brustkraul. Wer gewinnt die größte Wette?

1044 Beide Schnorchler stehen, mit der Ausrüstung in der Hand, am Rand. Nach dem Startzeichen zieht A seine Ausrüstung an, geht mit einem Schrittsprung ins Wasser und schnorchelt so schnell wie möglich zur gegenüberliegenden Seite. Danach tut B dasselbe. Welches Paar ist zuerst fertig?

1045 A und B stehen gegenüber voneinander an der Wand, den Schnorchel lose in der Hand haltend. Sie schorcheln nun einige Bahnen, wobei sie ihre Schnorchel in dem Moment, in dem sie aneinander vorbeischwimmen, auswechseln. Welches Paar hält das vier Bahnen lang durch?

1046 A begibt sich ohne Schnorchel zur Mitte der Bahn. Nach dem Startzeichen schnorchelt B zur Mitte, wo B den Schnorchel übernimmt und weiterschnorchelt. Welches Paar hat auf diese Weise zuerst eine bestimmte Zahl Bahnen zurückgelegt.

1047 A und B halten die Ausrüstung voneinander in der Hand und stehen damit einander im Schwimmbecken gegenüber. Nach dem Startzeichen schwimmen sie aufeinander zu. Am Treffpunkt legen sie ihre eigene Ausrüstung an und schwimmen die Bahn zu Ende. Welches Paar ist zuerst fertig?

1048 Die Hälfte aller Paare steht an der einen Seite, die andere Hälfte an der gegenüberliegenden Seite. Eins der am weitesten rechts stehenden Paare schnorchelt Hand in Hand zur gegenüberliegenden Seite. Da schließt sich das folgende Paar an. Weitermachen bis die ganze Gruppe sich angeschlossen hat. In derselben Reihenfolge wieder auflösen.

10.3.2 Wettkämpfe für mehr als zwei Personen pro Gruppe

| Nr. | Idee / Beschreibung | Hinweise / Organsiation |

1049 A schnorchelt zur Mitte, lässt dort so viele Ausrüstungsgegenstände von sich selbst auf en Boden sinken, wie die Anzahl der Gruppenmitglieder beträgt, und schwimmt weiter zur gegenüberliegenden Seite. Dann startet B, C und eventuell D einer nach dem anderen, bringt einen Teil an die Oberfläche und zu A, der schnell damit zurückschwimmt.

1050 Alle Gruppenmitglieder legen ihre Ausrüstungsgegenstände in einer Reihe 1,5 m voneinander weg auf den Boden des Schwimmbeckens. Nach dem Startzeichen bringt jeder seine Ausrüstung an die Oberfläche, zieht sie vollständig an und schnorchelt dann zur gegenüberliegenden Seite. Welche Gruppe ist als erste fertig?

1051 Wechselstil-Wettkämpfe: Jedes Gruppenmitglied legt seine Bahn auf eine eigene Art zurück, z. B.: Schnorchelnd im Brustkraul, Delphinstil, Rückenkraul mit der Brille auf der Stirn, mit einer Schwimmflosse, schnorchelnd mit der Brille auf der Stirn, ganz unter Wasser, mit Rolle vorwärts oder rückwärts.

Der Leiter wählt die verschiedenen Formen aus. Die Gruppenmitglieder „verteilen" diese untereinander.

1052 Alle haben vor dem Start ein unterschiedliches Ausrüstungsstück an der gegenüberliegenden Seite auf den Beckenrand gelegt. Nach dem Startzeichen schwimmen sie zugleich weg. An der gegenüberliegenden Seite angekommen, legt jeder sein eigenes Ausrüstungsstück an und schnorchelt zurück. Wer gewinnt?

1053 Alle Gruppenmitglieder stehen mit ihrer Ausrüstung in der Hand am Rand. Nach dem Startzeichen legt A seine Ausrüstung an und schnorchelt zur gegenüberliegenden Seite. Dann zieht B seine Ausrüstung an und legt dieselbe Strecke zurück. Dann C usw. Welche Gruppe hat als erste den Auftrag ausgeführt?

Der Folgende startet, wenn sein Vorgänger nach seiner Ankunft die Hand gehoben hat.

1054 A und C stehen an einer Seite des Beckens im Wasser, B und D an der gegenüberliegenden Seite. Nur A hat einen Schnorchel. Nach dem Startzeichen schnorchelt A zur gegegüberliegenden Seite, wo B den Schnorchel übernimmt, zurückschwimmt und den Schnorchel an C übergibt. Wenn auch D an der Reihe gewesen ist, ist der Wettkampf abgeschlossen.

1055 Alle nehmen ein Ausrüstungsstück lose in der Hand mit und schwimmen – einer nach dem anderen – zur gegenüberliegenden Seite und bringen dort das Ausrüstungsstück wieder auf seinen Platz. Nachdem der letzte angekommen ist, schnorchelt die ganze Gruppe so schnell wie möglich zurück. Welche Gruppe kommt als erste an?

Um gleiche Chancen zu gewährleisten, kann der Leiter bestimmen, wer was in seiner Hand mitnimmt.

10.3.3 Tauchen und Distanzen schwimmen unter Wasser

Nr.	Idee / Beschreibung	Hinweise / Organsiation

1056 Hand in Hand tauchen 2 bis 16 Schnorchler gleichzeitig unter Wasser und legen in einer Reihe eine abgesprochene Distanz zurück. Die Gruppe beginnt gleichzeitig. Der Leiter bestimmt den Moment des gemeinsamen Untertauchens, indem er abzählt: 3, 2, 1, **tauchen!** Schwächere Taucher an die Außenseite.

1057 Gruppen von 2 oder 3 Personen können im Nichtschwimmerbecken vielerlei Kurven durch die gespreizten Beine herumschwimmen. Die Herausforderung lautet stets: Wer führt den Auftrag aus, ohne zwischendurch über Wasser zu kommen?

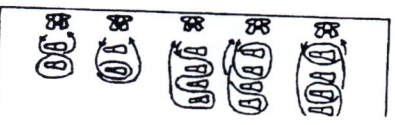

1058 Mit Gruppen von 6 bis 8 Schnorchlern eine Schlangenlinie schwimmen. Die ganze Gruppe startet schnorchelnd Hand in Hand. A taucht als erster auf und schleppt quasi B mit. So verschwindet einer nach dem anderen unter Wasser. Wenn der letzte auch auf dem Boden angekommen ist, taucht A wieder auf, gefolgt vom Rest.

Besonders gut geeignet für fortgeschrittene Schnorcheltaucher.

1059 Paarweise zum Boden pendeln: A atmet durch den Schnorchel, während B zum Boden taucht. Nachdem er getaucht ist, bekommt er unter Wasser den Schnorchel zugereicht, bläst ihn leer und fängt an zu atmen. Inzwischen ist A zum Boden getaucht. Welches Paar hält es am längsten durch?

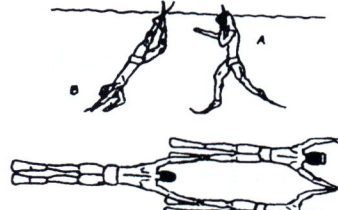

1060 Von 3 Personen schnorcheln A und B Hand in Hand. C hält sich an deren inneren Fußgelenken fest. Alle Dreiergruppen starten gleichzeitig und tauchen in derselben Formation. Versucht die Formation beizubehalten, bis aufgetaucht worden ist, nachdem eine möglichst große Distanz unter Wasser zurückgelegt wurde.

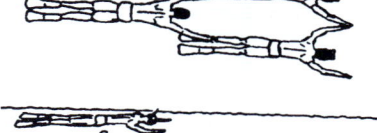

1061 Von allen Dreiergruppen tauchen A und B Hand in Hand. Zusammen legen sie eine Möglichst große Distanz zurück. Dann taucht B mit C und schließlich mit A. Welche Dreiergruppe legt auf diese Weise die größte Distanz zurück.

1062 Alle Mitglieder einer Gruppe von 6 Schnorchlern schnorcheln hintereinander, wobei sie mit zwei Händen ein Fußgelenk ihres Vordermannes festhalten. Über einer Markierung auf dem Boden tauchen sie, einer nach dem anderen unter, und legen den Rest der Bahn unter Wasser zurück, ohne dass die Kette unterbrochen wird.

10.3.4 Spielformen

Nr.	Idee / Beschreibung	Hinweise / Organsiation
1063	Innerhalb eines abgegrenzten Feldes in der Mitte des Schwimmbeckens schwimmt ein Schnorchler. Der Rest der Gruppe versucht, das Feld unter Wasser zu durchqueren. Der Fänger zwingt durch Berührung so viele Schnorchler wie möglich zum Auftauchen, die ihm dann beim folgenden Überquerungsversuch der anderen Mitspieler helfen (wie Schwarzer Mann).	
1064	Kettenfangen: Ein Fänger. Wenn er jemanden an einem Körperteil „geschlagen" hat, das über dem Wasser zu sehen ist, machen sie beide Hand in Hand weiter. Nur die äußeren „Kettenmitglieder" dürfen abschlagen. Sobald eine Vierergruppe entstanden ist, wird diese in Paare geteilt.	Jemanden mit den Beinen festhalten ist verboten!
1065	Ein Fänger versucht unter Wasser in einer vorher bestimmten Zeit so viele Mitspieler wie möglich anzuschlagen. Wir lassen nacheinander vier oder fünf Freiwillige an die Reihe kommen und beurteilen am Schluss wer den größten Fang gemacht hat. Zweimal nacheinander dieselbe Person abschlagen ist nicht erlaubt.	Für eine gute Kontrolle ist der Schiedsrichter im Wasser.
1066	Drei Taucher versuchen unter Wasser eine Mauer zu durchbrechen, die vom Rest der Gruppe gebildet wird, deren Mitglieder Hand in Hand im Nichtschwimmerbecken stehen. „Bricht" die Mauer, dann haben die drei gewonnen; werden die drei gezwungen, nach oben zu kommen, dann hat „die Mauer" gewonnen.	
1067	Gruppe A steht, mit dem Schnorchel in der Schwimmhose, an der Wand; Gruppe B, in der Mitte des Schwimmbeckens, versucht die Schnorchel der überquerenden Gruppe A zu erobern. Die gewinnende Gruppe ist diejenige, welche nach 3 bis 4 Durchgängen die meisten Schnorchel in ihrem Besitz hat.	
1068	Beide Gruppen stehen sich gegenüber. Unter ihnen liegen die Schnorchel der Gegenpartei. Nach dem Startzeichen versucht jede Gruppe die eigenen Schnorchel auf der gegenüberliegenden Seite vom Boden zu holen. Welche Gruppe ist als erste vollzählig mit Schnorcheln zurück? Gegenseitig Rücksicht nehmen!	
1069	Der Leiter nimmt eine Ausrüstung weg. Die übrigen liegen auf dem Boden verteilt. Die Gruppe schwimmt herum. Nach dem Startzeichen tauchen die Mitglieder, um eine vollständige Ausrüstung zu erobern. Derjenige, dem etwas fehlt, scheidet aus. Wiederum wird eine Ausrüstung weggenommen, usw.	Die „eroberte" Ausrüstung muss nicht unbedingt passen!

10.3.5 Besondere Kunststückchen

Nr.	Idee / Beschreibung	Hinweise / Organsiation

1070 Zwei schnorcheln mit einem Schnorchel zur gegenüberliegenden Seite. Sie liegen nebeneinander mit dem inneren Arm über der Schulter des anderen, während sie mit der äußeren Hand zusammen den Schnorchel festhalten. Abwechselnd atmen sie durch den Schnorchel. Beide bleiben mit dem Gesicht unter Wasser.

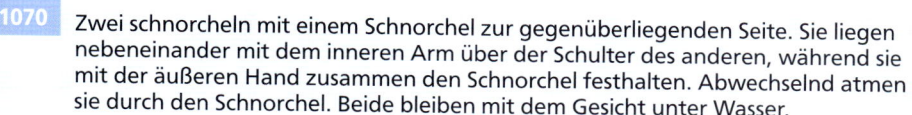

1071 Für Fortgeschrittene wird die obige Übung schwieriger gemacht, indem mit der Brille auf der Stirn geschnorchelt wird. Beide Übungen können auch durch 3 Personen ausgeführt werden.

1072 Zwei Schnorchler tauchen zum Boden. Schwimmend tauschen sie die Brillen aus, blasen sie leer und kommen nach oben. Schwieriger wird es, wenn sie danach auch noch den Schnorchel anziehen und diesen an der Oberfläche oder sogar während des Auftauchens leer blasen müssen.

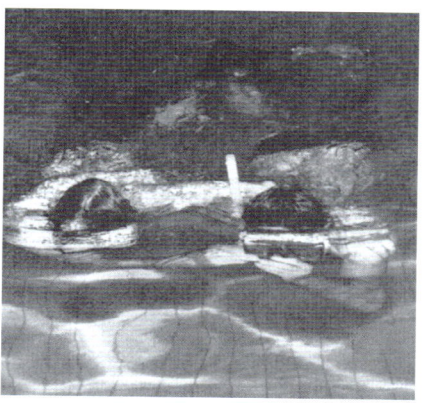

1073 Rettungsgriff 1: A liegt auf dem Rücken. B liegt ebenfalls auf seinem Rücken über A. A steckt seinen Schnorchel unter der Achsel von B hindurch und atmet entweder durch das umgekehrte Mundstück oder durch den vollständig umgekehrten Schnorchel. Der „Ertrinkende" wird anschließend im Achselgriff transportiert.

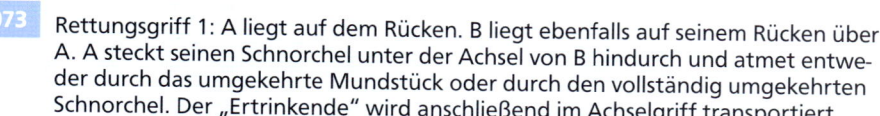

1074 Rettungsgriff 2: A und B stehen einander gegenüber. A mit dem Rücken in Schwimmrichtung hält mit der rechten Hand das linke Handgelenk von B. Beide Arme werden vollständig gestreckt, einwärts nach oben gebracht, wonach A mit seinem Partner auf seinem Rücken schwimmen kann, während er weiter durch den Schnorchel atmen kann.

1075 Rettungsgriff 3: „Retter" A steht B gegenüber. A hält beide Handgelenke von B fest und dreht dessen Arme kräftig mit den Ellbogen dicht beieinander nach außen. Die Ellbogengelenke sind nun festgesetzt und A kann seinen Partner schnorchelnd vor sich herschieben.

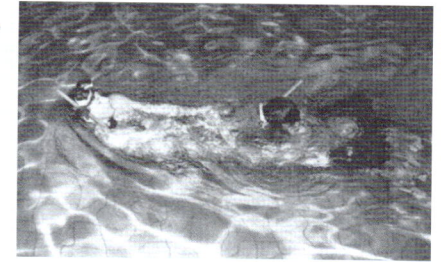

1076 Innerhalb der Gruppe Schnorchel auswechseln. Gruppen von 4 bis 8 Schnorchlern bilden einen Kreis, den Schnorchel lose in der Hand. Nach einem Zeichen des Leiters gibt jeder seinen Schnorchel an den rechten Nachbarn weiter. Schwierigere Formen: ein Schnorchel wird weggenommen, die Tauchbrille sitzt auf der Stirn.

10.4 Individuelle Formen mit Spielmaterial
10.4.1 Mit Wäscheklammern, Seilchen und Ballons . 241
10.4.2 Mit PVC-Ringen, Seilchen und Eimern 242
10.4.3 Mit Zahlentäfelchen 243
10.4.4 Mit Seilchen und Kettchen 244
10.4.5 Mit Streifen, Schrauben und Muttern 245
10.4.6 Mit Plastikflaschen, Seil, Gartenschlauch
und Gewichten 246
10.4.7 Kombinationsaufträge 247

10.4.1 Mit Wäscheklammern, Seilchen und Ballons

Nr.	Idee / Beschreibung	Hinweise / Organsiation
1077	Wäscheklammern sind sehr gut für vielerlei Sammelaktionen geeignet! Beispiele: so viel wie möglich in einem Tauchversuch oder in einer Minute, zwei von jeder Farbe, Serien von den zur Verfügung stehenden Farben, ausschließlich sammeln, indem man sie an der Schwimmkleidung befestigt usw.	
1078	Tauche zum Boden, falte die Hände auf dem Rücken und packe mit dem Mund eine Wäscheklammer vom Boden.	
1079	Wir schnorcheln einige Bahnen unter einem elastischen Seil hindurch. Pro Bahn darf ein Tauchversuch unternommen und eine Wäscheklammer an die Oberfläche gebracht werden, die an das Seil geklemmt werden muss. Wer hat zum Schluss genauso viele Klammern an das Seil geklemmt, wie Bahnen geschnorchelt worden sind?	
1080	Auf dem Boden liegen außer Wäscheklammern genauso viele Seilchen wie Schüler anwesend sind. Start: Jeder hält ein Seilchen an die Oberfläche, knotet die Enden aneinander und hängt es um den Hals. Danach so viele Wäscheklammern wie möglich an die Oberfläche holen und an seine Halskette hängen. Pro Tauchgang nur 1 Klammer!	
1081	Jeder bekommt einen Ballon und eine Schnur. Der Ballon wird aufgeblasen und zugeknotet, die Schnur am Ballon befestigt und in das andere Ende wird ein Knoten gemacht. Die an die Oberfläche gebrachten Klammern werden nun an die Schnur geklemmt. Pro Tauchgang 1 Klammer!	
1082	Über Wasser hängt ein elastisches Seil. Jeder bekommt einen Ballon. Mit dem Ballon in der Hand wird eine Wäscheklammer an die Oberfläche gebracht. Zurück an der Oberfläche wird der Ballon aufgeblasen und mit der Klammer an das Seil geklemmt.	
1083	Jeder bekommt 3 Ballone. Die Wäscheklammern liegen auf dem Boden. Wer hat als erster die drei Ballone aufgeblasen und mit einer Wäscheklammer verschlossen, die auf dem Wasser treiben?	

10.4.2 Mit PVC-Ringen, Seilchen und Eimern

Nr.	Idee / Beschreibung	Hinweise / Organsiation

1084 Ringe liegen auf dem Boden. Alle haben den Schnorchel lose in der Hand. Nach einem Startzeichen bringen sie so viele Ringe wie möglich an die Oberfläche und schieben sie an den Schnorchel. Wer hat die meisten Ringe? Variante: Nach jedem Ring muss zuerst wieder aufgetaucht werden.

1085 Die Schüler schwimmen im Bad herum, mit dem Gesicht Richtung Leiter. Dieser wirft, gleichmäßig verteilt, den ganzen Ringvorrat ins Wasser. Die Schüler dürfen sie direkt aus der Luft auffangen oder an die Oberfläche holen, bevor sie den Boden erreicht haben. Wer hat die meisten?

1086 Jeder Schüler bekommt einen der größeren Ringe. Sie stehen mit dem Schnorchel lose in der Hand am Rand. Die Ringe werden nun ungefähr 4 Meter weit weggeworfen. Wer schafft es, den Ring ohne Hilfe der Hände mit dem Schnorchel „aufzufangen", bevor er zu Boden sinkt? Untereinander kontrollieren lassen.

1087 Alle haben einen Ring, tauchen damit zum Boden und schieben ihn mit dem Schnorchel vorwärts. Herausforderungen: Wer kommt in einem Tauchversuch am weitesten? Wie viele Tauchversuche hast du nötig, um 50 m zurückzulegen? usw. Gegenseitig beobachten!

1088 In jeder Ecke des Schwimmbeckens steht auf dem Boden ein Eimer mit jeweils allen verfügbaren Ringen einer Farbe. Wer erobert als erster die vier verschieden gefärbten Ringe?

1089 Ringe liegen im Becken verteilt. Jeder Schüler hat ein Seilchen. Nach einem Startzeichen holen sie so viele Ringe wie möglich an die Oberfläche und reihen sie am Seilchen auf. Wenn nichts mehr am Boden liegt, werden die Enden aneinander geknotet, und jeder schwimmt mit seiner „Perlenhalskette" um den Hals zur Wand.

1090 Wir teilen jedem Ring, vom kleinsten bis zum größten, einen Wert von 1–4 Punkten zu. Wer hat dann die kostbarste Beute erobert, nachdem alle Ringe an die Oberfläche gebracht worden sind?

10.4.3 Mit Zahlentäfelchen

Nr.	Idee / Beschreibung	Hinweise / Organsiation
1091	Mit einem 4-farbigen Set der Zahlen von 0-9 können wir auf attraktive Weise Gruppen zusammenstellen. Für Zweier- bis Vierergruppen werfen wir soviel gleiche Nummern ins Wasser, wie wir Gruppen nötig haben. Für größere Gruppen werfen wir die Anzahl Serien ins Wasser. 2 Gruppen: gerade und ungerade Zahlen.	
1092	Wer bringt die längste ununterbrochene Zahlenreihe an die Oberfläche? Zunächst ungeachtet der Farben, danach in einer bestimmten Farbe. Auch über 10 (das ist die 0) hinaus, ist dies erlaubt.	
1093	Wer erobert die vollständige Serie gerader Zahlen? Wer erbeutet vier gleiche Zahlen in vier verschiedenen Farben? Wir geben höchstens 5 Minuten Zeit und untereinander tauschen ist erlaubt.	
1094	Suche zwei Täfelchen, von denen die Summe, oder die Differenz, vorgegeben ist.	
1095	Bilde eine Zahl aus zwei Ziffern, die, zu einer anderen Einzelziffer zugezählt, die gegebene Summe ergibt.	
1096	Suche eine unbestimmte Anzahl von Zahlen, die zusammen die vorgegebene Summe ergeben.	
1097	Wer findet sein eigenes Geburtsdatum?	

10.4.4 Mit Seilchen und Kettchen

Nr.	Idee / Beschreibung	Hinweise / Organsiation

1098 Für alle wird ein Seilchen ins Wasser geworfen. Nach dem Start bringt jeder ein Exemplar an die Oberfläche und knotet die beiden Endstücke an das Endstück von zwei verschiedenen anderen Seilchen fest. Wer schafft das als Erster?

1099 Schnorchle mit einem Seilchen in höchstens einer Minute zur gegenüberliegenden Seite, lege inzwischen 3 halbe Knoten in das Seilchen und knote die Endstücke aneinander. In umgekehrter Reihenfolge zurück.

1100 Für Fortgeschrittene: Binde mit dem Seilchen die Fußgelenke fest zusammen und schwimme dann 2 Bahnen im Delphinstil auf dem Rücken und 2 Bahnen im Delphinstil unter Wasser. Löse dann das Seilchen wieder und lege es an den Rand. Wer schafft das als Erster?

1101 Fange an zu schnorcheln mit dem Seilchen in der Hand. Während eine bestimmte Strecke zurückgelegt wird, holst du den Schnorchel hinter dem Brillenband weg, legst einen Knoten dicht über dem Mundstück, bringst den Schnorchel wieder an seinen Platz und legst den Rest der Strecke zurück. Gesicht immer unter Wasser!

1102 Jeder Schnorchler bekommt ein Kettchen, legt darin 5 halbe Knoten und wirft es ins Wasser. Nach einem Startzeichen holt jeder ein Kettchen an die Oberfläche und versucht in einem Tauchversuch soviel Knoten wie möglich zu lösen. Dies muss mit dem Körper vollständig unter Wasser geschehen, also... nicht aufhören zu schwimmen!

1103 Jeder Schnorcheltaucher knotet am Rand sein Kettchen so „ungeschickt" ineinander, wie das innerhalb einer Minute für ihn möglich ist. Nicht zu fest anziehen! Die Kettchen werden nun untereinander ausgetauscht. Am Boden versucht dann jeder sein Kettchen so schnell wie möglich zu entwirren.

1104 Jeder legt in das Kettchen 8 Knoten übereinander, wonach sie untereinander ausgetauscht werden. Sie werden auf dem Boden hinter einem gespannten Seil an die Wand gelegt. Das Entwirren beginnt mit einem Tauchversuch vor dem Seil. Bei Atemnot zuerst bis hinter das Seil zurückschwimmen, Luft holen und weitermachen.

10.4.5 Mit Streifen, Schrauben und Muttern

Nr.	Idee / Beschreibung	Hinweise / Organsiation

1105 Wie viele Schrauben und Muttern kannst du in einem Tauchversuch demontieren? Auch umgekehrt. Benutze für das Arbeiten an einer Stelle einen „Anker", z. B. ein Gewicht von 5 kg mit einer Seilschlinge, durch die eine Hand gesteckt werden kann.

1106 Wie viele Tauchversuche hast du nötig, um alle 10 Schrauben und Muttern zu demontieren? Auch umgekehrt!

Bei Atemnot sofort alles auf dem Boden liegen lassen und auftauchen.
Tauche nie allein!
Lass dich beobachten!

1107 Montiere die 10 Schrauben und Muttern so, dass sie abwechselnd von links und rechts durchgesteckt sind.

1108 Alle Schrauben und Muttern liegen demontiert beim Montagestreifen auf dem Boden. Der Schnorcheltaucher dreht nun zunächst eine Mutter 1 cm auf eine Schraube. Anschließend wird diese Schraube durch ein Loch des Streifens gesteckt und mit einer zweiten Mutter festgemacht.

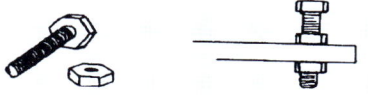

1109 Alle Schrauben und Muttern werden in ein bis vier Eimern auf dem Boden deponiert. Jeder montiert seinen Streifen an die Streifen von zwei anderen Schnorchlern. Schwieriger wird die Montage, wenn in einer abgesprochenen Farbreihenfolge montiert werden muss.

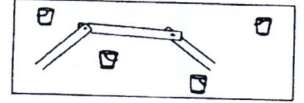

1110 Wenn genügend Streifen vorhanden sind, können wir jeden Taucher mit 2, 3, 4 oder 5 Streifen versehen, womit sie z. B. die Buchstaben L, A, M oder S zusammensetzen können.

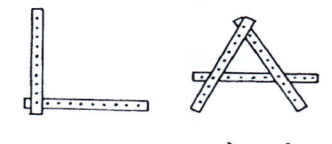

1111 Jeder Schnorcheltaucher legt all seine Schrauben und Muttern an den Rand, wo er startet. Den Streifen legt er an der gegenüberliegenden Seite auf dem Boden. Nach dem Start nimmt er 1 Schraube und 1 Mutter und montiert diese so schnell wie möglich auf dem Streifen. Nach oben kommen darf man unbegrenzt oft; das Material muss unten bleiben.

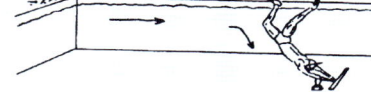

10.4.6 Mit Plastikflaschen, Seil, Gartenschlauch und Gewichten

Nr.	Idee / Beschreibung	Hinweise / Organsiation

1112 An eine Plastikflasche von 1 1/2 Liter, mit Wasser gefüllt, binden wir einen Bleiblock von 1 kg und lassen diese vollständig zum Boden sinken. Das eine Ende eines Gartenschlauches wird in die Flasche gesteckt und durch das andere Ende blasen wir so viel Luft in die Flasche, bis diese wieder beginnt aufzusteigen. Schwieriger wird es mit der Brille auf der Stirn.

1113 Das „Nach-oben-Blasen" einer Flasche führen wir nun nach einer Strecke von 5 bis 10 m unter Wasser aus. Noch schwieriger wird es, wenn nach dem „Nach-oben-Blasen" der Flasche auch noch unter Wasser zurückgeschwommen werden muss. Auch starten mit der Brille auf der Stirn; die Brille muss zunächst aufgesetzt und dann leer geblasen werden. Gelingt dies?

1114 Die beschwerte Flasche treibt an der Oberfläche. Wir stecken den Gartenschlauch bis zum Boden in die Flasche. Mit einem starken Atemstoß blasen wir den Schlauch leer und saugen anschließend so lange Luft aus der Flasche, bis diese sinkt. Tipp: Vorsichtig mit dem Ansaugen beginnen, um sicher zu sein, dass kein Wasser im Schlauch ist.

1115 Benutze einen „Anker"! Die mit Wasser gefüllte Flasche liegt auf dem Boden. Nach dem Untertauchen hält du den Anker fest. Stecke nun den Gartenschlauch in die Flasche und blase Luft hinein. In dem Moment, in dem sie auftaucht, saugen wir die Luft wieder weg. Sinkt die Flasche wieder, dann erneut blasen. Wie oft kannst du auf diese Weise Jo-Jo spielen?

1116 Die mit Luft gefüllte und mit 2 kg beschwerte Flasche liegt auf dem Boden. An einem „Anker" liegend stecken wir den Schlauch bis zum Flaschenboden in die Flasche und blasen sie mit einem kurzen Atemstoß leer. Nun ruhig liegen bleiben, bis du in Atemnot kommst. Atme dann durch die Nase aus und atme durch den Schlauch ein. Es ist wirklich möglich! Ob es dir gelingt?

1117 Bei der oben beschriebenen Übung können wir auch in die Flasche ein- und ausatmen. Die ausgeatmete Luft enthält genug Sauerstoff, um das einige Male durchzuhalten. Durch den stetig steigenden Kohlensäuregehalt kommt der Atemreiz allerdings stets schneller. Sehr spannend! Benutze deinen „Anker" und **arbeite immer unter Aufsicht.**

1118 Sauge dir treibende Flasche nach unten. Tauche ihr hinterher und blase sie durch den Schlauch wieder nach oben. Zurück an der Oberfläche bleibst du mit dem Mund unter Wasser, gebrauchst den Schnorchel, bläst diesen ebenfalls leer und wiederholst den Auftrag, sobald du deine Atmung unter Kontrolle hast. Eine gute Übung zur Beherrschung deiner Atmung.

Gebrauche für das „Hochblasen" so wenig Luft wie möglich. Der Schnorchel muss nämlich auch noch leer geblasen werden.

10.4.7 Kombinationsaufträge

Nr.	Idee / Beschreibung	Hinweise / Organsiation
1119	Von allem Spielmaterial, das vorhanden ist, deponieren wir ein Exemplar pro Schüler im Wasser, und zwar über eine so große Oberfläche wie möglich, verteilt. Suche nun von jeder Sorte ein Exemplar. Wer hat als erster eine Serie komplett?	
1120	Alle Gegenstände liegen auf dem Boden. Nun muss der Boden ganz „sauber gemacht" werden. Wer hat die meisten Gegenstände, wenn nichts mehr auf dem Boden liegt? Wer hat die „schönste" oder am meisten variierte Sammlung?	Alles ist schnell aufgeräumt, wenn nach dem Zählen Sorte zu Sorte gelegt werden muss!
1121	Wer hat zuerst die folgenden drei Kombinationen am Rand liegen: Einen Ring an ein Kettchen geknotet, eine Wäscheklammer an ein Zahlentäfelchen geklemmt und einen Bleiblock an ein Seilchen gebunden?	
1122	Sammle in einer festgesetzten Zeit so viel Exemplare wie möglich von einer zugewiesenen Sorte. Rechne eventuell Punkte an, wobei schwer zu tragende Gegenstände die höchste Punktzahl und leichter zu sammelnde Materialien eine geringere Punktzahl ergeben (oder umgekehrt).	10 P je 1 P
1123	Schnorchle 8 Bahnen. Während jeder Bahn darf ein Gegenstand an die Oberfläche gebracht werden. Das muss jedes Mal etwas anderes sein und die Sammlung muss während der Ausführung des gesamten Auftrages vollständig mitgenommen werden.	
1124	Suche ein Zahlentäfelchen zwischen 1 und 6 und komme damit an den Rand. Jetzt wird erst der Rest des Auftrages bekannt gegeben: Hole so viele Gegenstände an die Oberfläche, wie deine Zahl angibt. Erst starten die Nummern 6. Drei Sekunden später die Nummern 5 usw.	Startzeit an die Geübtheit innerhalb der Gruppe anpassen.
1125	Hole in 3 Minuten so viele Gegenstände wie du kannst an die Oberfläche, aber ... sie zählen nur, wenn sie auf irgendeine Weise miteinander verbunden sind!	

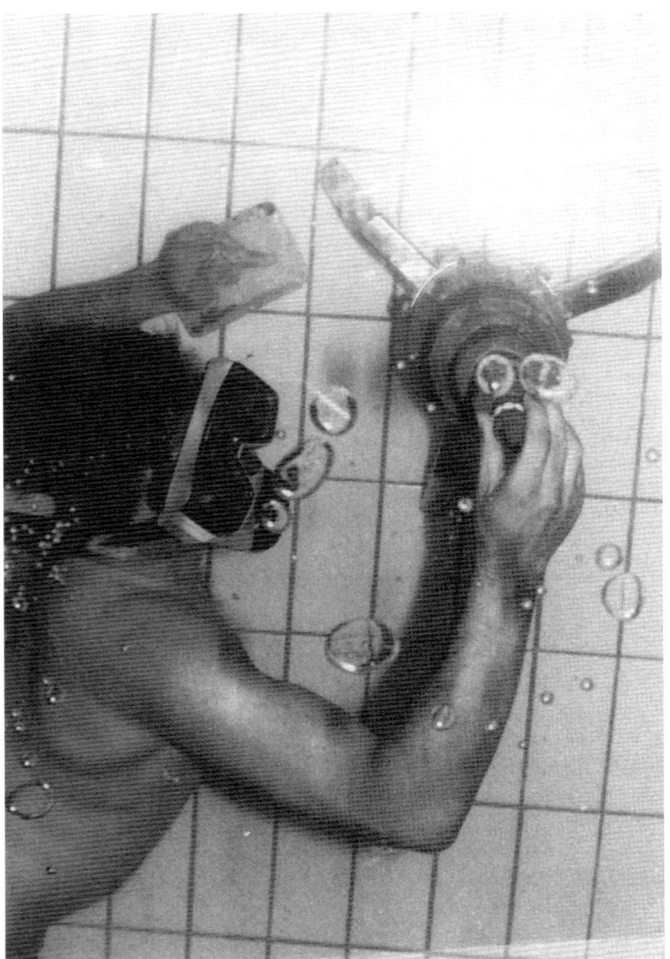

10.5 Gruppenformen mit Spielmaterialien
10.5.1 Mit Montagestreifen und Montageplatten . 249
10.5.2 Mit Buchstabentäfelchen 250
10.5.3 Mit dem Unterwasserball 251
10.5.4 Mit dem Röhrenmontageset 252
10.5.5 Mit Raketen 253
10.5.6 Mit hohlen Gegenständen 254
10.5.7 Mit Kombinationen der Materialien 255

10.5.1 Mit Montagestreifen und Montageplatten

Nr.	Idee / Beschreibung	Hinweise / Organsiation

1126 An der anderen Seite liegt ein Streifen mit 10 Löchern mit den Buchstaben: TAUCH-STATION und den Ziffern 1 bis 12 auf dem Boden. Abwechselnd dorthin schnorcheln und eine Schraube und eine Mutter bei untereinander vereinbarten Ziffern montieren, welche zusammengezählt, eine vom Leiter vorgegebene Summe ergeben.

„27"

1127 Beginne genauso wie oben. Nun montiert jeder seine Schraube und Mutter bei Buchstaben, mit denen ein untereinander abgesprochenes Wort mit 5 Buchstaben gebildet werden kann.

„NACHT"

1128 Der gleiche Auftrag wie oben. Doch nun wird jeder gebrauchte Buchstabe mit der Ziffer bewertet, die darüber steht. Welche Gruppe hat die höchste Punktzahl.

„USCHI" = 28 p.

1129 A wartet beim leeren Streifen an der anderen Seite. B schnorchelt mit einer Schraube und 2 Muttern zu ihm hin. Unterwegs dreht er eine Mutter 2 cm weit auf eine Schraube und gibt alles an A. A montiert die Schraube auf den Streifen und schnorchelt zurück, um selbst eine Schraube und 2 Muttern zu holen. Bis 5 Schrauben und Muttern so montiert sind.

1130 A und B liegen beide an der Oberfläche über dem leeren Streifen mit 5 Schrauben und Muttern. Beim Streifen liegt ein „Anker" mit Schlinge. A montiert eine Schraube und eine Mutter beim ersten Buchstaben. Sobald er fertig ist, tut B dasselbe beim zweiten Buchstaben. Dann darf A wieder usw.

1131 Für jede Vierergruppe liegt eine leere viereckige Montageplatte auf dem Boden. Die zugehörigen Schrauben und Muttern liegen in einem Eimer in der Nähe. Welche Gruppe hat zuerst die passende Schraube und Mutter im mittelsten Loch der vier Seiten montiert? Benutzt, um unten bleiben zu können, auch hier wieder einen „Anker".

1132 Beginne genauso wie beim vorigen Auftrag. Nun muss die Gruppe probieren, so schnell wie möglich alle Schrauben und Muttern an der richtigen Stelle zu montieren. Eine gute Planung und Aufgabenverteilung führt zu einem schnelleren Resultat.

10.5.2 Mit Buchstabentäfelchen

Nr.	Idee / Beschreibung	Hinweise / Organisation

1133 Welche der vier Gruppen hat in der ihr zugewiesenen Farbe zuerst das Wort TAUCHSTATION am Rand liegen?

1134 Alle Täfelchen liegen im Schwimmbecken verteilt. Jedes Gruppenmitglied darf nun ausschließlich mit Buchstaben an den Rand kommen, womit er ein Wort bilden kann. Welche Gruppe hat dann die meisten Wörter versammelt?

1135 Welche der vier Gruppen hat in der zugewiesenen Farbe als erste eine zuvor abgesprochene Anzahl von Wörtern am Rand liegen?

1136 Welche der vier Gruppen hat, wenn sie alle eroberten Buchstaben benutzt, das längste Wort gebildet? Tauchstation ist nicht erlaubt. Nicht gebrauchte Buchstaben müssen zurückgeworfen werden, anders werden sie in Abzug gebracht.

1137 Welche Gruppe erreicht mit ihren gebildeten Wörtern die höchste Punktzahl, wenn für jeden Buchstaben ein Wert angerechnet wird, der ebenso hoch ist, wie die Zahl der Buchstaben, woraus das Wort besteht?

1138 Suche mit der Gruppe einen Jungen- oder Mädchennamen, den Namen einer Tierart, ein Substantiv, ein Adjektiv usw. Solange noch nicht gebrauchte Buchstaben am Rand liegen, ist der Auftrag nicht ausgeführt.

1139 Welche Gruppe hat zuerst einen zugewiesenen Buchstaben in 4 verschiedenen Farben erbeutet. Schwieriger wird es, 4 gleiche Buchstaben in den 4 verschiedenen Farben zu suchen. Das geht am besten in verschiedenen Runden: Suchen 1. Runde, auswählen, Rest zurückwerfen. Suchen 2. Runde.

10.5.3 Mit dem Unterwasserball

Nr.	Idee / Beschreibung	Hinweise / Organsiation
1140	Die Gruppen stehen mit den Beinen weit gespreizt in Reihen. A taucht mit dem Ball durch den Tunnel und bleibt vor E stehen. Der Ball wird nun rückwärts über die Köpfe hinweg an B gegeben, der dann ebenfalls damit durch den Tunnel taucht. Welche Reihe steht als erste wieder in ihrer ursprünglichen Formation?	
1141	Die Gruppe bildet eine lang gestreckte Reihe von Wand zu Wand, stehend oder Wasser tretend in der Längs- oder Querrichtung des Beckens. Welche Gruppe hat den Ball zuerst hin- und zurückgespielt? Wer den Ball nicht fängt, muss ihn zuerst an die Oberfläche bringen, seine Position wieder einnehmen und dann erst weiterspielen.	
1142	Jedes Gruppenmitglied macht einen Tauchversuch, wobei es den Ball so weit wie möglich „wirft". An der Stelle, an der er nach oben kommt, übernimmt der Nächste. Welche Gruppe hat den größten Abstand zurückgelegt, wenn jeder an der Reihe gewesen ist?	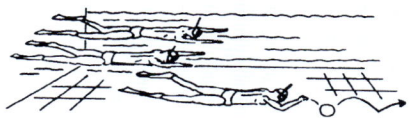
1143	Jedes Gruppenmitglied stößt den Ball von der Wand aus so weit wie möglich weg und holt ihn danach sofort wider zurück. Der erreichte Abstand wird auf einen halben Meter genau notiert. Dann ist der nächste an der Reihe. Welche Gruppe hat den größten Totalabstand überbrückt.	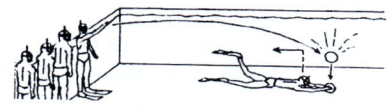
1144	Zwei Parteien: Partei A stellt sich zwischen zwei Linien verteilt auf. Partei B versucht tauchend, schwimmend und werfend diesen Raum zu überqueren. Gelingt es, dann bekommt sie einen Punkt. Fängt A den Ball ab, dann darf A überqueren und versuchen, Punkte zu „verdienen".	Der Ball darf nicht aus den Händen des Gegners gezogen oder geschlagen werden.
1145	Zwei Parteien: Welche Partei wirft sich untereinander den Ball am meisten zu, ohne dass er durch die Gegenpartei abgefangen wird (eine Form des Schnappballes).	Ein nicht gefangener Ball, der wohl wieder von derselben Partei an die Oberfläche gebracht wird, unterbricht die Folge nicht.
1146	Handball: Schwimmend, tauchend und werfend versucht die Gruppe, Tore zu machen, indem der Ball auf die Matte der Gegenpartei geworfen wird. Die Matte liegt am Rand. Den Ball wegzunehmen und Körperkontakt ist nicht erlaubt.	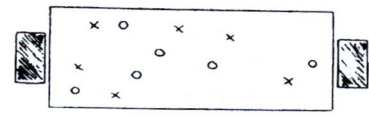

10.5.4 Mit dem Röhrenmontageset

Nr.	Idee / Beschreibung	Hinweise / Organsiation

1147 Auf dem Boden liegen 32 Röhrchen und die Verbindungsstücke im 90°-Winkel. Welche Gruppe schafft es als erste, zwei Vierecke auf der Wasseroberfläche treiben zu lassen?

1148 Auf dem Boden liegen 32 Röhrchen, die Verbindungsstücke im 90°-Winkel und die Verbindungsstücke im 45°-Winkel. Jedes Gruppenmitglied versucht nach einem Startzeichen, so schnell wie möglich ein Verbindungsstück von 90° und eines von 45° an ein Röhrchen zu montieren. Welche Gruppe ist zuerst fertig?

1149 Innerhalb der Gruppe wird abgesprochen, was jedes Gruppenmitglied an die Wasseroberfläche bringen muss, um 2 Vierecke machen zu können, die jedes aus 4 verschieden gefärbten Röhrchen und Verbindungsstücken bestehen. Welche Gruppe hat diese als erste an der Oberfläche treibend, liegen?

Beispiel: 4 Personen: A + B: rote und grüne Röhrchen und rote und grüne Verbindungsstücke. C + D: gelbe und blaue

1150 Auf dem Boden liegen die 32 Röhrchen und die Verbindungsstücke im 45°-Winkel. Welche Gruppe hat in der zugewiesenen farbe zuerst ein Achteck, auf dem Wasser treibend, liegen?

1151 Alle Teile des Röhrenmontagesets liegen auf dem Boden. Welche Gruppe baut innerhalb einer abgesprochenen Zeit den am meisten spektakulären Gegenstand in der zugewiesenen Farbe?

1152 8 Gruppenmitglieder stehen mit 1 Röhrchen und 1 Verbindungsstück im 45°-Winkel lose in der Hand an der Startwand. A schnorchelt eine Bahn, montiert das Verbindungsstück und hebt seine Hand. Daraufhin startet B und montiert sein Röhrchen und Verbindungsstück an das von A und hebt die Hand hoch, bis das Achteck treibend auf dem Wasser liegt.

1153 Jedes Gruppenmitglied bringt 2 Röhrchen und 2 Verbindungsstücke an die Oberfläche. An der Startwand montiert es daraus einen „Schnorchel". Sobald ein Gruppenmitglied seinen „Schnorchel" fertig hat, darf es damit eine Bahn schnorcheln. Welche Gruppe ist als erste fertig?

10.5.5 Mit Raketen

Nr.	Idee / Beschreibung	Hinweise / Organsiation
1154	Alle stehen mit 1 Stück der Rakete an der Startwand. Die Reststücke liegen an der gegenüberliegenden Seite auf dem Boden. Einer nach dem anderen schnorchelt zur Rakete und montiert sein Stück. Nach der Montage des letzten Stückes blasen die Gruppenmitglieder ihre Rakete durch den Schnorchel an die Oberfläche.	
1155	Jedes Gruppenmitglied hat eine „Raketenstufe" und 2 Schrauben und Muttern. Diese werden in beliebiger Reihenfolge montiert, wonach wieder der „Start" folgt. Die Benutzung eines „Ankers" mit Schlinge vereinfacht die Montage.	
1156	Zuerst wird die Rakete am Boden vollständig auseinander genommen, wonach alle Stücke an den Rand gelegt werden. Wer ist damit als erster fertig? Danach wird die Rakete am Boden wieder zusammengebaut und schließlich „gestartet". Wer ist damit als erster fertig?	
1157	Die vollständig demontierte Rakete wird am Boden zusammengesetzt. Das eine Ende des 6 m langen Schlauches wird mit Hilfe des „Ankers" unter der Rakete platziert. Ebenfalls an einem Anker auf dem Boden liegend, bläst nun jeder durch das andere Ende, bis die Rakete aufsteigt.	
1158	Alle oben stehenden Montageaufträge können schwieriger gestaltet werden, indem bestimmt wird, dass die Montage mit der Brille auf der Stirn geschehen muss.	Nur für geübte Schnorcheltaucher!
1159	Man kann auch die Montageaufträge erschweren, indem bestimmt wird, dass nur hinter einer Linie oder Leine gearbeitet werden darf. Wer zwischen der Linie und der Montagestelle über Wasser kommt, disqualifiziert seine Gruppe. Weniger „streng" ist: 15 Sekunden verpflichtete Arbeitspause.	Anfänglich sehr kurzen Abstand wählen, z. B. 2 m, so dass alle den Auftrag ausführen können.
1160	Sabotage: Alle Raketen stehen in einem Achteck aus Röhrchen intakt auf dem Boden. Alle Gruppen bekommen eine Minute Zeit, um die Rakete und die „Startplattform" eines Gegners zu demontieren. Wer hat den angerichteten Schaden zuerst repariert und die Rakete erfolgreich gestartet?	Stelle die Raketen in großzügigem Abstand voneinander auf, z. B. in die Ecken. Gib nach einer Minute ein Tonzeichen.

10.5.6 Mit hohlen Gegenständen

Nr.	Idee / Beschreibung	Hinweise / Organsiation

1161 In einer abgetrennten Ecke liegt für jedes Gruppenmitglied eine mit einem Bleiblock beschwerte, an der Oberfläche treibende Plastikflasche. Jede Gruppe hat ein Stück Gartenschlauch von 60 cm Länge. Jedes Gruppenmitglied steckt nun abwechselnd den Schlauch in seine Flasche, bläst ihn leer und saugt anschließend alle Luft aus der Flasche, so dass diese alle sinken.

1162 Pro Paar: 1 zugeschraubte Plastikflasche, 1 Leinchen, 1 Bleiblöckchen, 1 „Anker" und 1 Gartenschlauch. Zusammen bringen sie dies zur anderen Seite, befestigen den Bleiblock mit dem Leinchen an der Flasche, nehmen den Verschluss ab und lassen die Flasche durch Leersaugen (Schlauch) sinken. Am Boden wird der Verschluss wieder aufgeschraubt und alles zur Startwand zurückgebracht.

1163 An der gegenüberliegenden Seite treibt für jede Gruppe ein mit 5 kg beschwerter Eimer. Jedes Gruppenmitglied schwimmt abwechselnd mit einem Stück Gartenschlauch dorthin und saugt einmal Luft aus dem Eimer. Wenn dieser gesunken ist, darf jeder abwechselnd einmal blasen. Welche Gruppe lässt den Eimer als erste sinken und wieder aufsteigen?

1164 Innerhalb der Bahn von jeder Gruppe liegen auf dem Boden zwei, mit Luft gefüllte und mit 10 kg beschwerte Eimer. In jedem Eimer hängen zwei Gartenschläuche von 60 cm Länge an einem Schwimmer. Alle Gruppenmitglieder schwimmen nun zwei Bahnen unter Wasser. Bei jeder blasen sie zunächst den Schlauch leer, atmen einmal und beenden dann die Strecke.

1165 Für jede Gruppe treibt an der langen Seite ein mit 5 kg beschwertes Sauerkrautfass von 20 l. Jede Gruppe hat ein Stück Gartenschlauch von 60 cm Länge. So schnell wie möglich saugt jeder mit seinem Schnorchel Luft aus dem Fass. Ist der Wasserstand in dem Fass zu hoch geworden, um den Schnorchel gebrauchen zu können, benutzt jedes Mitglied abwechselnd den Gartenschlauch.

1166 6 m vor jeder Gruppe entfernt liegt ein Fass von 20 l, beschwert mit 10 kg, auf dem Boden. Das eine Ende eines 6 m langen Gartenschlauches wird mit einem Gewicht an der Fassöffnung blockiert. Die Gruppenmitglieder am anderen Ende des Schlauches blasen nun Luft durch den Schlauch. Während sie warten, bleiben sie mit dem Gesicht unter Wasser und atmen durch den Schnorchel.

1167 Das mit Luft gefüllte Fass von 20 l liegt mit 25 kg beschwert am Boden. A steckt ein Stück Gartenschlauch von 60 cm Länge in das Fass, wobei es sich an einem „Anker" festhält. Bei der ersten Atemnot bläst er den Schlauch leer, den Rest der Luft bläst er durch seine Brille weg. Anschließend atmen aus dem Fass usw. Wie lange hält jedes Gruppenmitglied das durch?

10.5.7 Mit Kombinationen der Materialien

Nr.	Idee / Beschreibung	Hinweise / Organsiation

1168 Alle Teile des Röhrenmontagesets liegen in einem Kreis, der durch 6 Reifen gebildet wird. Die Gruppenmitglieder versuchen nun so viele Teile wie möglich für ihre Gruppe zu sammeln. Dabei dürfen sie nur durch einen der Reifen in und aus dem Kreis. Welche Gruppe hat die meisten Teile, wenn alles aus dem Kreis ist?

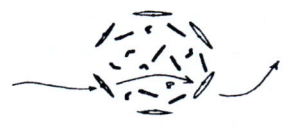

1169 Dieselbe Situation wie oben. Nun muss die Gruppe jedoch versuchen, zwei Exemplare von derselben Sorte in derselben Farbe zu erobern. Überzählige Exemplare müssen zurückgebracht werden. Welche Gruppe schafft das als erste?

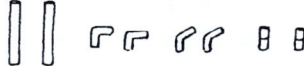

1170 2 Gruppen, Anlage wie bei 1168. Gruppe A schwimmt innerhalb des Kreises herum. Gruppe B schwimmt, mit dem Schnorchel in die Schwimmhose geklemmt, außerhalb des Kreises. B versucht so viel Teile wie möglich wegzuholen. Wer den Schnorchel an A verliert, scheidet aus. Wie viele Teile sind erbeutet, wenn jeder seinen Schnorchel verloren hat?

Einen großzügigen Kreis aus Reifen bilden!

1171 An beiden Seiten des Reifenganges steht die Hälfte jeder Gruppe an der Wand. A schwimmt nun mit dem Unterwasserball durch den Gang und übergibt ihn an B. Dieser wieder an C usw. Welche Gruppe ist zuerst fertig?

1172 Für jede Gruppe liegen ein Fass von 20 l, 4 lange Röhrchen, 4 Verbindungsstücke von 90°, 4 Leinchen und 4 Bleiblöcke von 1 kg auf dem Boden. Welche Gruppe hat die gezeichnete Konstruktion zuerst montiert und an der Oberfäche treibend liegen?

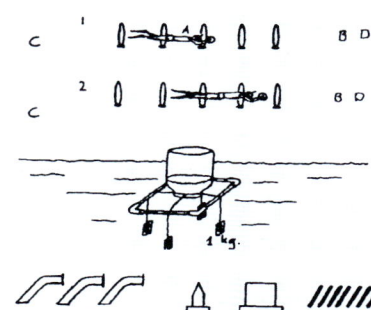

1173 Für jede Gruppe liegen auf dem Boden eine vollständig auseinander gebaute Rakete plus Röhrenmontagematerial für ein Achteck beieinander. Welche Gruppe hat zuerst das Achteck zusammengebaut und daraus die intakte Rakete gestartet? Gebrauche einen „Anker".

1174 Für zwei Gruppen liegt in einer Bahn Material auf dem Boden, um 5 Aufträge ausführen zu können: Eimer sinken lassen, Achteck treibend an der Oberfläche, Wort aus 5 Buchstaben am Rand, vorgegebene Summe aus 5 Zahlen am Rand, Teile der Rakete montieren und starten.

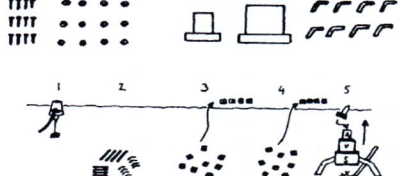

11 Verwendete und weiterführende Literatur

BUCHER, W. (Red.):
1015 Spiel- und Kombinationsformen in vielen Sportarten. Hofmann-Verlag. Schorndorf 2005 (5.)
E-Mail/Bezug DL: bestellung@hofmann-verlag.de
E-Mail/Bezug CH: bupro@bluewin.ch

ESK:
Schweizerisches Lehrmittel Schwimmen.
Eidg. Sportkommission ESK. Bern 2005 (5.)
E-Mail/Bezug DL: bestellung@hofmann-verlag.de
E-Mail/Bezug CH: verkauf.zivil@bbl.admin.ch

ESK:
Lehrmittelreihe Sporterziehung/
Bände 1–6. Eidg. Sportkommission. Bern 2005 (5.)
E-Mail/Bezug DL: bestellung@hofmann-verlag.de
E-Mail/Bezug CH: verkauf.zivil@bbl.admin.ch

FRANK, G.:
Koordinative Fähigkeiten im Schwimmen.
Hofmann-Verlag. Schorndorf 1989 (2.).
E-Mail/Bezug DL: bestellung@hofmann-verlag.de

swimsports.ch
Lehr- und Testunterlagen. Bülach 2005.
E-Mail/Bezug: admin@swimsports.ch
Schwimmwelt – das neue Lehrmittel für den Schwimmunterricht
E-Mail/Bezug: admin@swimsports.ch

Doppelstunde Schwimmen

Unterrichtseinheiten und Stundenbeispiele für Schule und Verein

Dr. Marcel Fahrner / Nico Moritz

Die *Doppelstunde Schwimmen* zeigt beispielhaft auf, wie Schülern mittels variantenreicher Übungen schwimmspezifische motorische Fertigkeiten vermittelt werden können. Darüber hinaus werden auch Ideen formuliert, wie praktische Erfahrungen mit bewegungstheoretischen Inhalten im Sportunterricht verknüpft werden können. Biomechanische Zusammenhänge des Fortbewegens im Wasser werden dabei explizit für eine funktionale Bewegungsanalyse nutzbar gemacht. Die Übungseinheiten sind jeweils auf einen Zeitraum von 60 bis 70 Minuten zugeschnitten. Mit diesem Band sollen in erster Linie Sportlehrer, fachfremd unterrichtende Sportlehrer und Übungsleiter, aber auch Sportstudierende an Universitäten und Pädagogischen Hochschulen angesprochen werden.

15 x 24 cm, 176 Seiten + CD-ROM, ISBN 978-3-7780-0561-3, **Bestell-Nr. 0561** € 19.90

Steinwasenstraße 6–8 · 73614 Schorndorf · Telefon (07181) 402-125 · Telefax (07181) 402-111
E-Mail: bestellung@hofmann-verlag.de · www.hofmann-verlag.de

Koordinative Fähigkeiten im Schwimmen

Der Schlüssel zur perfekten Technik

Gunther Frank

5., überarbeitete Auflage 2008

Wenn man einen Blick auf die gängige Praxis des Schwimmtrainings wirft, so zeigt sich, dass sie in der Regel vorwiegend durch stupide kilometer- und konditionsorientierte Trainingspraktiken gekennzeichnet ist. Das Ziel des Autors ist es, mit Hilfe einer umfangreichen Sammlung an Übungs- und Trainingsformen die Vorteile eines fertigkeits- und fähigkeitsorientierten, qualitativ anspruchsvollen Trainings aufzuzeigen und damit die Monotonie des Trainingsalltags zu überwinden.

16,5 x 24 cm, 196 Seiten, ISBN 978-3-7780-7125-0, **Bestell-Nr. 7125** € 21.90

Steinwasenstraße 6–8 · 73614 Schorndorf · Telefon (07181) 402-125 · Telefax (07181) 402-111
E-Mail: bestellung@hofmann-verlag.de · www.hofmann-verlag.de

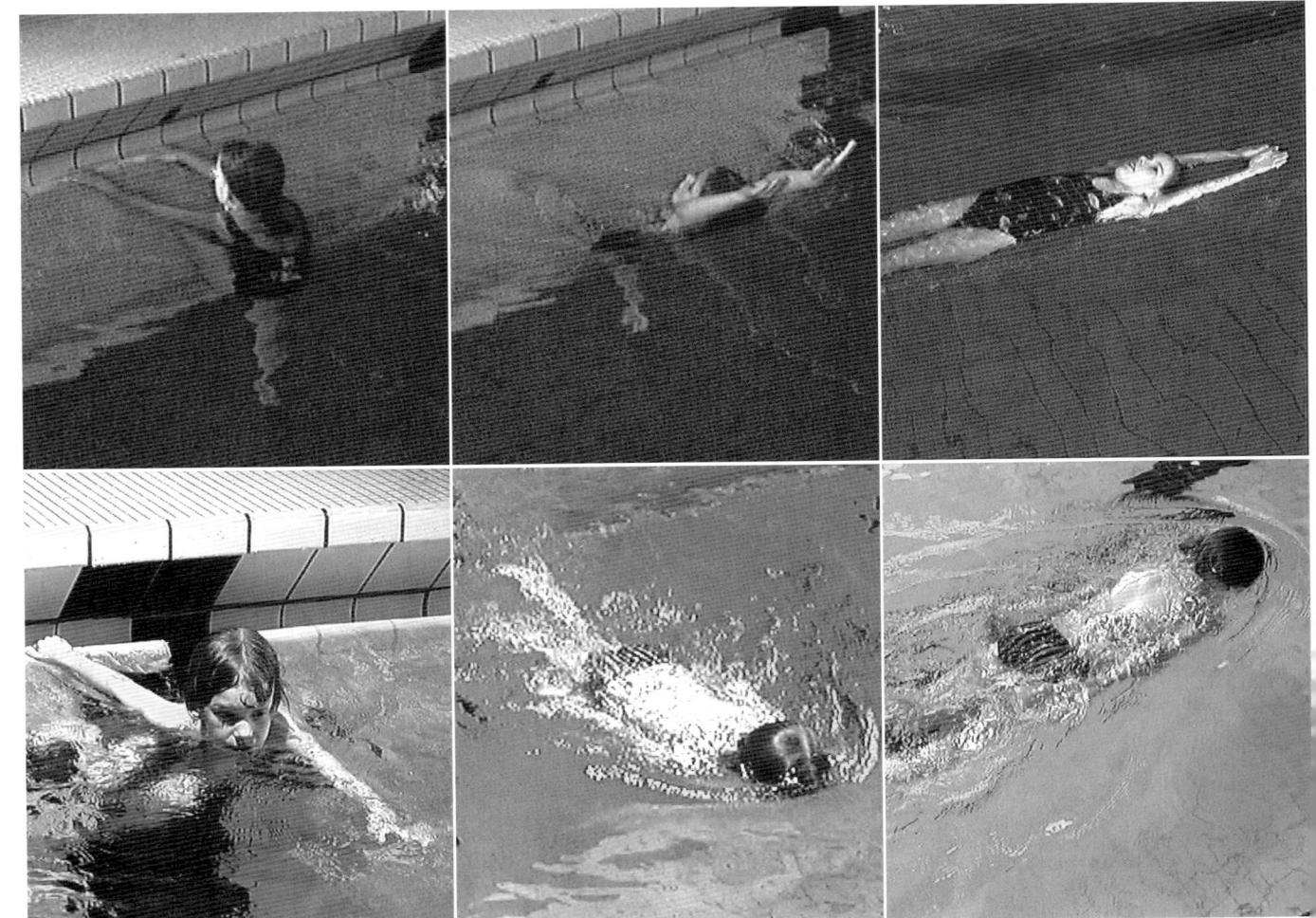

12 Lernziele – Lernverfahren – Lernkontrollen (Tests)

12.1 Das Kernmodell „Schwimmen" 262
12.2 Von Kernelementen zu Kernbewegungen . 263
12.3 Von der Wassergewöhnung
 zur Wasserbewältigung 264
12.4 Kernbewegungen im Schwimmen 265
12.5 Beispiele aus den Testreihen 266
12.6 Testreihen 273
12.7 Testabzeichen von swimsports.ch 276

12.1 Das Kernmodell „Schwimmen"

Schon immer stellten sich für die Lehrkräfte im Schwimmsport dieselben Fragen: Welche Ziele will ich mit den Lernenden erreichen? Was ist das Wesentliche? – Womit beginne ich? – Das Kernmodell* „Schwimmen" soll für das Finden von Antworten als Orientierungshilfe dienen.

Durch ein vielfältiges, ungezwungenes Spielen und Bewegen im Wasser nehmen Lernende die wichtigsten Eigenschaften des Wassers wahr, sie spüren

Auftrieb und Widerstand

Durch das Wahrnehmen der speziellen physikalischen Eigenschaften des Wassers erarbeiten sich Lernende die Grundlage für ihr Wassergefühl.

Der Weg zum optimalen Bewegen im Wasser geht aus vom Erfassen von

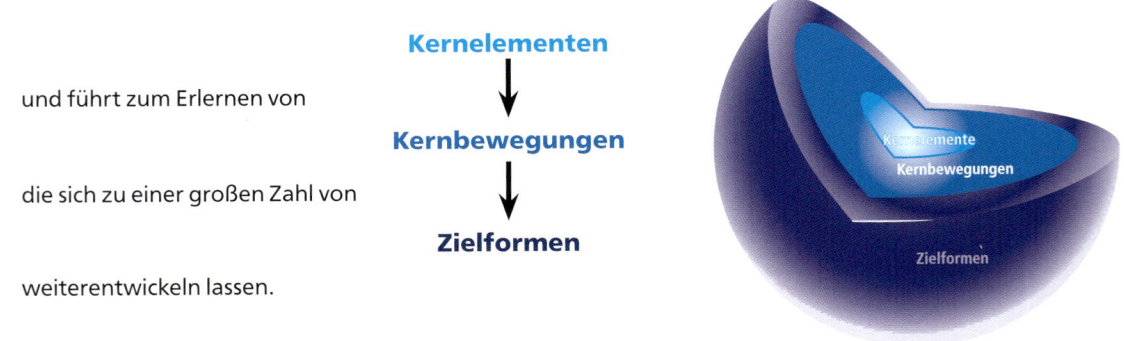

Kernelementen

und führt zum Erlernen von

Kernbewegungen

die sich zu einer großen Zahl von

Zielformen

weiterentwickeln lassen.

Mit dem Medienpaket „Testunterlagen und Videofilm" zu den Grundlagentests will swimsports.ch den Lehrkräften im Schwimmsport eine didaktische Wegleitung übergeben.

Das Kernmodell basiert auf Gedanken von A. Hotz und wurde von einer Arbeitsgruppe mit Vertreterinnen und Vertretern SSCHV, swimsports.ch und Jugend+Sport für den Schwimmsport adaptiert.

12.2 Von Kernelementen zu Kernbewegungen

Kernelemente

Atmen/Schweben
Ein Drittel aller Testübungen beinhaltet den Schwerpunkt „Atmen". Diese Häufigkeit zeigt die Bedeutung der Atmung fürs Schwimmen. Mit der Atmung regulieren wir den Auftrieb des Körpers im Wasser: das Schweben. Wasserlage und Körperfunktionen sind von der Atmung abhängig. Zentral ist – in Bauchlage – das Ausatmen ins Wasser! Durch Nase und Mund atmen wir aus. Durch den Mund atmen wir ein. Bereits bei der Wassergewöhnung, der Lernphase mit Boden-, Wand- oder Personenkontakt, ist das Ausatmen ins Wasser Lerninhalt und gewinnt immer mehr an Bedeutung, wenn der Körper im Wasser schwebt. Dieses „Spiel mit der Luft", bewusst Ein- und Ausatmen-Können sind die Lernschritte, die zum Erarbeiten der beiden Kernelemente gehören. Beim Schweben ist dazu noch die Position der Arme und Beine von Bedeutung: Ausgebreitete Arme helfen kleineren Personen das Gleichgewicht in Bauch- und Rückenlage besser zu halten. Bei größer Gewachsenen, deren Körperschwerpunkt bereits unterhalb der Lunge liegt, sinken in der beschriebenen Position oft die Beine ab. Diese können die Testübung mit über den Kopf gestreckten Armen ausführen. Als weitere Variante in Rückenlage ist es auch möglich, die Übung mit unter den Kopf gelegten Armen – die Ellbogen bleiben dabei im Wasser – auszuführen.

Gleiten/Antreiben
Eine strömungsgünstige Position einnehmen zu können ist eine wesentliche Voraussetzung, um sich im Wasser zu bewegen. Beim Gleiten in Bauch- und/oder Rückenlage, sei es durch Gezogen-Werden oder Abstoßen vom Rand, sind die Arme immer über dem Kopf gestreckt. Die Hände werden knapp unter der Wasseroberfläche geführt. Die Kopfhaltung in Bauchlage ist so, dass der Blick schräg nach vorn unten geht. In Rückenlage sind die Ohren im Wasser, der Blick geht leicht schräg nach fußwärts hoch. Eine korrekte Kopfhaltung in Bauch- und Rückenlage unterstützt das Gleiten und das Schweben: Hals und Kopf bilden die Verlängerung der Wirbelsäule und die Nackenmuskulatur ist entspannt. In diesen Gleitpositionen werden erste Schwimm-/Antriebsbewegungen frei gestaltet. Die Bilder sind sehr unterschiedlich: bekannt ist das „Hundeln", das Auf- und Niederpaddeln der Hände in Rückenlage, meist verbunden mit einem Wechselschlag der Beine und auch „kreisförmigen" Bewegungen der Arme in der Horizontalen vor dem Körper oder in der Vertikalen neben dem Körper. Diese Bewegungen erzeugen einen wenig wirksamen Vortrieb.

Kernbewegungen

Beim **Armantrieb** gelingen die Übungen besser, wenn die Lernenden „dynamisch" in einer guten Gleitlage beginnen. Dabei ist es von zentraler Bedeutung, dass ausschließlich Ein-/Auswärtsbewegungen der Unterarme und Hände ausgeführt werden und die Ellbogen stets in Schwimmrichtung so weit als möglich „vorn" gehalten werden. Die Anweisung, dass die Handrücken in Schwimmrichtung zeigen müssen, hilft.

Beim **Beinantrieb** sind zwei unterschiedliche Bewegungen möglich. Die Lernenden müssen nach der Grundausbildung in der Lage sein, bewusst die beiden Bewegungsmuster auszuführen.
- Beim Antrieb mit Schlagbewegungen aus den Hüften und locker einwärts gedrehten Füßen sind folgende Schwergewichte zu legen: Bewegungsauslösung aus den Hüften, der Bewegungsfluss läuft über Oberschenkel, Knie, Unterschenkel zum Fuß. Die Fußmuskulatur ist entspannt.
- Beim Antrieb mit Schlag-/Stoßbewegungen und auswärts gedrehten Füßen ist darauf zu achten, dass die Füße „strömungsgünstig" in die Schlagposition neben dem Gesäß geführt werden, die Füße maximal ausgedreht und angezogen sind, die Knie nicht weiter geöffnet sind als die Fersen und dass die Beine bei der Schlag-/Stoßbewegung bis zum vollständigen Schließen aktiv zusammengeführt werden. Diese Beinbewegung soll dann vermittelt werden, wenn das dazu notwendige Körperbewusstsein ausreichend entwickelt ist.

Die effiziente **Körperbewegung** gelingt besser aus der Dynamik heraus. Der Bewegungsimpuls kommt deutlich aus der „Kopf-Steuerung" und der vorderste Körperteil läuft der Bewegung voraus. Die Wellenform läuft rund und regelmäßig von „vorn nach hinten". Es gibt kein Auf- und Abwippen der Hüfte und kein Schlagen mit den Unterschenkeln. Eine ruhige Körperhaltung wird mit einer ruhigen Kopfhaltung erreicht.

Bei ökonomischen **Atembewegungen** geht es wiederum primär um das vollständige Ausatmen in Bauchlage ins Wasser. Die Atembewegungen kurz und strömungsgünstig auszuführen, z. B.: Einatmen seitwärts durch eine Körperrollbewegung oder Anheben des Kopfes im richtigen Zeitpunkt, sind wichtige Lerninhalte. Diese Atembewegungen sollen möglichst ruhig und ohne Hektik erfolgen.

12.3 Von der Wassergewöhnung zur Wasserbewältigung

Wassergewöhnung

Zielsetzung ist der angstfreie Aufenthalt im Wasser durch die **Anpassung** der Sinnesorgane an das Wasser. Diese Lernphase wird in standtiefem Wasser oder mit Wand- oder Personenkontakt durchgeführt.

„Vertraut werden" mit der Umgebung

„Gewöhnung" an Nässe und Kälte

„Schaffen von Wasserkontakt" Wahrnehmen von Wasserdruck, Wasserwiderstand und veränderten Sinnes-Leistungen

Tummelsprünge bis zum vollständigen Untertauchen auch in „standtiefem" Wasser

„Atemtechnik, Untertauchen" Mundverschluss, Mundatmung

„Aufenthalt unter Wasser", Tauchen, aktives Ausatmen mit Kontakt zum Boden, zur Wand oder einer Bezugsperson

Die Wassergewöhnungstreppe

Wasserbewältigung

Mit dem Atmen regulieren wir die Lage des Körpers. Wenn wir eingeatmet haben, schweben wir an der Wasseroberfläche. Durch das Ausatmen wird die Schwebelage bis zum Absinken verändert. Das Erfassen der Kernelemente **Atmen und Schweben** sind wichtige Lernschritte.

Als weitere Anpassung ans Wasser lernen Schüler Auftrieb und Widerstand für ihre Bewegungen auszunützen: Kernelemente **Gleiten und Antreiben**. Einerseits kann jeder Antrieb im Wasser nur dann wirken, wenn der Körper in einer guten Gleitlage ist und der Wasserwiderstand möglichst vermieden wird. Andererseits muss durch die Antriebsbewegungen möglichst großer Widerstand erzeugt werden. Diese Lernphase nennen wir Wasserbewältigung.

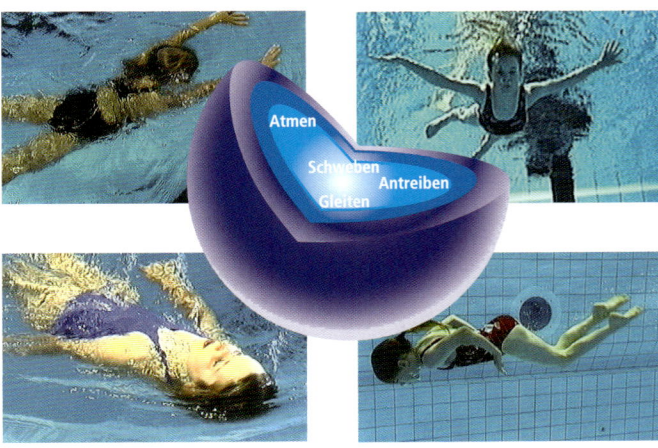

Nach diesem Lernprozess können Lernende mit angepassten Bewegungsabläufen „schwimmen". Derartige Schwimmtechniken entsprechen aber noch nicht dem Bewegungsbild von geübten Schwimmerinnen und Schwimmern.

12.4 Kernbewegungen im Schwimmen

Nach den ersten Schwimmerfahrungen muss durch regelmäßiges und vielfältiges Üben die Anpassung ans Wasser weiter gefördert werden. Bei den vielfältigen Spiel- und Übungsformen muss immer auf die wesentlichen, effizient und ökonomisch gestalteten Antriebsbewegungen – die Kernbewegungen – geachtet werden. Jede Übungs- und Zielform ist auf die richtige Bewegungsstruktur, das heißt auf das Vorhandensein von Kernbewegungen zu überprüfen!

Leiterinnen und Leiter im Einsteiger- und Fortgeschrittenen-Unterricht achten also darauf, dass...

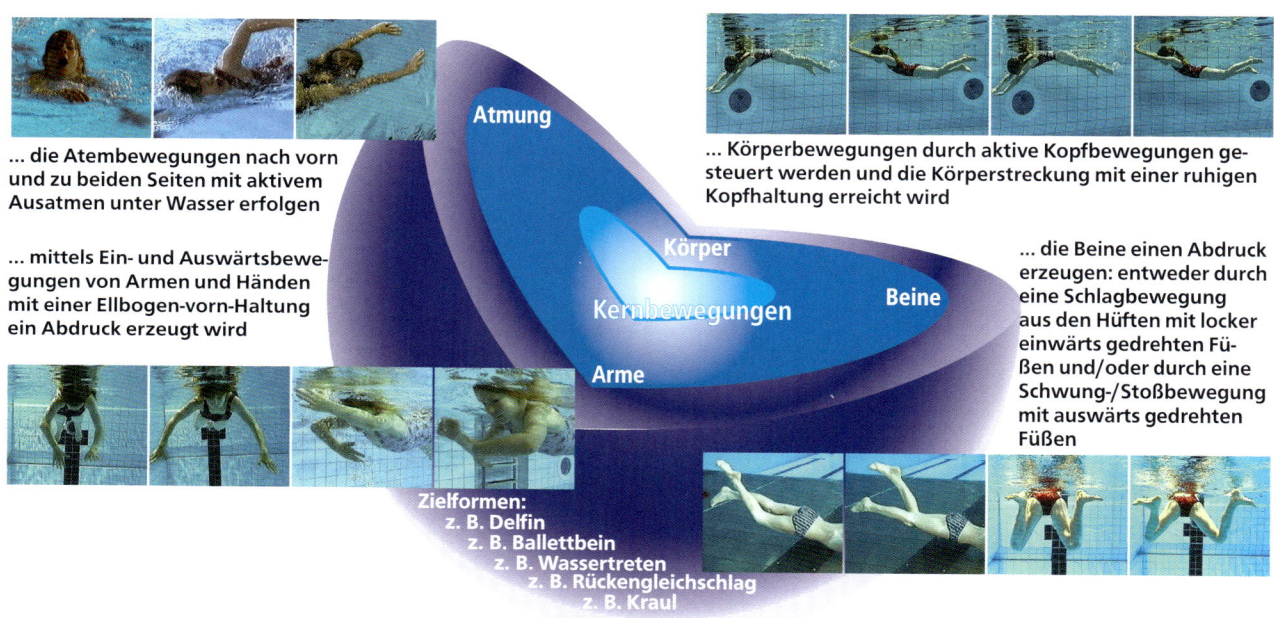

... die Atembewegungen nach vorn und zu beiden Seiten mit aktivem Ausatmen unter Wasser erfolgen

... mittels Ein- und Auswärtsbewegungen von Armen und Händen mit einer Ellbogen-vorn-Haltung ein Abdruck erzeugt wird

... Körperbewegungen durch aktive Kopfbewegungen gesteuert werden und die Körperstreckung mit einer ruhigen Kopfhaltung erreicht wird

... die Beine einen Abdruck erzeugen: entweder durch eine Schlagbewegung aus den Hüften mit locker einwärts gedrehten Füßen und/oder durch eine Schwung-/Stoßbewegung mit auswärts gedrehten Füßen

Atmung
Körper
Kernbewegungen
Beine
Arme

Zielformen:
z. B. Delfin
z. B. Ballettbein
z. B. Wassertreten
z. B. Rückengleichschlag
z. B. Kraul

Um die Testübungen sinnvoll zu erarbeiten, ist der Unterricht mit einer Fülle von Übungen zu gestalten, welche immer – auch bei Fokussierung auf **eine** Kernbewegung – eine Mischung von Kernbewegungen darstellen. Korrekt ausgeführte Kernbewegungen sind der Schlüssel zum Fortschritt beim Bewegungslernen. Falsche oder ungenügend angeeignete Kernbewegungen erfordern langwierige Umlernprozesse. Fehler- oder lückenhaftes Ausführen von Kernbewegungen ist sofort zu korrigieren. Das Erarbeiten einer richtigen Bewegungsstruktur ist zentraler Inhalt des Einsteiger- und Fortgeschrittenen-Unterrichtes.

12.5 Beispiel aus den Testreihen

Grundlagen-Test 3

Frosch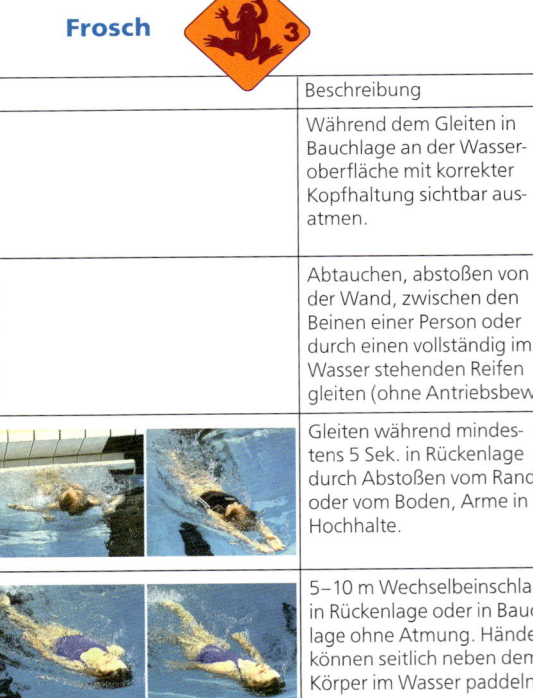

Übungen		Beschreibung
Motorboot Kernelemente Gleiten + Atmen mind. schultertiefes Wasser		Während dem Gleiten in Bauchlage an der Wasseroberfläche mit korrekter Kopfhaltung sichtbar ausatmen.
Tunneltauchen Kernelement Gleiten Brust- bis schultertiefes Wasser		Abtauchen, abstossen von der Wand, zwischen den Beinen einer Person oder durch einen vollständig im Wasser stehenden Reifen gleiten (ohne Antriebsbew.).
Rückenpfeil Kernelement Gleiten mind. schultertiefes Wasser		Gleiten während mindestens 5 Sek. in Rückenlage durch Abstossen vom Rand oder vom Boden, Arme in Hochhalte.
Seehund-Schwimmen Kernelement Antreiben Tiefwasser		5–10 m Wechselbeinschlag in Rückenlage oder in Bauchlage ohne Atmung. Hände können seitlich neben dem Körper im Wasser paddeln.
Purzelbaum Tiefwasser		Rolle vorwärts vom Bassinrand in tiefes Wasser.

12.5 **Beispiel aus den Testreihen**

Schwimmtest 2

Hecht

1. 100 m schwimmen, Technik beliebig, ohne Unterbrechung und Zeitbeschränkung.

2. 50 m Kraul einarmig:
Zwei Züge rechts, zwei Züge links mit fließendem Übergang. Zum Einatmen den Kopf drehen. Passiver Arm ist nach vorne gestreckt.

Unbedingt erst nach zwei Zügen einatmen, und zwar vor dem Wechseln des Armes. Gleichzeitig mit dem Einatmen beginnt der Gegenarm zu ziehen.

3. 25 m in gestreckter Rückenlage paddeln, davon je 12 m kopf- und fußwärts. Richtungswechsel mittels Anhocken der Beine und einer halben Drehung.

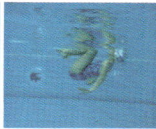

Beim Paddeln kopfwärts wird von den Handgelenken ausgehend eine liegende Acht neben den Hüften im Wasser ausgeführt. Die Hände sind zum Handrücken hin abgewinkelt. Fußwärts das Gleiche; nur führen jetzt die Fingerspitzen die Bewegung an. Die Hände sind zur Handfläche hin abgewinkelt.

4. Nach dem Abstoßen mind. 4 m in Rückenlage unter Wasser gleiten, Arme strömungsgünstig in Vorhalte.

5. Start Brust. Nach dem Übergang vom Gleiten zum Schwimmen 2–3 Züge anhängen.

6. Wende Brust aus dem Anschwimmen (5 m). Nach dem Übergang vom Tauchzug zum Schwimmen weitere 2–3 Züge anhängen.

12.5 Beispiel aus den Testreihen

Rettungsschwimmtest 2

Disziplin	Bewertungskriterien, Hinweise	Zeitlimit/Sprunghöhe	Wassertiefe/cm
Pflichtprogramm: *Alle 4 Übungen müssen erfüllt werden*			
Dauerschwimmen 300 m	250 m Freistil und 50 m Rückengleichschlag ohne anzuhalten.	max. 10 Minuten	120–200
Kleider- und Transportschwimmen je 25 m	25 m schwimmen in leichter Kleidung und gleich anschließend 25 m Transportschwimmen. Als leichte Kleidung gilt Hose und Hemd/Rock und Bluse oder Kleid.	keine	120–200
Freitauchen 12 m	12 m Streckentauchen (4 Tauchzüge), Start im Wasser oder Startsprung.	keine	mind. 160
Hindernisschwimmen und -tauchen 2 x 25 m	Start mit einem Tauchstab, einhängen des Tauchstabes bei 8 m, auftauchen, zur Wende schwimmen. Auf dem Rückweg ist der Tauchstab wieder mitzunehmen und zum Start zurückzubringen. Distanz beachten!	max. 2 Minuten	mind. 160
Wahlprogramm: *Von diesen 4 Übungen müssen 2 Disziplinen erfüllt werden*			
ABC-Tauchen	Heraufholen von 6 Tauchtellern/-ringe in einem Tauchgang. Die Teller sind in mindestens 250 cm Tiefe auf einer Fläche von 2 x 5 m verteilt. Start im Wasser!	keine	mind. 250
ABC-Tauchen Orientierung	Kopfwärts auf 250 cm Tiefe abtauchen. Eine Rolle vorwärts ausführen, danach korrekt auftauchen und Schnorchel ausblasen.	keine	mind. 350
Wasserspringen Eintauchen kopfwärts vorwärts aus der Neigehalte	Mögliche Hilfsmittel – Leine auf der Wasseroberfläche zum Berühren mit dem Fußrist – Tauchring am Bassinboden als Ziel zum Durchtauchen Ohne Überschlagen, korrekte Eintauchhaltung	Bassinrand	mind. 250
Rettungsschwimmen 2 x 25m	25 m Freistilschwimmen, dort einen „Rettling" holen, der sich an einem Rettungsball/-würfel klammert und diesen zum Start „abschleppen". Distanz beachten!	max. 2.50 Minuten	mind. 160

12.5 Beispiel aus den Testreihen

Flossenschwimmtest 2

Disziplin	Bewertungskriterien, Hinweise	Ausrüstung	Wassertiefe/cm
Flossenschwimmen	100 m schwimmen mit Flossen in Rückenlage, Arme seitwärts am Körper oder in Hochhalte.	Flossen	120–200
Schnorchel entleeren	Korrektes Ausblasen des Schnorchels unter Wasser oder unmittelbar nach dem Auftauchen.	Flossen, Maske, Schnorchel	120–200
Partnerschwimmen	Partnerübung: 100 m schwimmen mit ABC-Ausrüstung, Kraul mit Armzug, zu zweit oder zu dritt nebeneinander (Blickkontakt).	Flossen, Maske, Schnorchel	120–200
Abstand	Kopfwärts abtauchen (mit Druckausgleich) und danach 10 m bis zur Markierung tauchen; dort schräg aufwärts auftauchen und den Schnorchel korrekt ausblasen.	Flossen, Maske, Schnorchel	120–200
Orientierung	Aus dem Schwimmen: Abtauchen zu einer Rolle (Durchmesser zirka 2 m), im tiefsten Punkt 1/2- Drehung um die Körper- Längsachse; auftauchen und weiterschwimmen in Brustlage.	Flossen, Maske, Schnorchel	mind. 180
Eintauchen fußwärts	Spreizsprung vom Rand oder von einem Startblock, anschließend zirka 10 m schwimmen in Bauchlage.	Flossen, Maske, Schnorchel	mind. 180

12.5 Beispiel aus den Testreihen

Wasserspringtest 3

Beschreibung	Darstellung	Bedingungen	Absprung vom…	Wassertiefe/cm
Fußsprung vorwärts gestreckt mit Ein-Schritt-Anlauf		Der Sprung ist erfüllt, wenn der Springer nach dem Aufsatzsprung ohne Körpervorlage im sicheren Gleichgewicht auf dem Brettende aufsetzt, mit einer vollständigen Streckung abspringt und senkrecht und gestreckt eintaucht (höchstens 1,2 m vor dem Brettende).	1-m-Brett	mind. 350
Fußsprung rückwärts gestreckt mit Ausholbewegung		Der Sprung ist erfüllt, wenn der Springer mit einer vollständigen Streckung abspringt, dabei die Arme zur Hochhalte führt und senkrecht und gestreckt eintaucht.	1-m-Brett	mind. 350
Eintauchen vorwärts aus dem Stand mit Anhocken eines Beines **oder** „Seelöwensprung" aus dem Stand		Die Übung ist erfüllt, wenn beim Eintauchen die Beine nicht überschlagen und wenn der Springer in der Eintauchhaltung mindestens 2 m Tiefe durchtaucht.	1-m-Brett oder 1-m-Plattform	mind. 350
		Der Sprung ist erfüllt, wenn der Springer mit minimaler Körpervorlage abspringt und dabei das Becken hochbringt, gespannt kopfwärts eintaucht und mindestens 2 m Tiefe durchtaucht.	Bassinrand	mind. 350
Eintauchen kopfwärts rückwärts aus dem Hocksitz rücklings		Die Übung ist erfüllt, wenn der Springer gestreckt und gespannt eintaucht und die Spannung nach dem Eintauchen nicht aufgibt.	1-m-Brett	mind. 350
Rolle vorwärts auf dem Brett zum Eintauchen fußwärts **oder** Rolle vorwärts auf dem Brett zum Hocksitz und Eintauchen kopfwärts		Die Übungen sind erfüllt, wenn die Bewegungen ohne Unterbrechungen erfolgen und wenn der Springer in der Eintauchhaltung mindestens 2 m Tiefe durchtaucht.	1-m-Brett oder 1-m-Plattform	mind. 350
Rolle rückwärts auf dem Brett zum Eintauchen fußwärts		Die Übung ist erfüllt, wenn die Bewegungen fließend erfolgen und die Schienbeine während der Rolle und dem Eintauchen umfasst bleiben.	1-m-Brett oder 1-m-Plattform	mind. 350

12.5 Beispiel aus den Testreihen

Kombitest 1

Disziplin	Bewertungskriterien, Hinweise	Zeitlimit/Sprunghöhe	Wassertiefe/cm
Pflichtprogramm: *Alle 4 Übungen müssen erfüllt werden*			
100 m Freistilschwimmen	keine	keine	120–200
50 m Wechselschlagschwimmen (Kraul oder Rücken)	Wechselseitiger Armzug, horizontale Wasserlage; bei Kraul: Ausatmung ins Wasser.	keine	120–200
25 m Gleichschlagschwimmen (Brustgleichschlag)	– Symmetrischer Beinschlag – Füße nach außen gedreht – Ausatmung ins Wasser	keine	120–200
7 m Tauchen	Abstoßen von der Wand, der ganze Körper muss während der ganzen Strecke unter Wasser bleiben. 7 m sind zurückgelegt, wenn der Kopf die Marke erreicht hat.	keine	120–200
Wahlprogramm: *Von diesen 4 Übungen müssen 2 Disziplinen erfüllt werden*			
Wasserspringen Eintauchen kopfwärts aus der Neige	Mögliches Hilfsmittel: – Leine auf der Wasseroberfläche zum Berühren mit dem Fußrist – Tauchring am Bassinboden als Ziel zum Durchtauchen ohne Überschlag, korrekte Eintauchhaltung.	Bassinrand	mind. 250
Wasserspringen Fußsprung rückwärts gestreckt	– Korrekter Absprung – Blickrichtung geradeaus – Möglichst bis zum Bassinboden durchtauchen – Vertikales Eintauchen.	Bassinrand	mind. 250
Synchronschwimmen 10 m Paddeln	– Vorwärtsbewegung (kopfwärts) langsam und spritzerlos – Antrieb nur mit den Händen, deren Einsatz in Hüfthöhe – Arme horizontal, Körper gespannt, Fußrist und Hüften an der Wasseroberfläche.	keine	mind. 80
Wasserball Aufnehmen und Werfen des Balls	Ballumfang mind. 50 cm – 3-maliges Aufnehmen des Balls von unten bis über den Kopf und dann fallen lassen des Balls vor dem Körper – nach dem 3. Mal, Wurf über mind. 5 m	keine	Brusttief

12.5 Beispiel aus den Testreihen

Kombitest 2

Disziplin	Bewertungskriterien, Hinweise	Zeitlimite/Sprunghöhe	Wassertiefe/cm
Pflichtprogramm: *Alle 4 Übungen müssen erfüllt werden*			
300 m Freistilschwimmen	keine	max. 9 Minuten	120–200
50 m Wechselschlagschwimmen (Kraul oder Rücken)	Rhythmischer Bewegungsablauf ohne Unterbrechung. Im 25 m-Becken: Abstehen oder Anhalten beim Wenden ist nicht erlaubt.	keine	120–200
25 m Gleichschlagschwimmen Beinschlag in Rückenlage (Rückengleichschlag)	– Symmetrischer Beinschlag und korrekte Fußstellung – Ohne Armzug (Arme in Hochhalte oder seitlich neben dem Körper) – Füße nach außen gedreht.	keine	120–200
12 m Tauchen	Startsprung erlaubt, der **ganze** Körper muss während der ganzen Strecke unter Wasser sein; 12 m sind zurückgelegt, wenn der Kopf die 12-m-Marke erreicht hat.	keine	120–200
Wahlprogramm: *Von diesen 4 Übungen müssen 2 Disziplinen erfüllt werden*			
Wasserspringen Kopfsprung vorwärts aus Stand („kleiner" Kopfsprung)	Mögliches Hilfsmittel: – Durch Reifen springen (dieser soll beim Eintauchen nicht berührt werden) – korrekter Absprung/Gesäß heben (auch Anhocken möglich)/Körperstreckung und Eintauchen ohne Überschlagen.	Bassinrand	mind. 250
Wasserspringen Abfaller rückwärts	Aus dem Hocksitz oder aus der Hechtlage rückwärts fallen lassen – Beine mit den Händen festhalten, bis der ganze Körper unter Wasser ist.	Bassinrand	mind. 250
Synchronschwimmen „Auster"	– Gestreckte Rückenlage an Ort – Anhechten der Beine und gleichzeitig die Hände über den Kopf zu den Fußgelenken bringen (über dem Wasser) – In gehechteter Haltung abtauchen/erst unter Wasser öffnen.	keine	mind. 180
Wasserball Dribbling über 20 m	– Kraul mit Freiwasserstart – Regelmäßige Vorwärtsbewegung/Kopf über Wasseroberfläche – Der Ball muss ohne verloren zu gehen innerhalb der Arme vor dem Kopf vorwärts getrieben werden. Ellbogen hoch über dem Wasser nach vorne bringen.	keine	mind. 90

12.6 Testreihen

	Entli	Schwan	Seehund	Nilpferd	Schildkröte	Biber

Grundlagentests 1–7

Krebs
1. Taucherli
2. Sprudelbad
3. Flugzeug
4. Schleppschiff
5. Sprung vom Rand

Seepferd
1. Fischauge
2. Luftpumpe
3. Seerose
4. Bauchpfeil
5. Froschsprung

Frosch
1. Motorboot
2. Tunneltauchen
3. Rückenpfeil
4. Seehundschwimmen
5. Purzelbaum

Pinguin
1. Handstand im brusttiefen Wasser
2. Scheibenwischer
3. Schraube
4. Pedalo
5. Köpfler

Tintenfisch
1. Unterseeboot
2. Slalom: 5 m Tauchen
3. Baumstammrollen
4. Schraubenschwimmen
5. Sitzler

Krokodil
1. Haifisch
2. Delphin
3. 20–30 m Rückenschwimmen
4. Fußsprung vorwärts

Eisbär
1. Tauchwende
2. 10–15m Entenfüße
3. 50 m Kraul-Mix
4. Fußsprung rückwärts

swimsports.ch
Testunterlagen sind gratis zu beziehen bei:
swimsports.ch, Postfach, CH-8180 Bülach
Tel 044 737 37 92, Fax 044 737 04 11
admin@swimsports.ch
www.swimsports.ch

Schwimmtests 1–8

Wal — Schwimmen 1
1. 50 m Rückenkraul
2. 25 m Kraul einarmig
3. 25 m Rücken einarmig
4. 4 m Hechtschießen Brustlage
5. Start Kraul
6. Wende Kraul

Hecht — Schwimmen 2
1. 100 m Schwimmen
2. 50 m Kraul einarmig
3. 25 m Paddeln
4. Hechtschießen Rückenlage
5. Start Brust
6. Wende Brust

Hai — Schwimmen 3
1. 100 m Kraul/Rücken in 2 Min. 30 Sek.
2. 50 m Kombination Brust
3. 16 m Tauchen
4. 25 m Delphinbeinschlag Bauchlage
5. Rollwende Kraul
6. Rollwende Rücken

Delphin — Schwimmen 4
1. 200 m Brust/Kraul in 4 Min.
2. 100 m Delphin
3. 50 m Kombination Kraul/Rücken
4. 25 m Delphinbeinschlag Rückenlage
5. Rollwende Kraul
6. Rollwende Rücken

Schwimmen 5
1. 200 m Kraul in 4 Min.
2. 50 m Brust/Rücken in 1 Min.
3. 50 m Kraul
4. 50 m Rücken einarmig
5. 100 m Kraul-/Delphin- Beinschlag
6. 25 m Delphin

Schwimmen 6
1. 100 m 4-Lagen in 2 Min.
2. 100 m Kraul in 1 Min. 45 Sek.
3. 100 m Brust in 2 Min.
4. 100 m 4-Lagen einarmig
5. 50 m Baumstamm-Paddeln
6. 50 m Brust

Schwimmen 7
1. 400 m Kraul in 8 Min
2. 100 m Rücken in 1 Min 45 Sek
3. 50 m Delphin
4. 200 m 4-Lagen
5. 100 m Brust
6. 100 m Rückenkraul

Schwimmen 8
1. 200 m 4-Lagen in 4 Min. 30 Sek.
2. 200 m Brust in 4 Min.
3. 50 m Delphin in 1 Min.
4. 400 m 4-Lagen
5. 100 m Paddeln
6. 100 m Delphin

12.6 Testreihen

	Kombi 1	Kombi 2	Kombi 3	Kombi 4
Kombitests 1–4 Aus den Übungen 5–8 können zwei ausgewählt werden.	1. 100 m Schwimmen 2. 50 m Kraul/Rücken 3. 25 m Brust 4. 7 m Tauchen 5. Eintauchen vorwärts 6. Fußsprung rückwärts 7. 10 m Paddeln kopfwärts 8. Ball aufnehmen/werfen	1. 300 m Schwimmen 2. 50 m Kraul/Rücken 3. Rückengleichschlag-Beinschlag 4. 12 m Tauchen 5. kleiner Kopfsprung 6. Abfaller rückwärts 7. Auster 8. 20 m Dribbling	1. Schwimmen 12 Min. 2. 100 m Kraul/Rücken* 3. 25 m Delphin 4. 25 m Transportschwimmen 5. Salto vorwärts 6. Delphinkopfsprung 7. Zuber 8. 10 m Dribbling/Wurf * mit Zeitlimit	1. 1000 m Schwimmen* 2. Kraul/Rücken mit Start 3. 25 m Delphin* 4. 50 m Rettungsschwimmen* 5. Abfaller vorwärts aus dem Sitz 6. Salto Rückwärts 7. Hechtsalto rückwärts 8. Dribbling, Seitenschwimmen, Wur * mit Zeitlimit
Wasserspringen 1–4	Wasserspringen 1 1. Fußsprung vorwärts gestreckt 2. Fußsprung rückwärts gestreckt 3. Eintauchen kopfwärts vorwärts vom Gleitbrett oder aus dem Fersensitz 4. Eintauchen kopfwärts rückwärts oder Hechtschießen in Rücklage 5. 3 m Hechtschießen in Brustlage 6. „Bombe" aus dem Stand	Wasserspringen 2 1. Fußsprung vorwärts gehockt 2. Fußsprung rückwärts gehockt 3. Eintauchen kopfwärts vorwärts aus der Neigehaltung 4. Eintauchen kopfwärts rückwärts aus der „Standwaage" oder aus dem Langsitz 5. Rolle vorwärts 6. „Salto" vorwärts aus dem Stand	Wasserspringen 3 1. Fußsprung vorwärts gestreckt 2. Fußsprung rückwärts gestreckt 3. Eintauchen vorwärts Anhocken eines Beines oder „Seelöwensprung" 4. Eintauchen kopfwärts rückwärts 5. Rolle vorwärts, Eintauchen fußwärts oder zum Hocksitz Eintauchen kopfwärts 6. Rolle rückwärts	Wasserspringen 4 1. Fußsprung vorwärts gehockt 2. Kopfsprung vorwärts gehockt 3. Abfaller rückwärts gestreckt zum Eintauchen kopfwärts rückwärts 4. Rolle rückwärts, Eintauchen fußwärts gestreckt 5. Rolle vorwärts zum Kauerstand 6. Eintauchen kopfwärts aus dem Handstand
Synchronschwimmen 1–4	Synchronschwimmen 1 1. 25 m Kraul 2. 25 m Rückenkraul 3. 25 m Brust 4. 10 m Paddeln kopfwärts Rückenlage 5. 10 m Paddeln fußwärts Rückenlage 6. 2 m tief Tauchen aus freiem Wasser 7. 15 Sek. gestreckte Rückenlage 8. Pflichtfigur Auster	Synchronschwimmen 2 1. 100m Schwimmen 2. 25 m Paddeln kopfwärts Rückenlage 3. 25 m Paddeln fußwärts Rückenlage 4. 5 m Streckentauchen 5. 15 Sek. Wasserstampfen 6. 15 Sek. gestreckte Rückenlage 7. Pflichtfigur Zuber 8. Pflichtfigur Beugeknie	Synchronschwimmen 3 1. 200 m Schwimmen 2. 25 m Paddeln kopfwärts Brustlage 3. 25 m Paddeln kopfwärts Rückenlage 4. 15 Sek. Wasserstampfen 5. 5 Sek. Brustlage an Ort 6. Flamingohaltung 7. Pflichtfigur Rolle 8. Pflichtfigur Hechtsalto rückwärts	Synchronschwimmen 1. 300 m Schwimmen 2. 50 m Brust zu Walzermusik 3. 25 m Paddeln kopfwärts Rückenlage 4. 25 m Paddeln fußwärts Rückenlag 5. 10 m Streckentauchen 6. Pflichtfigur Delphin 7. Pflichtfigur Wasserrad 8. Pflichtfigur Ballettbein einfach

12.6 Testreihen

	Wasserball 1	Wasserball 2	Wasserball 3	Wasserball 4
Wasserball 1–4	1. 25 m Seitenschwimmen 2. 10 m Dribbeln 3. 5 Sek Wassertreten 4. Ball aufnehmen (5x), stehend 5. Ball werfen (6 m), stehend 6. 3 Zielwürfe (2 m) 2x Treffer	1. 25 m Seitenschwimmen li/re 2. 15 m Dribbeln 3. 10 Sek. Wassertreten 4. Zu zweit 10 Pässe (4 m) 5. Ball werfen (6 m) 6. 3 Zielwürfe (4 m) 2x Treffer	1. 25 m je Seiten-/Startschwimmen 2. Starten, dribbeln, wenden, dribbeln (18 m) 3. 10 Sek. Wassertreten 4. Zu zweit 8 Pässe (2 m) 5. Wassertreten, 3 Zielwürfe (3 m) 2x Treffer in 30 Sek. 6. Starten, dribbeln (12 m), Zielwurf	1. 100 m Wasserballkraul 2. Starten, dribbeln 20 m in 40 Sek. 3. 15 Sek. Wassertreten 4. Starten, wenden: Pendelschwimmen in 30 Sek. 5. Wassertreten, 5x Zieleinwurf (4 m) 2x Treffer 6. 5x Starten, dribbeln (5 m), Zielwurf (3 m) 2x Treffer in 2 Min.

	Rettungsschwimmen 1	Rettungsschwimmen 2	Rettungsschwimmen 3	Rettungsschwimmen 4
Rettungsschwimmen 1–4 Aus den Übungen 5–8 können zwei ausgewählt werden.	1. 300 m Schwimmen* 2. 25 m Transportschwimmen 3. 4-Teller-Tauchen 4. 2x 25 m Hindernisschwimmen* 5. 12 m ABC-Tauchen 6. ABC-Tauchen Orientierung 7. Fußsprung zum Päckli 8. 25 m „abschleppen" * mit Zeitlimit	1. 300 m Schwimmen in 10 Min. 2. 2x 25 m Kleider-/Transportschwimmen 3. 12 m Streckentauchen 4. 2x 25 m Hindernisschwimmen 5. ABC-Tauchen 6 Teller 6. ABC-Tauchen Orientierung 7. Kopfwärts eintauchen 8. 2x 25 m Schwimmen/Retten	1. 400 m Schwimmen* 2. 25 m Retten in Kleidern * 3. 5-Teller-Tauchen 4. 2x 25 m Hindernisschwimmen* 5. ABC-Tauchen 15 m/2.5 m 6. Fußsprung mit ABC-Ausrüstung 7. Fußsprung vorwärts gehockt 8. 10 m Schwimmen/Gewicht bergen * mit Zeitlimit	1. 400 m Schwimmen * 2. 50 m/25 m Retten in Kleidern * 3. 20 m Streckentauchen 4. 2x 25 m Hindernisschwimmen * 5. ABC-Tauchen 8 Teller 6. ABC- Tauchen Orientierung 7. Eintauchen vorwärts 1 m/Gewicht 8. 10 m Tauchen/Gewicht bergen * mit Zeitlimit

	Flossenschwimmen 1	Flossenschwimmen 2	Flossenschwimmen 3	Flossenschwimmen 4
Flossenschwimmen 1–4	1. 50 m Schwimmen ohne Ausrüstung 2. Anziehen Maske und Schnorchel 3. 50 m Schwimmen mit Ausrüstung 4. 10 m Streckentauchen mit Schnorchel und Maske 5. Rolle vorwärts im Schwimmen 6. Abfaller rückwärts mit Maske und Flossen	1. 100 m Schwimmen mit Flossen 2. Korrektes Ausblasen des Schnorchels 3. Partnerübung 100 m Schwimmen 4. Kopfwärts Abtauchen/ 10 m tauchen 5. Rolle vorwärts mit halber Schraube im Schwimmen 6. Spreizsprung vom Rand	1. 200 m Schwimmen mit Flossen 2. Maske unter Wasser entleeren 3. 100 m Delphinbeinschlag 4. Fußwärts Abtauchen/ 10 m tauchen 5. Partnerübung: Reifentauchen 6. Rollwende	1. 400m Schwimmen mit Flossen 2. Maske und Schnorchel unter Wasser anziehen, entleeren, 10m Schwimmen 3. Partnerübung: 100 m Schwimmen 4. Partnerübung: 100 m Pendeltauchen 5. Partnerübung: 10–25 m Blindtauchen 6. Schultersprung

12.7 Testabzeichen

Informationen und/oder Bezug: www.swimsports.ch oder admin@swimsports.ch